读写教室丛书

读写教室：
语文教学新样态

王国均 主编

序 言

王国均

一 点 澄 清

"读写教室(Reading and Writing Workshop)",很多人以为它仅仅是一间教室,甚至还有人以为是推销课桌椅的一个噱头,国内也有同行将其翻译为"读写工作坊""读写工坊""读写坊"或者"读写工场",我们却更愿意将其定名为"读写教室"。之所以我们不愿意用"工作坊"这一术语,是受到了邹静之1997年发表在《北京文学》第11期《女儿的作业》中一段话的影响。这段话是这样的:"每临考试,回家的作业,大多是做卷子。卷子很长,女儿她们称其为'哈达卷',挺准确,像一条长长的哈达,从桌子上拖下去。吃完饭就俯在上边写,一条'哈达'完了还有一条。有时我路过她的房间,她的影子被台灯的光投在天花板上,那影子没有光彩,我从没有凭借这个影子想出过有印象的人物来。我的感觉是一个作坊里的小工在干她最厌烦的活。"在我们看来,"作坊"与"小工"与其说是一个比喻,不如说是一个象征。如果哪一天"读写教室"异化成为这样的结局,那就是一场灾难!

我们采用"读写教室"这个名称还有一个原因,那就是workshop一词除了运用工具或机器进行制造、生产或者修补的作坊这一基本义项之外,还有与教育或教学相关的特定义项,即"人们在某一学科或者活动中集中在一起讨论或完成实践性作业"(《剑桥词典》),"一项面向一个相对小的人群而设计、特别聚焦于某个专题领域技巧与技能的、简明而集约的教育活动安排"(《韦氏词典》),或者"一群人通过分享其知识与经验而完成特定学科里的一场讨论或者实践性作业"(《柯林斯词典》)。这三处定义都意味着workshop是一个借助知识与经验的讨论和分享来完成实践性作业的活动场所。因此,我们所称的"读写教室"就是一个教师和学生借助语文知识和经验的讨论、分享来完成语言实践作业的活动场所。当然,随着"读写教室"研究的深入,我们已经对这个基本定义有了更加丰富、深刻而系统的认识和理解。

本 书 由 来

"读写教室"进入本人的研究视野,是因为2005年我在日本筑波大学教育学系访学期间,我的合作导师桑原隆教授给我系统介绍了戈德曼的"全语教学理念",这打开了我阅读教学研究的新视野。之后我在图书馆翻阅日本和美国语言教育和教学的专著和专业杂志,又跟随当时还是副教授的甲斐雄一郎先生赴德岛鸣门教育大学图书馆的"大村浜教育文库"研修一周,领略了日本"国宝级"国语教育家大村浜生前"国语教室"里令人惊叹的个人教学用的参考书籍,特别是完整保留下来的学生单元学习成果。从此,"读写教室"就成为我一生追求的学术梦想。

我回到浙江师范大学后,立刻和我的研究生一起投入国外前沿语文教育和教学理念的研究和尝试,包括媒介素养、写作教室、文学圈、课程地图、多模态素养、大村浜国语单元教学、罗森布拉特的阅读反应理论等。这些研究为现在的"读写教室"研究注入了新的活力。然而,这些成果仅仅停留在研究层面,在语文教育界没有产生多少影响力。

不过,机遇总是在意想不到的时候出现。2014 年,我担任浙江师范大学附属衢州白云学校的外派指导专家,这是一所生源和师资力量都比较普通的九年一贯制学校。我和另一位办学指导专家朱竞丰校长一起指导了初中课堂教学的改革,课堂教学质量取得明显成效,办学特色也变得清晰鲜明。在此基础上,我开始关注小学语文学科的课堂教学改革问题。恰逢浙江省 2016 年开始试用的统编语文教材编排了阅读策略单元,衢州市小学语文教研员施燕红老师也参与了这套教材教学用书的编写工作。面对这一新的课题,我立马想起了艾琳·基尼与苏姗·齐默尔曼合著的《思维的马赛克——理解阅读策略教学的力量》(Mosaic of Thought: The Power of Comprehension Strategy Instruction),该书 1997 年第一版的副标题是"在读者教室教阅读理解(Teaching Comprehension in a Reader's Workshop)"。本人在筑波大学图书馆曾经借阅过,回国后不久,我就买到了 2007 年的第二版,我仿佛看到了上天给我打开的另一扇窗。于是,我带领以白云学校副校长陈红梅老师为首的研究团队开始了阅读策略以及"读写教室"的探索历程。

我们最早研究的是三年级预测策略的教学与指导,为此,我们请来了国内阅读策略教学的研究专家——宁波市鄞州区教师进修学校的周步新老师到白云学校介绍教学经验。我们的研究一开始就以"培养独立阅读者"的高度来审视全局,试图走出"就课本教课本"的教研模式。我们不但解读课文以及单元的编写意图,就单元论单元,就课文论课文,而且还探讨阅读策略的本质、功能、特点;不但讨论如何在记叙类文本中运用预测策略,还探讨能否将这一策略运用于其他文体;不但讨论预测这一策略单元的子策略序列构成,还研讨了这一策略教学可否提前到低年级以及教完这一策略之后还可以继续教哪些子策略;不但打磨教学的内容和环节,还开始尝试扶放有度的学习设计原理和教学方式;不但关注教师的教学方式,还要求教师设计帮助学生掌握阅读策略的学习单、学习工具和评价量表;更重要的,是我们一起讨论了一个独立阅读者应具备的特征及其与阅读策略之间的内在本质联系。经过反复的探讨和尝试性的实践,我们的努力得到了《小学语文教师》杂志执行主编杨文华的肯定。2019 年第 6 期《小学语文教师》"辩课进校园"专栏发表了我们关于预测策略教学与指导的初步研究成果。之后我带领陈红梅的研究团队陆续参加了"提问"和"提高阅读速度"这两个阅读策略单元的"辩课进校园"活动。我们在阅读策略的教学与指导上很快形成了自己初步而系统的思考成果。后来,我注意到我们运用的阅读策略都来自西方的研究成果,而我国的语文教育有着悠久的历史、丰富的思想及经验遗产,自然想到能否将这些思想和经验转变成现代化的阅读策略,于是"推敲""批注""积累"等我国本土化策略的教学与指导开始成为我们的研究课题。

统编教材增设了"快乐读书吧"这一整本书阅读内容板块,这与国外"读写教室"的做法完全一致。我就不断向白云学校叶海涛校长建议能否建设一个专用"读写教室"。叶海涛校长为了表明他的全力支持,利用学校新建体育馆的难得机遇,专门拿出一个楼层1600多平方米的空间,请设计师进行专门设计。我则搜集了很多国内外"读写教室"的图片供他决策参考。就在学校专用"读写教室"完成之际,我邀请了浙江师范大学人文学院徐静静老师前去作整本书阅读指导,分几次为老师们提供儿童文学基础理论的指导以及专题书系的阅读指导。她每次去白云学校,都要拖着装满图书的行李箱,与老师们一起分享最新的书籍信息,并为后来的主题大单元教学活动进行长时间的充分准备。正是在这个时间段里,老师们大胆而系统地尝试设计教学海报、读写卡包、学习单和评价量表,积累了不少教学和指导经验。

在白云学校启动读写教室研究项目后不久,衢州市教研室的施燕红老师就决定在衢州市内推广读写教室的经验。她提出了"每校创建一个读写教室"的倡议,得到了衢州六十多所学校的热烈响应。她组建了衢州市"读写教室"实验联盟校,每年举办区域性的"读写教室"教研活动。

后来,我又陆续接受了宁波市蓝青小学、浙江师范大学附属小学、杭州市天长小学、杭州市下沙第二小学等学校的指导邀请,由此开始系统地尝试"一校一阅读策略"的科研模式,系统地探索单个阅读策略在小学阶段的培养序列,同时通过各实验学校经验与成果的分享,逐步实现多阅读策略的教学方式。2021年,我所兼职的浙江省基础教育研究中心联合《小学语文教师》杂志以及浙江省天长差异研究院共同成立"读写教室研究共同体"这一研究团队,于同年四月份在天长小学召开了第一届年会。这次大会对我国读写教室的研究是一个巨大的推动。此后,我又在绍兴市上虞区崧厦街道中心小学、青海西宁城中区下属四所读写教室联盟校进行批注与联结两大阅读策略的教学研究,目前还有几所学校处于阅读策略教学研究的准备阶段。

本书就是对我们读写教室研究成果的一个阶段性总结,我们通过梳理和反思,形成了以下几点初步的认识:

1."读写教室"的含义非常丰富,它既是一个以培养终身阅读者或者说培养"独立而成熟的读写者"为目的的教学理念,也是一个读写资源和分享机会丰富而充分的语言生活与个性成长空间,还是一种基于阅读发展理论、学习科学以及普适设计的学与教的实践范式。这是目前我们对"读写教室是什么"这一起点问题的初步回答。

2."读写教室"能够让学生在差异化、个性化的阅读过程中发现自我,提升自信,成为"独立而成熟的读写者";可以改进学校的图书馆和班级的图书角,发挥教室分区功能和读写活动跨学科的功能;能够契合未来语文学与教任务化、项目化的发展趋势,又可以对接现行语文课本的教学安排,甚至可以将其视作检验学生从日常课本里或课堂上学到的读写技能的最佳场所。这是对"'读写教室'有什么意义、功能、价值"这一基本问题的初步回答。

3."图书教室(Classroom Library)"是一个半开放且容易控制的读写空间,它可以采用新建图书馆专用教室或将日常班级图书馆化这两种建设路径。我们正在研制中的"图书教室建设标准",可以让教师在充分利用学校图书馆和班级图书角现有资源的基础上,对照标准,补充学生阅读发展所需要的各式各类阅读材料,既可以形成在活动、主题以及文体等方面的个性化深度读写链,充分释放学生的阅读个性和能量,最大限度满足阅读能力卓越学生的旺盛阅读需求,又可以根据学生阅读偏好有针对性地实施以"平衡的读写力(Balanced Literacy)"为目的的辅助性指导,还可以给阅读困难学生根据其兴趣和偏好提供适合的辅助读物。我们在衢州市白云学校三个年段所做的"生命""中秋""爱国"三个主题大单元读写活动以及在浙江师范大学附属小学三个年段所做的"传记文学"文体大单元群书阅读活动的尝试性成果表明,"图书教室"完全可以是一个多功能、全覆盖、吸引每一位孩子负责而全身心地投入其中的读写乐园。这是我们对"为什么要设立图书教室"这一读写环境方面的重要问题所得到的思考结果。

4."阅读策略"是统编语文教材教学内容的重点从课文内容转向阅读方法、策略的重要标志,也是当前语文教研工作的难点之一。我们通过检索了解到,阅读策略是上个世纪八十年代认知心理学最新研究成果进入语文教育研究领域的结果,它具有可操作、可复制、可检测且可推广的特性,因此它已经成为许多国家编制母语课程标准以及编写教材时的基本而核心的概念之一。我们的"读写教室"研究以阅读策略为突破口,在吸收国外阅读发展阶段理论以及现有读写策略的研究成果的基础上,还试图从我国古代丰富的语文教育遗产中梳理出一些共性的经验或思想,并将其转化为显性、直接、简明而可操作的读写策略。我们根据每一个阅读策略在阅读理解与意义生成过程中的独特价值和优势效应,系统地细化和深化整个小学阶段各阅读策略的子策略,形成既可以与年级能力水平灵活地适配又可以最大限度地涵盖语文课本所有语文要素的分级式策略体系。为了增强阅读策略学与教的功能,我们结合读者反应理论(Reader's Response)、双重编码(Dual Coding)、"可见的学习(Visible Learning)"以及"具身认知(Embodied Cognition)"等学习科学的最新成果,研发了形式丰富、功能多样的微课(Mini-lesson)、教学海报(Reading and Writing Poster)、识字卡牌(Spelling Cards / Bookmarks)、"思考—讨论话柄(Thinking-Discussion Stem)库"、读写任务/学习单(Reading and Writing Worksheet)、读写检查表(Checklist)以及评价量表(Rubric),这些新颖而独特的"读写工具(Literacy tools)"可以保证阅读策略的有效实施及其教学质量。当然,我们也在实践过程中认识到,读写工具的研制是一项高度综合化且又高度专业化的工作,读写工具的含金量越高,相同单位时间内学生的阅读效率的提升就越明显,反之亦然;它的使用,也需要受到多种因素的制约,否则有可能适得其反。这是我们对"为什么要开发读写工具"这一难点问题的回应。

5."路标式课堂"与"文学圈课堂"代表了"读写教室"两种新的课堂形态。我们尝试了从"路标引领式"课堂再到"自主讨论(文学圈)式"课堂的演化路径,提出了与"自主、合作与探究"相对应的"选择、差异与分享"的补充教学方式,丰富了语文课堂教学的形态。此外,有前述图书教室丰富资源的支持与读写工具的保障,这些新的学与教方式可以比较轻松而顺利地实施,教学的质量与成效也可以得到明确的保证。这是我们对"'读写教室'的课堂是怎样的"这一关键问题的探索成果。

6."读写教练"是我们对"读写教室专家型教师"的称呼,他们具有这样的一些特质:热爱儿童文学,关注并收集各类儿童文学读物(包括儿童文学刊物),具有娴熟的读写范本(Reading and Writing Mentor Text)鉴别和选择能力;有深厚的读写以及丰富的读写差异化教学与个性化指导经验,既能指导天赋卓越的读写能手,又有办法帮助读写困难的学生;有丰富的课程整合经验,能够游刃有余地完成课本教学与读写教室读写指导之间的相互衔接与优势互补;想摆脱"一头强大的狮子驱赶一群顺从的绵羊"这样的教学形式,并实现"以一只智慧的绵羊率领一群活跃的小狮子"的信仰者和追求者;抱有"为他人的学与教而设计"的热忱,能为普通教师乃至新手教师提供适切设计,是日常课堂教学中各式各类问题的解决方案提供者;永远都是学生读写热情的点燃者、策略的示范者、经验的分享者。这是我们对"'读写教室'如何改变教师专业发展"这一问题的解决之道。

7."读写教室"的区域推进不但可能,而且必要。浙江省衢州市教研室小学语文教研员施燕红提倡的"一校一间读写教室"教学实验、衢州市柯城区教研室廖丽萍主持的"读写教室"教师培训项目以及北京十一学校丰台小学曹君校长在青海省西宁市城中区"读写教室"联盟校三年多读写教学与指导的实践证明,"读写教室"完全可以在多校联盟以及各个区域层级内推行,并且成为当地的优势学科与品牌特色。就在2021年,施燕红主持的"读写教室:区域构建语文新读写体系探索"课题获得了浙江省基础教育教学成果二等奖。这是我们对"'读写教室'能够大范围推广吗"这一疑问的解答。

至此,我们也清醒地意识到,以上的这些思考研究成果,与其说是结论,还不如说是一些假设——需要广大教师们不断在实践中加以检验的假设。只有经得起实践检验,才会得出可靠而成熟的结论;只有这些结论,才能构成我们"读写教室"研究体系的基石。

许多的感谢

"读写教室"这一研究课题是高校研究工作者、各级语文教研员、多个学校研究团队与专业杂志四方组成研究共同体集体智慧的结晶,我们共同的愿景和探索托起了这一充满未来色彩的研究成果。

我要感谢北京大学"中国传记文学研究会"赵白生会长、北京师范大学儿童阅读与学习研究中心主任伍新春、北京师范大学教育创新研究院康翠萍博士、浙江大学教育学院刘正伟教授和盛群力教授、浙江外国语大学祁小荣博士、浙江师范大学成人与继续教育学院张振新院长、浙江省基础教育研究中心的执行主任李伟、浙江师范大学人文学院王尚文教授、陈兰村教授和傅惠钧教授以及徐静静老师的学术支持。

衷心感谢本人所在的浙江师范大学教师教育学院领导和同事们的大力支持。感谢"'读写教室'研究共同体"各位常务理事的支持,他们是楼朝晖、杨文华、施民贵、施燕红、曲振国、曹君、刘静茹、方敏、庞科军、钟晨音，感谢共同体秘书处林巾梦、孟大鹏两位的辛苦劳动。感谢各实验基地学校研究团队的大力支持，它们是浙江省衢州市教研室团队、青海省西宁市城中区教研室团队、浙江省衢州市柯城区教研室团队、浙江省衢州市白云学校团队、浙江师范大学附属小学团队、浙江省宁波市蓝青小学团队、浙江省杭州天长小学团队、北京市十一学校丰台小学团队、浙江省义乌市实验小学团队、浙江省绍兴市上虞区崧厦镇中心小学团队等。

非常感谢上海教育出版社领导的大力支持！感谢上海教育出版社《小学语文教师》杂志执行主编杨文华老师对本书策划和统筹所作的努力！同时要感谢本书责任编辑殷有为老师和马佳希老师为本书的辛勤付出！还要感谢帮我整理书稿的研究生虞童、姚佳琪和朱灿明。

最后我要特别感谢北京师范大学的裴娣娜教授，她为我们课题的进一步提升指明了努力的方向！

CONTENTS | 目录

上篇　理论探索

"读写教室"
　　——语文教育的未来新常态 / 王国均　方美青　陈宣羽 ………………… 3
"读写教室"：小学读写教学的一种演进 / 王国均　方美青 ……………………… 9
语言景观学视角下的"读写教室"建设 / 王国均　方美青 ……………………… 15
双重编码理论在语文教学中的新应用 / 王国均 …………………………………… 21
"读写教室"图书资源的开发与更新 / 徐静静 …………………………………… 27
"写作教室"环境建构的探索与思考 / 胡遇慧　黄金丽 ………………………… 34
从"班级读书会"到小组"文学圈"
　　——整本书阅读的理想活动方式 / 王国均 ……………………………… 39
"世界咖啡馆"：推进教学的新理念 / 王国均 ……………………………………… 46
澳大利亚小学读写教学的特色
　　——西澳公立小学的考察体验 / 罗美娜　钟晨音 ……………………… 51
PISA 项目中的"读写一体"测评及其教学启示 / 俞向军　胡　啸 …………… 58

下篇　实践探索

✻ 读写环境营造

"读写教室"的环境打造 / 方　萍 ……………………………………………… 67

"主题读写中心"的设置与读写活动开展 / 陈红梅 ………………………… 74

"读写教室"的"2.0版"升级演进 / 刘 充 ………………………………… 83

寻找读写教室的"抽屉把手"
　　——从一年级开始建构未来读写场域 / 王禹微 ………………… 91

图书馆中的"读创"生活
　　——学校图书馆"读写生活圈"的创建与实践 / 杨 霞 ………… 97

"读写教室"字词墙的探索与实践 / 林云竹 ……………………………… 100

展陈：发现"读写教室"的交际魅力 / 曹丽君 …………………………… 103

为儿童构建"未来阅读场域"的创新实践 / 刘 充 ……………………… 107

基于人工智能，进行"空中读写教室"的可视化探索 / 姜 丰 ………… 111

❋ 读写课程开发

区域推进"读写教室"建设的实践探索 / 施燕红 ……………………… 116

变革与融合："雅读"培育工程的区域探索
　　——以统编教材五、六年级"快乐读书吧"为例 / 姚惠平　盛新凤 ……… 119

创造言语生活："读写教室"主题课程设计
　　——以"校园寻美"主题课程开发为例 / 倪建斌 ……………… 124

❋ 读写策略运用

阅读策略单元的课堂教学方式初探 / 王国均 ………………………… 129

构建阅读策略体系，助推整本书阅读 / 张晨晖 ……………………… 136

整本书阅读的目标定位与实践策略 / 张学青 ………………………… 141

推敲策略：中国传统读写经验的现代转化 / 王国均 ………………… 147

推敲策略教学的整体建构与应用 / 项雪寒 …………………………… 152

翻转理念下推敲词语策略运用的跨单元教学实施 / 李红果 …………… 156

预测阅读策略原理及学习设计初探 / 王国均 …………………………… 161

预测、验证,感受整本书阅读的乐趣
　　——统编教材二年级上册《孤独的小螃蟹》导读课教学设计
　　/ 张　钰　潘雅频 …………………………………………………… 167

提问,走向深度理解的阅读策略 / 王国均 ………………………………… 171

善用提问策略,探究名著人物 / 方　敏 …………………………………… 180

批注:"看得见"的真阅读 / 陈秀萍 ………………………………………… 185

比较:向整本书阅读更深处漫溯
　　——以《希腊神话》的阅读推进为例 / 蒋爱东　黄海军 ………… 188

联结,民间故事快乐讲
　　——统编教材五年级上册"快乐读书吧"《中国民间故事》阅读指导策略
　　/ 张海珠 ……………………………………………………………… 192

兴趣为先,任务驱动,深度联结
　　——米·伊林《十万个为什么》整本书阅读教学策略 / 杨玉林 …… 196

红色经典"篇本类"联读路径
　　——以统编教材六年级上册第二单元为例 / 赵芝萍 ……………… 201

借助导图,让整本书阅读思维可视化
　　——以《汤姆·索亚历险记》整本书阅读教学为例 / 章青青 …… 205

导读单:让思维走向通达
　　——统编教材"快乐读书吧"可视化导学路径探析 / 姜凌佳 …… 209

支架引领:开启"红色经典"深度阅读之旅
　　——以《小英雄雨来》整本书阅读指导为例 / 许　蕾 …………… 215

❋ 读写教学设计

微课设计

"微课"究竟该怎么"微" / 王国均　裴雨薇 ……………………………… 221

"读写教室"理念下的微课设计与实施 / 陈宣羽 ……………………… 227

路标教学设计

推敲路标在低年级童话阅读中的运用
　　——以统编教材二年级上册《小蝌蚪找妈妈》为例 / 陈玲玲 ……… 233

导航系路标，做好过程式习作教学的第三方 / 聂慧昇 ………………… 238

路标阅读法在文言文学习中的实践运用 / 万颖莹 ……………………… 243

"读写教室"理念下联结路标的设计与运用 / 陈红梅 …………………… 251

多级推进式阅读指导的实施策略
　　——以统编教材六年级上册"快乐读书吧"推荐书目《童年》教学为例
　　/ 丰　珍 ……………………………………………………………… 257

大单元教学设计

"读写教室"理念下的大单元教学设计 / 王国均 ………………………… 261

"月亮"主题大单元读写课程的活动开展 / 陈红梅 ……………………… 269

传记作品大单元阅读项目设计与实施 / 项雪寒 ………………………… 278

"2.0版读写教室"的读写活动开展
　　——以"走读城市"项目活动为例 / 吾　康 ………………………… 284

整本书阅读教学设计

兴趣为先，方法跟进
　　——统编教材五年级下册"快乐读书吧"《西游记》导读课教学设计与评析
　　/ 余　燕　蒋丽华 …………………………………………………… 290

关联前后，习得方法

——统编教材五年级下册"快乐读书吧"《西游记》推进课教学设计与评析

/ 祝　锋　施燕红 ………………………………… 295

大话"西游"

——统编教材五年级下册"快乐读书吧"《西游记》交流课教学设计与评析

/ 郑雪燕　施燕红 ………………………………… 300

✱ 附录

全国"读写教室"研究共同体在行动

——首届全国"读写教室"研讨会综述 / 施民贵 ……………………………… 305

上篇　理论探索

"读写教室"

——语文教育的未来新常态

王国均　方美青　陈宣羽

"读写教室(Reading and Writing Workshop)"理念主要来自于美国缅因州英语教师南希·阿特维尔的读写教学尝试和美国哥伦比亚大学教师学院资深读写指导专家露西·麦考密克·卡尔金斯研究的"读写教室"项目。她们主张不管是阅读还是写作都要有真实的目的,要让学生在真实的情境中进行读写,进一步激发学生的主体意识和读写欲望,最终把学生培养成一名独立而成熟的读写者。

"读写教室"是一个听起来让人有点困惑的词语,它既可以指一个具体可见、渗透了许多新颖教育和教学理念的多功能场所,也可以指一种更加丰富多样的课堂教学模式,还可以是一系列复杂而形成序列的单元化课程。作为一种新生事物,"读写教室"具有非凡的意义、价值和功能,它将促使我们重新思考语文学科的本质,进一步认识语文教育和教学的目的、意义、方式与过程,进而推动语文课堂教学的转型,使我国的语文教育和教学研究快速跟国际接轨。更重要的是,它还有可能描绘出我国未来语文教育和教学的新图景。

一、"读写教室"研究的逻辑起点

从本研究的逻辑起点看,"读写教室"是当前语文教育面临新的内外发展机遇时的必然选择。

首先,从语文教育和教学的外部环境来看,我国加入世贸组织以来,经济、科技和教育等领域得到了飞跃式发展。2010年,我国一跃成为全球第二大经济体,经济实力的提高使得家长们在教育上的投资越来越多,对优质教育和个性化教育的需求也明显增强。北京师范大学中国基础教育质量监测协同创新中心、北京师范大学中国教育与社会发展研究院、北京师范大学儿童家庭教育研究中心和《中国教育报》家庭教育周刊联合发布的《全国家庭教育状况调查报告(2018)》指出:"近一半的家庭家里藏书量不超过25本。"这反过来意味着另一半家庭的藏书量超过了25本,也可以说明入学儿童的家庭阅读环境得到了明显改善。同时,我国幼儿园教育体制也日渐完善。这些外部良好条件使得我国小学生在入学前就大都有过比较多样的阅读活动,具备了相当的阅读经验。此外,最近一二十年来,随着我国"全民阅读"运动的推广以及"书香校园"建设的推动,学校、班级的图书资源和阅览设施得到明显改善,为接下来进一步提高图书资源的利用效率、提升阅读教学与指导的质量打下了良好的基础。

其次,从语文教学的内部发展趋势来看,统编教材改进了一年级入学阶段的教学内容,其单元编排采用"双线组元"模式,即在"内容主题"编排的基础上增加了"语文要素",更明显的变化是阅读策略和"快乐读书吧"成为正式且必须实施的教学内容。这就意味着我国的语文教育已经开始从注重内容理解式教学转向要素的策略化教学与指导,真正开始落实《义务教育语文课程标准(2011年版)》"总体目标与内容"之第7条,即"学生具有独立阅读的能力"。然而这方面已有的教学研究成果无法应对高质量发展所带来的挑战,我们迫切需要运用国际先进研究成果和教学经验,特别是认知心理学、阅读心理学的研究成果及扶放有度的教学原理来指导普适化单元设计,增强独立读写能力教学与指导的可操作性、可复制性和可推广性。

"读写教室"作为一种以学生为中心的读写教学理念,旨在为学生营造被书本包围的读写环境,设计丰富多彩的大单元读写活动,采用"选择、差异和分享"的学习方式,培养学生成为独立而成熟的读写者。这一理念完全能够回应上述两个方面所面临的挑战,满足未来我国语文教育高质量发展的复杂需求。

二、"读写教室"研究的理论基础

"读写教室"研究是依托语文本体论、教育学、教学论和"读写教室"理念而展开的,该教学模式的构建依据主要包括读者反应理论、主体教育思想和"深度学习"理念。

(一)读者反应理论

读者反应理论起源于文学批评领域,是一种以读者为中心的文学解读理论。它强调阅读反应的功用,认为在阅读过程中,读者对文本的反应对于建立读者与作者、与文本之间的联系具有深刻的意义。"读写教室"重视学生的阅读体验和反应,鼓励学生在读写的过程中提出任何观点,这是学生个体在同伴和教师的帮助下主动作出阅读反应并积极构建属于自己的文本意义的过程。

(二)主体教育思想

裴娣娜教授指出,课堂教学是学生生存发展的重要方式,是实施素质教育的主要渠道。《义务教育语文课程标准(2011年版)》"课程基本理念"中也指出,学生是学习的主体。这些思想和理念与"读写教室"所强调的学生中心完全一致。

(三)"深度学习"理论

"深度学习"是"学习者能动地参与教学"的总称。钟启泉教授在《深度学习:课堂转型的标识》一文中指出：深度学习的前提条件是改造"单元设计"，而"单元设计"正是撬动"课堂转型"的杠杆。"读写教室"正致力于开发大单元教学，鼓励教师跳出单篇教学的模式，对同一文体的阅读材料进行整合，从而达到"教一篇会一小类"的目标。

三、我国"读写教室"的研究与探索历程

"读写教室"理念进入我国的语文课堂，经历了"理论介绍—个人尝试—团队探索—区域推广—南北互动"这一从星火到燎原的过程。

（一）学术界理论研究与初步探索

2008年，陈飞真在其硕士论文《高中语文写作工作坊的应用初探》中，把流行于美国的写作教学模式与我国的高中写作教学实践相结合，作了本土化的初步探索，开启了我国读写教学研究的新篇章。2009年，姚家锐的论文《文学圈教学法初探》将国外比较成熟的"文学圈教学法"引进了语文教育界。2011年，宋波在其硕士论文中第一次系统地介绍了"写作教室"，奠定了国内研究"读写教室"的基础。2012年，何晓凤对小学语文阅读教学中的自主讨论进行了研究，这为"读写教室"中的小组讨论研究奠定了扎实的理论基础。2016年，孙婷的硕士论文《基于"交易理论"的语文阅读审美经验研究》则重点介绍了美国语文教育界享有崇高威望的露易丝·罗森布拉特的审美反应理论，为"读写教室"读写工具的研制提供了强大的理论指引。2017年姚淑媛的硕士论文《南希·阿特维尔"读写教室"的理念与实践探究》主要介绍了南希·阿特维尔的"读写教室"的发展历史、主要理念以及基本理论。2018年，浙江师范大学附属衢州白云学校的陈红梅老师出版了《云端漫步：儿童体验式学习课程》一书，是国内首本反映以"读写教室"理念为指导结下的研究成果的著作。

（二）名师与学校研究团队的实践探索

新课程改革以来，我国小语界涌现出一批视野开阔又有教学改革勇气的年轻教师，他们致力于改变现有的教学模式，期待能够通过自己的教学尝试为学生的读写助力，教给学生阅读策略，培养其阅读能力。2016年12月，青海省西宁市城中区"曹君名师工作室"成立"读写教室"联盟。她们进行了基于"读写教室阅读环境建设""读写教室阅读目标分级""读写教室阅读策略""读写教室读写策略""读写教室项目型学习"等关于"读写教室"的实践研究。2018年4月，浙江师范大学附属衢州白云学校的"读写教室"课题组成立。2018年5月至2019年7月期间，课题组一共举行了14次专题研讨活动，主要围绕儿童文学鉴赏、大单元教学设计、图书教室以及阅读策略等主题展开。随后的11月份，衢州市教育局教研室、柯城区教学研究室与浙江师范大学附属衢州白云学校共同举行衢州市小学语文"打造读写教室"项目启动仪式暨读写一体课程开发与实施培训。2018年10月，宁波市鄞州区蓝青小学

开始建设"多图书教室型"的"读写教室"。2019年12月,白云学校"读写教室"课题组以及蓝青小学"读写教室"课题组共同参加第五届中国教育创新成果公益博览会。2019年,浙江师范大学附属小学也加入了"读写教室"的建设队伍,目前正在建设"普通型读写教室"。2020年,天长小学校长楼朝晖提出了"读写学校"的理念,北京十一学校丰台小学校长曹君则提出了"全读写生活"的理念。这些鲜活的思考和探索性实践,必将极大地增进我国"读写教室"理论研究的广度和深度。

经过以上一系列理论和实践的探索,我们发现"读写教室"理念很好地回应了当前统编语文教材实施过程中面临的重点和难点问题,它是对当前语文教学一个合理、必要而有效的补充。

四、"读写教室"研究共同体的使命

我们最近成立的"读写教室"研究共同体是由国内在"读写教室"研究上走在前列的学校组成的一个研究组织。面对未来语文教育的新常态,我们有必要促使"读写教室"研究成果的细化、深化和系列化。为此,我们明确了如下研究使命。

（一）与统编教材的教学相向而行

"读写教室"强调"选择、差异和分享"的教学理念,利用资源丰富的"图书教室"这一良好的读写环境,指导学生学会选择书籍并负责地投入阅读,最大限度地尊重学生的读写个性,灵活地满足学生的读写兴趣。同时它还指导学生依据文体特征开展深度的"文学圈"自主讨论和交流,将写作指导从注重结果转向注重作者的整个写作过程,特别是写作前的交际情境(读者对象、意图分析、文本形式以及媒介途径等),写作后的修改、分享和发表。因此,"读写教室"是对当前统编语文教材高度预设的课本编写与整齐划一式课堂教学的合理而有效的补充,两者是相向而行的。

（二）为课程标准与语文要素而教

《义务教育语文课程标准(2011年版)》是语文教育教学的重要参考。"读写教室"研究基于课标,把握课标中各个学段对于"阅读和写作"的具体要求,尝试用阅读策略来落实语文要素,实现"纲举目张"。"读写教室"理念下的课堂教学定位都是基于课标而确立的,只有这样,我们才能用好新教材,真正让"好教利学"在课堂中落地,并最终将学生培养成为独立而成熟的读写者。

（三）以读写工具撬动课堂转型

"读写教室"研究鼓励教师按照读写前、读写中、读写后三个阶段为学生的学习设计学习单、海报、卡牌等读写工具,开发微课,对学生进行扶放有度的指导。如设计海报,帮助学生掌握读写策略;以卡牌为媒介,引导学生留下读写痕迹。我们期待用这些读写工具来撬动课堂,让学生在课堂上有更多的主动权和选择权,从而激发学生主动学习的内驱力,促进学生思考力的提升。

五、"读写教室"研究尚需解决的重大问题

"读写教室"的研究领域众多,挑战性也很大,我们目前所做的也仅仅是一个开

端,期待有更多志同道合的专家、学者和一线教师加入其中,共同探索这一语文教育新常态。今后还需要进一步深入研究的课题有:

1. 读写策略的深度应用与指导,即如何更好地将读写策略融入日常的教学中。

2. 中国古代读写教学经验的现代转化,即如何将古代读写教学经验,如推敲策略进行现代转化。

3. "图书教室"的建设标准与图书分级、分类系统的搭建,即"图书教室"是"读写教室"的环境支持,如何对其中的图书资源进行分级、分类。

4. 专题、文体大单元教学的普适设计与课程化实施,即如何将阅读材料按照文体进行分类,研究出普适的教学设计。

5. 读写工具的系统研制与应用,即如何设计出更多、更系统且与统编教材配套的读写工具。

6. "读写教室"学与教课堂形态的转变,即如何真正实现"读写教室"中教学模式的转变。

7. "读写教练"与教师专业发展,即如何通过实施"读写教室"课程提高教师的读写素养,培养专业的"读写教练"。

8. 实践经验的总结,即如何更好地总结区域、学校、个人等"读写教室"类型与范式经验。

六、结语

历史的车轮一旦滚动,就不会停下来。"读写教室"从其理念诞生的那天起,就承载着师生读写共同体的梦想,他们在"读写教室""读写学校"中紧紧拥抱"全读写生活",分享自我发现的乐趣,追逐自我实现的理想,此时的"读写教室"已经不仅仅是一种未来语文教育的新常态,更是一座指引并照亮青少年生命航程的灯塔。

参考文献:

[1] 裴娣娜.变革性实践与中国基础教育的未来发展[M].北京:教育科学出版社,2015.

[2] 钟启泉.深度学习:课堂转型的标识[J].全球教育展望,2021,50(01):14-33.

[3] 施燕红.区域性推进"读写教室"建设的实践探索[J].小学语文教师,2020(09):65-66.

[4] 姚淑媛.南希·阿特维尔"读写教室"的理念与实践探究[D].浙江师范大学,2017.

[5] 王国均,方美青."读写教室":小学读写教学的一种演进[J].教育研究与评论(小学教育教学),2019(06):7-11.

[6] 何晓凤.小学语文阅读教学中的自主讨论研究[D].浙江师范大学,2012.

[7] 曹君.整合思维下的儿童新读写生活创建[J].教育研究与评论(小学教育教学),2020(12):13-18.

(王国均　浙江师范大学教师教育学院；
方美青　浙江省衢州市实验学校；
陈宣羽　浙江师范大学教师教育学院)

"读写教室":小学读写教学的一种演进

王国均 方美青

一、"读写教室"的起源和内涵

"读写教室"(Reading and Writing Workshop)的概念起源于 20 世纪 60 年代美国亚利桑那大学古德曼教授发起的全语言运动。该运动主张不管是阅读还是写作,都要有真实的目的,要让学生在真实的情境中进行读写,以进一步激发他们学习的欲望。随着全语言运动的不断发展,美国众多教育专家和一线教师纷纷将其融入自己的教育理论与实践中。在此背景下,首届全球教师奖获得者——美国缅因州的英语教师南希·阿特维尔于 1987 年在其出版的《在初中》一书中提出了"阅读教室"(Reading Workshop)和"写作教室"(Writing Workshop)的概念。

在"阅读教室"中,教师提供良好的阅读环境,学生在其中自主选择阅读的书籍,并在阅读结束后通过制作图书推荐卡片、撰写阅读日志、开展阅读分享会等活动对阅读效果作出反馈。"阅读教室"一般采用微课、独立阅读和分享的课堂教学方式。最初,阿特维尔仅在初中阶段推行"阅读教室",但是随着越来越多的教师加入和不断尝试,推广和使用范围拓展到了幼儿园至八年级。

在"写作教室"中,学生自主选择写作话题,并在创作完成后通过写作分享会等形式分享自己的作品和收获。"写作教室"一般采用微课、独立写作和分享的课堂教学方式。

鉴于"阅读教室"与"写作教室"在教学方面的共通之处以及"读"与"写"之间的紧密联系,阿特维尔提出了"读写教室"的概念,并从学习环境、学习方式、教学方式等方面对此概念作了延伸与拓展。在"读写教室"里,教师从知识的提供者转变为学生学习的促进者,学生从被动的受教者转变为主动的学习者;教室不再只是学生学习知识的地方,而是让学生逐渐树立读写自信心,进而成为独立、成熟的读写者的平台。"读写教室"以其独特的教学理念、系统的教学方法、显著的读写效果,为美国中小学的阅读和写作注入了新的活力。

继阿特维尔之后,1994 年,美国著名语文教育专家卡尔金斯创立了哥伦比亚大学教育学院读写项目(Teachers College Reading and Writing Project,以下简称

TCRWP)。在该项目中,她运用"读写教室"教学理念进行教学。同年,新罕布什尔大学唐纳德·格雷夫斯教授也开始在自己的教学中进行"读写教室"实践。

二、"读写教室"的环境创设

"读写教室"致力于为学生打造良好的读写环境,主要从教室桌椅的摆放、教学设备的配置、图书教室的建设、读写氛围的营造等方面下功夫。

(一)教室桌椅的摆放

教室桌椅的摆放是环境创设的重要组成部分,也是课堂管理的一部分。"读写教室"桌椅的摆放不同于我国常用的讲台在前、课桌在后的"秧田"式,通常会根据学习活动的需要摆放成易于学生分享和教师指导的样式,如马蹄组合型、矩形、圆形、U形等。

(二)教学设备的配置

"读写教室"通常被划分为多个学习功能区,每个功能区都由教师独具匠心地用懒人沙发、地毯、椅子、凳子等进行分隔,目的是让学生在不同的学习功能区掌握不同的读写技能。"读写教室"里的每个功能区都配有丰富的硬件设备,如听力区配有磁带、耳麦、录音机等,计算机区配有电脑、打印机、复印机等,在阅读区摆放上百本供学生自由选择的图书,在写作区为学生提供写作的材料和工具等。此外,丰富的多媒体设备也为教师的教学和学生的学习提供诸多便利。

(三)图书教室的建立

阿特维尔认为建立图书教室是整个"读写教室"的关键,不仅要考虑图书的来源,还要考虑图书的构成、图书的借阅等问题。他和卡尔金斯都认为,创建图书教室并非在教室里摆上几本书、建个阅读角这么简单。卡尔金斯和TCRWP的同事以及读写领袖、儿童文学专家们为每个年级创建了先进的图书教室。在每个年级的图书教室里,都有400~700本分级图书,所有图书都按照体裁、流派、主题等摆放在"图书筐"(普通的塑料筐或是竹编筐)和书架上,供学生自由阅读。图书的来源也尽可能多样化。

2017年,美国英语教师协会对"读写教室"的政策声明里也指出,图书教室在增强学生的学习动机和成就感、帮助学生成为批判性读者和分析型读者等方面具有重要意义。

(四)读写氛围的营造

良好的读写氛围是激发并保持学生读写兴趣的关键。在"读写教室"中,学生目之所及都是读写资料:墙壁、黑板、门后,甚至天花板上都贴满了读写策略指南、读写海报、书籍推荐排行榜和同伴的学习成果。教师通过这些有目的、有意义的设置,多角度、立体化地向学生展示语言的功能和用途。除此之外,还通过设计丰富多彩的读写活动,激发学生对阅读和写作的兴趣,培养学生的读写能力。

三、"读写教室"的教学模式

相比常规教室的阅读教学和写作教学,"读写教室"的教学模式要简单得多,最常见的有两种。

(一) 两种模式

1. "三阶段"教学模式

"三阶段"教学模式由阿特维尔提出,主要将教学分为微课阶段、自主读写阶段、讨论分享阶段。

(1) 微课阶段

微课主要用于"读写教室"教学的起始环节,是具有高效、灵活等特点的短时课,时长约 10~15 分钟。作为"读写教室"起始教学的首选,微课由教师根据本节课的教学重点精心设计,主要教给学生进入自主读写时所需的阅读、写作策略和技能。微课拥有一套固定的程序,包括教学点展示、直接指导、互动参与、独立作业、分享五个步骤。显然,这里的微课概念与我国的微课有所不同,我国的微课大多是知识点讲解视频。

(2) 自主读写阶段

微课结束后,教学进入自主读写阶段。该阶段是整个"读写教室"教学的中心环节,约 30~50 分钟。在该阶段,学生可以根据自己的兴趣选择阅读的书籍和写作的主题,使用微课阶段学到的读写策略进行独立读写。此时,学生必须为彼此营造一个安静的读写环境,教师则需要在教室里巡视,观察学生的学习情况,为选择书籍有困难和写作遇到瓶颈的学生提供指导。

(3) 讨论分享阶段

在每节课结束之前的 10~15 分钟,教师会将学生聚集到一起,讨论本节课的学习内容。"读写教室"的讨论分享阶段将读写活动变成一种社交性活动,教师会引导学生在相互分享中倾听和交流,以此加深学生对书中人物和情节的理解。该阶段的主要目的是通过师生、生生之间的自由讨论评测学生的学习效果。

2. "五阶段"教学模式

"五阶段"教学模式由卡尔金斯和他的 TCRWP 同事们提出,这种教学模式融合了班级教学、小组教学、一对一教学和独立学习的优点,将教学过程分为微课阶段、独立读写阶段、"一对一"指导和小组指导阶段、中期读写教学阶段、讨论分享阶段。

(1) 微课阶段

"读写教室"从具有明确教学时间和教学程序的微课开始,时长为 10~15 分钟。使用微课不是为了独立训练学生掌握策略,而是为了突出本节课的教学主题。

(2) 独立读写阶段

教师通常以"下课！各做各的！"结束微课教学。听到口令后，学生主动分散到各自的学习点去阅读或写作，时长为 30～35 分钟。在该阶段，学生会自主使用微课阶段学到的读写策略。

（3）"一对一"指导和小组指导阶段

学生独立读写时，教师会在教室里巡视，以便为学生提供有针对性的帮助和指导。为了开展有效的小组活动，教师会在课前将学生按照每组 4～6 人分好。读写活动结束之后，教师会马上组织学生进行小组讨论。

（4）中期读写教学阶段

在独立读写和指导阶段，教师有时会发现一些共性的问题。此时，教师会利用较短的时间对所有学生进行指导，帮助学生改进学习。该阶段的教学重点指向对学生读写习惯的培养。

（5）讨论分享阶段

每节课结束之前，教师会用 15～20 分钟的时间组织学生讨论分享，回顾当天的学习内容。讨论分享的方式可以有多种，且在整个过程中反复出现。讨论分享阶段兼具指导性和启发性。

（二）教学案例

分享一则卡尔金斯在一年级教学《如何找到写作话题》的课例：

微课阶段，教师通过一段具有启发性的语言导入："现在，你可以静静地回想自己有没有要讲的故事。在你很小的时候，你因为什么事笑了，又因为什么事哭了？回想与你吵架的人、喜欢你的朋友，回想你生命中想要记住的时刻……"之后，让学生拓宽思路，安静思考。等学生思考一段时间后，教师又给了他们 4 分钟，让他们与同伴进行讨论，把自己刚才想到的故事快速地讲给对方听。又过了 2 分钟，组织全班学生交流各自的故事。此时，学生的思维被激发，他们想到了身边的小动物、家人、朋友与自己之间发生的故事，想到了自己成长之路上经历过的开心、难过、激动、痛苦等难忘的事。在和谐自由的氛围中，几乎每个学生都站起来分享了自己的故事。

独立写作阶段，教师针对一年级学生的认知情况和本次习作的主题，巧妙地将"一对一"指导和小组指导融入教学。看到学生交流分享得特别投入，且脑海中都有了属于自己的故事时，教师一声令下："可以离开自己的座位了。"学生开始有序地在教室里寻找自己喜欢的位置进行独立写作。要将分享的故事转变成笔下的文字，学生肯定会遇到困难，因此教师要在教室里来回走动进行指导。当发现有一位学生长时间未动笔，教师便走到这位学生身边，对他进行针对性指导。之后，看到有一组完成了写作，教师便开始指导这一组学生进行合作，让他们有的通读作文，有的介绍自己的故事内容，有的对组员的写作内容提出完善建议。

中期读写教学阶段，主要充实独立写作阶段完成的作品，时间为 30 分钟。此时,学生结合同伴提出的建议对自己的作品进行再思考、再完善。教师隔一段时间检查学生的作文改进情况,提出意见。

等所有学生完成写作任务后,教师对学生说:"好,接下来我们以小组为单位讨论分享你的作品,时间为15~20分钟。"教学进入讨论分享阶段。师生共同梳理寻找写作话题的方法,归纳总结写作的话题,发现需要改进之处。

虽然"读写教室"的教学过程有不同的分类,但在50~80分钟的时间内,都包含了微课、独立读写、讨论分享三个阶段。我国的课堂时长一般为40~45分钟,直接照搬国外"读写教室"的经验是不可取的。将国外"读写教室"的教学模式本土化,可以将其设计为板块课,每个板块由两个课时组成:第一课时落实微课和独立读写,第二课时落实讨论分享,这样能够较好地解决中美课堂时长不一致的问题。当然,针对不同的学情和教学内容,教师可以进行灵活调整。

四、对"读写教室"的反思

"读写教室"从教学目标、教学结构、教学评价等方面为我国的语文教学提供了新思路,但也对广大一线教师提出了更高的要求。

首先,要探究让"读写教室"真正满足不同学生个性化学习需要的策略。阿特维尔认为,"读写教室"教学理念的最终目的是让学生成为独立而成熟的读写者。"独立",即经过教师的前期指导,学生能逐渐成长为自由独立阅读文本的读者。"成熟",即学生在分享自己与倾听他人读写经验的过程中能够主动反思,不断丰富自己的读写技巧和经验,最终成长为具有批判性思维的读者。这一目标的达成,需要教师持续思考如何站在每个学生的立场,以学生为主体,引导他们开展创造性学习,深入掌握知识和技能。当前,我国小学语文教育界已普遍意识到要从"教课文"向"教读写"转变,让学生逐渐成为"独立而成熟的读者",但是为什么要进行这样的转变,这一做法与培养语文核心素养之间有什么联系,有待深入思考。

其次,要研究"读写教室"差异化教学的形态、手段、评价等。"读写教室"打破了"一刀切""齐步走"的教学方式,鼓励学生进行个性化阅读。做到这一点,需要教师持续探究如何丰富语文课堂教学的形态,思考如何匹配不同的教学内容与教学方式,如何设计学生喜爱的整本书读写课程,如何更加全面地评价学生的读写能力,如何化检测评价为诊断和干预,等等。当然,这就要求教师了解儿童文学创作与研究领域,在面对源源不断的新理念、新作品时,及时更新自己的知识结构,提升自己的教学能力、鉴赏能力和专业修养,甚至能在学生有特殊需要时进一步拓展自己的知识领域,让自己成为"独立""成熟"的教育教学专家。

"读写教室"作为一种读写教学的演进,在教学环境上的创设为学生带来了全新的学习体验,在教学模式上的突破给了学生更多自主学习的空间。"读写教室"的探索之路仍在向前延伸,我们任重而道远。

参考文献：

[1] 露西·麦考密克·卡尔金斯.如何创设适宜的阅读环境与课程？[M].祝玉娟,译.北京:教育科学出版社,2018.

[2] 丁炜.全语言运动的社会学解读[J].外国中小学教育,2006(04):33-37.

[3] 宋波.美国"写作教室"理论与实践初探[D].浙江师范大学,2011.

[4] 钟启泉.开垦"学习环境设计"的荒原[J].现代基础教育研究,2013,10(02):21-25.

[5] 焦建利.微课及其应用与影响[J].中小学信息技术教育,2013(04):13-14.

[6] 李祖文.一间"舒服又安全"的阅读教室[J].教育研究与评论(小学教育教学),2016(01):21-24.

[7] 姚淑媛.南希·阿特维尔"读写教室"的理念与实践探究[D].浙江师范大学,2017.

（王国均　浙江师范大学教师教育学院；

方美青　浙江省衢州市实验学校）

语言景观学视角下的"读写教室"建设

王国均　方美青

"读写教室"是 20 世纪 60 年代发端于美国的一种读写教学理念,目前已日趋成熟。它以培养独立而成熟的读写者为目标,致力于为学生创设良好的读写环境。在"读写教室"中,文化和景观紧密相连,文化影响景观,景观则是文化的重要载体。良好的教室语言景观能够直观体现教室文化,彰显教室的特色。

一、语言景观研究概述

语言景观这一术语最早出现在加拿大学者罗德里格·兰格利与理查德·鲍里斯于 1997 年发表的学术论文中。文中,他们把出现在公共路牌、广告牌、商铺招牌以及楼宇公共标牌之上的文字统称为某个属地、地区或城市群的语言景观。语言景观研究关注的是语言在公共空间和场所的使用,它不仅考察真实环境中语言使用的特点和规律,更探究语言选择背后深层的问题。换句话说,这些标牌在公共空间语境中所创造的语言景观并不是简单的语言陈列或呈现,其背后往往蕴含着一定的创设机制和思想意识。

2006 年,日本早稻田大学的彼得·贝克豪斯出版了一部以语言景观为研究主题的专著《语言景观:东京城市多语言主义的比较研究(克利夫登和布法罗的多语言问题)》。此后,关于语言景观的研究呈现出迅猛发展的态势,涉及的领域也越来越广,与教育学、历史学、社会学以及符号学等领域的结合也越来越密切。

相比国外,国内在该领域的研究起步较晚,"语言景观"作为专业术语传入我国也就是在近十年。2014 年,尚国文和赵守辉综合考察了语言景观研究的背景、内容、方法、理论视角、发展前景及面临的挑战等,全面总结了这一领域的研究概况。他们的论文为我国语言景观研究奠定了理论基础。从 2014 年至今,以"语言景观"为主题发表的期刊论文有 350 多篇,硕、博学位论文达 142 篇。关于语言景观的研究逐渐深入,范围也逐步拓宽。

二、"读写教室"的语言景观

"读写教室"的语言景观,顾名思义,即在"读写教室"的公共空间中有语言文字标记和非语言符号(包括图像、声音、色彩、空间等)的景观。"读写教室"的语言景观设计既体现了培养学生成为独立而成熟的读写者的价值理念,又增强了学生之间选择、分享和差异的关系。

2018年,浙江师范大学附属衢州白云学校组建了一支"读写教室"研究团队,并在全校范围内开展"读写教室"理念下的读写实践。经过两年多尝试性的研究,他们初步探索出了"读写教室"环境设计的路径。本文以其中的语言景观作为研究对象,分析不同的语言模态,挖掘其中蕴含的创设机制和思想意识。以功能为依据,"读写教室"内的语言景观可分为信号语言、图像语言和空间语言三种。(见下图)

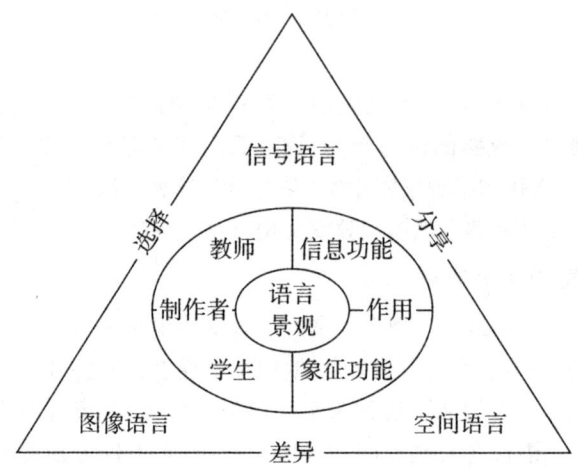

一般而言,语言景观可以发挥两种功能:信息功能和象征功能。信息功能指的是语言景观能够提供信息,比如班级各个区域的标志牌上的信息,这是语言景观最基本的功能。象征功能指的是语言景观所能反映的语言权力和社会身份地位。"读写教室"语言景观设计是教师在充分尊重学生意见的基础上,对教室内部进行整体的设计,并最终由师生共同完成的。总而言之,"读写教室"语言景观直观地体现了"读写教室"的三大理念:选择、分享和差异。学生可以根据自己的学习需要,在教室里选择恰当的学习材料和环境,并和同学分享自己的所得。

(一)信号语言

信号语言指的是可以提供信息的标牌。"读写教室"尤其强调展示学生的个性与读写成果。在"读写教室"中,教师会充分利用信号语言来满足学生发展的各种需求。例如,在教室后方的墙面或黑板上粘贴"热度榜""风云榜""光荣榜"等标牌。"热度榜"用来展示学生选出来的热门书籍;"风云榜"用来展示学生正在阅读的书籍;"光荣榜"用来展示学生因阅读而获得的各类荣誉。这些信号语言时刻提醒着学生作为一名读写者的身份,不仅能够帮助学生快速区分各个区域所展示的内容,而且具有很强的趣味性和激励性。

除了区域名称外,"读写教室"内还有很多其他的信号语言,例如,每个班级都拥有属于自己的名称——"小太阳读书吧""幸福二班读写教室""小书虫书屋""书之岛"等。这些富有特色的班级名称汇集了全体师生的智慧,被写在标志牌上粘贴在教室最显眼的位置。标志牌采用色彩明亮的纸张且上面的文字字号很大,力求让学生每次走进教室都能一眼看到,强化自己作为独立成熟的读写者的身份。学生表示,每次看到班级标志牌,都会在心里暗暗提醒自己要多阅读、多写作,成为"读写教室"的合格读写者。

(二) 图像语言

图像语言是指通过色彩和图画来展现语言内容的一种标识。"读写海报"是"读写教室"中最常见的一种图像语言。它通过一系列色彩明丽的图画和引人注目的文字来传达语文知识和学习行为习惯,让学生在潜移默化中增加知识输入量。

"读写海报"往往会简洁明了地向学生展示读写标准,提供读写辅助。例如,"读写教室——小太阳读书吧"制作的"读写海报",为学生展示了成为"字词小达人""朗读小能手"的标准。学生自主阅读时,可以随时对照海报,判断自己是否符合标准。海报上有标点符号的卡通图案,每个标点符号边上都有对应的文字说明,意在让学生快速辨识出标点符号,理解和记忆标点符号的用法。其中的图案和文字相得益彰:图案可以刺激学生的视觉,文字则能够对知识作更为深入的阐述,加深学生的理解。实践证明,海报这一图像语言景观不仅可以强化学生独立阅读者的身份,而且能够让他们在阅读的过程中始终保持专业的态度。

为了更好地了解图像语言景观的服务对象,我们还从感知和需求两个方面入手,对学生进行了非正式访谈。从访谈结果看,90%的学生表示教室里张贴的海报对他们的学习有很大帮助。相比于教师上课使用的 PPT,他们更喜欢海报这一教学工具——因为 PPT 具有即时性,稍不留神就会错过很多知识,但海报是 24 小时在岗的"小老师",它一直"站"在教室中,不受时间的限制。

(三) 空间语言

北京师范大学朱旭东教授指出:教室,既是一个由桌椅、板凳和黑板构成的物质空间,又是一个师生同在的活动空间、生活空间、信息空间和社会空间。

在传统的教室布置中,教师往往会忽略空间语言景观的构建。以桌椅摆放为例,传统教室大多采用秧田式,而"读写教室"则会根据学生学习活动的需要,采用灵活多样的桌椅摆放方式。例如,圆圈式摆放便于学生走动,让学生可以根据自己的兴趣或者需要,参加不同主题的小组讨论,既培养了学生相互倾听和讨论的能力,又让他们在阅读中更加投入。可以说,这一设计蕴含着开放平等、相互倾听、阅读投入、互惠讨论的师生关系和价值观。不同年级"读写教室"的桌椅摆放形成不同的景观,随着年级的升高,其复杂程度逐渐增加。

打破教室原有的空间格局,建立更加开放和包容的阅读环境,体现开放平等的理念,是"读写教室"的一大特点。例如,在开展阅读活动时,教师和学生会在教室内共同打造一个"阅读区"。所有的桌椅被统一排列在教室的一边,另一边留出一大片空地,并铺上圆形地垫。这样一来,一个简单宽敞的"阅读区"就打造好了。阅读的书籍就摆在学生触手可及的地方,他们可以到书筐里挑选自己喜爱的图书,随意地坐在地垫上阅读。

除了阅读区,教师还会在"读写教室"有限的空间内打造出"表演区""成果展示区"等多个功能区,让学生视觉的焦点从之前单调的学生与教师、课本以及黑板转向多样化区域。

三、"读写教室"语言景观的基本特点

(一) 童趣化表述

"读写教室"内所有的文字语言都是富有童趣的,上文提及的"热度榜""风云榜""光荣榜"以及班级名称等便是例证。再如,"图书医院"实际上就是一个装有剪刀、双面胶、尺子、订书机、胶水等修补书籍工具的工具箱。比起"修补工具箱","图书医院"更有童趣,能对学生产生更大的吸引力和感染力,能够有效激发学生内心的情感体验。

"读写教室"语言景观的设计以学生为中心,其中童趣化的语言均来自学生,是真正的儿童语言。让每位学生参与到标牌名称的拟定中,虽然只是一个很小的举动,却能够充分激发学生的参与积极性,使其获得归属感。当学生环顾四周,发现上面都是自己和同学的作品时,就会强化自己"读写教室"主人的身份,从而促使自己向着一名专业读写者不断迈进。

(二) 场景化置放

地理符号学是指用视觉符号框架来研究"场所中的话语",以此来确定话语在具体场所中所表达的含义的一种方法。置放是地理符号学最根本的要素,它包括去语境化置放、越轨式置放、场景化置放三种形式。去语境化置放,指标牌不论放置在任何地方,都保持一样的形式;越轨式置放,指标牌被放置在不适当的位置或未经批准的地方;场景化置放,指标牌在恰当的地点发挥应有的作用,比如交通指示牌等。

"读写教室"中所有的标牌都粘贴在适当的位置,没有出现放置位置不当的情况,属于场景化置放。这样能够让学生清楚地了解教室内各个区域的划分和作用。"读写教室"为学生的个性化发展提供了条件,"阅读区""写作区""展示区""图书区"所拥有的不同标牌和功能不断提醒着学生其读写者的身份,让他们拥有强烈的阅读和写作愿望。

(三) 多模态展示

"读写教室"语言景观具有突出的多模态特征。多模态包括图像、图标、文字、

色彩等,主要体现出四个方面的特征:一是图像(海报)以图文结合的形式呈现;二是标牌具有很强的标识作用,以彩色形式呈现;三是文字在教室内随处可见,为学生提供读写信息,指引读写方向;四是颜色在"读写教室"具有一定的标识度和象征意义。

"读写教室"这种多模态的语言景观打破了传统读写教学的局限,凸显出以下几点优势:首先,汇集视觉、听觉等多模态的语言景观作为读写的教学素材,确保学生有持续的语料输入,是有效的读写教学方式;其次,突破时间和空间的限制,为学生提供最直观、最真实的语言材料;再次,综合多种语言景观,增强学生对信息的读取能力,保持其记忆的持久性;最后,借助多模态语言景观进行读写教学,能够活跃课堂氛围,加深学生的印象。这样的教学方式使得学生在课堂上有更加精彩的表达,鼓励更多的学生张扬自己的个性和主张。这正是"读写教室"教学理念的集中体现。

教室承担着知识传授、文化传播的重要使命。这就需要教师在设计语言景观的时候,在教室内重塑开放平等的语言环境。小学阶段的读写教学应该运用适宜的、合乎小学生天性的方式。基于多模态视角,笔者分析了"读写教室"的语言景观,认为在小学生读写能力提升的过程中,教师应该注重为学生构筑富有童趣的语言环境,为他们搭建语言交往的平台,选择学生易于理解和接受的教育内容和形象化的教学方式对学生进行读写教育。

总之,"读写教室"的语言景观作为一种特殊的语言实践,以培养独立而成熟的读写者为最终目标,努力造就一群会独立思考、掌握阅读和写作策略、会表达的专业化读写者。"读写教室"的海报、学习成果与经验展示区等强化了学生作为真实的阅读者、写作者和交际者的身份;强化了作为主动、积极的阅读者、思考者与写作者的"独立与成熟"的价值理念;强化了读者之间选择、差异与分享的关系。"读写教室"创设的丰富景观可以更好地帮助教师把学生培养成阅读者和写作者。

参考文献:

[1] 尚国文,赵守辉.语言景观研究的视角、理论与方法[J].外语教学与研究,2014,46(02):214-223+320.

[2] 尚国文,赵守辉.语言景观的分析维度与理论构建[J].外国语(上海外国语大学学报),2014,37(06):81-89.

[3] 朱旭东.论教室文化的构建[J].华东师范大学学报(教育科学版),2020,38(03):57-70.

[4] 王国均,方美青."读写教室":小学读写教学的一种演进[J].教育研究与评论(小学教育教学),2019(06):7-11.

[5] 徐静静."读写教室"图书资源的开发与更新[J].教育研究与评论(小学教育教学),2019(11):5-10.

[6] 段袁冰.全球化背景下的语言景观研究——多语研究的新路径[J].湖南社会科学,2016(02):214-217.

(王国均　浙江师范大学教师教育学院；
方美青　浙江省衢州市实验学校)

双重编码理论在语文教学中的新应用

王国均

笔者 21 世纪初在日本筑波大学访学,第一次看到日本小学《国语(东京书籍版)》课本(注:日本小学《国语》课本采用竖排版式),其目录版面有一个明显的特点,即在每个单元读写活动名称的上方都有一个图标。例如,二年级上册第一单元有两项学习活动:一是"出声读出喜悦的心情",用的图标是圆圈里一个课本的漫画形象;二是标点符号的学习,即语言知识的学习,用的是圆圈里一个"言"字形的符号,上半部分看上去像一顶高帽子,下半部分是儿童简笔脸谱。第二单元有三项学习活动:一是口语交际,用的图标是圆圈里男孩说、女孩听的简笔画;二是写信,用的图标是圆圈里一支铅笔的简笔画;三是书写,用的图标跟第一单元的语言知识学习相同。此外,目录左下角还特别说明了图标的意义。最初笔者只觉得这样的设计生动有趣,想不出更多的意义,但从浙江大学盛群力教授那里接触到"双元编码"理论后才有所感悟,原来日本早就将这一原理应用到教科书编写与课堂教学之中了。

一、双重编码理论的要点与教学价值

"双重编码"是一种认知理论,由加拿大西安大略大学的艾伦·佩维奥于 1971 年提出。该理论认为,人们在信息加工和记忆过程中的认知活动包括两个独立又相互联系的子系统,即言语信息系统和非言语信息系统。言语和非言语编码各自拥有不同的表征单元,即词元和像元。词元是指任何通过言语方式感知到的信息,以顺序性和层级性的方式运作。像元是指任何以非语言形式感知的事物、情景和编码的表征单元。在语言学习过程中,像元有助于对词元的记忆和意义处理。

(一)双重编码理论的要点

2001 年,佩维奥和马克·萨多斯基合作出版的《图像与文本:阅读与写作的双元编码理论》将其理论的触觉伸展到读写领域,提出了涉及言语与非言语系统处理(理解)过程的三层次说。

第一层是最基础的意义表征层的处理,即对潜伏于记忆中的由因言语刺激和非言语刺激而各自敏化的词元、像元所形成的神经联结的可调用性。

第二层是所指联结,即潜在部分的语义记忆的处理,是言语系统中的词元和非言语系统中的像元之间来回沟通的系统间联结。它将已知的语言单位与通过外界体验而形成联想的心理图像联结,成为神经基础,或者说一种在一定条件下具有高可能激活性的神经通道。在这个通道中,语言单位可以唤起各种各样的图像,也可以不产生图像;图像可以唤起各种各样的语言单位,也可以不产生语言单位。阅读开始时,一般先从词元通向像元,此时被唤起的像元有可能对接下来读到的语句产生一种强烈的预期倾向,由此推动语句意义的识别与理解。这个过程中,心理图像能够形成一个强大的内部语境,它不是言语上下文理解的伴随者,而是不可或缺的有机成分。因此,所谓认知就是这两个系统视其各自得到发展的程度而发生交互作用的可变形态。

第三层是关联性联结的处理,分为两个维度:一个是言语系统内词元之间和非言语系统内像元之间的联结;另一个是言语系统和非言语系统之间的联结。

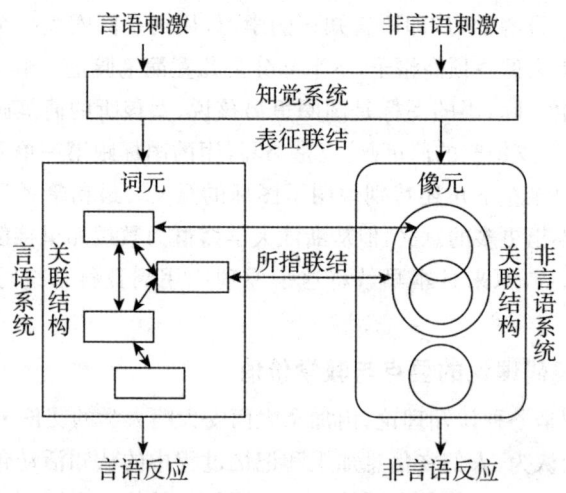

佩维奥"双重编码理论的言语与非言语象征系统"

佩维奥认为,意义和理解在这三个层面都有发生,在每一个层面上,有时是建立连接或关联信息或记忆,有时则是窄化信息或记忆。没有心理表征的激活,认知系统的潜能就处于蛰伏状态,意义无从呈现;由语言唤起的所指图像则以一种精致的形式给字面意义附加上一层形式、形状或质地方面的意义,语言的意义由此得以丰富;语境可以通过增加言语或图像的关联性而窄化信息或记忆,使意义走向具体与精准。为此,他举了一个典型的例子,ABP99S-C,这个语言单位看上去像是一串字符,每一个字符都有确定而唯一的音和形,却无法作为一个单词来拼读,自然没有意义。有经验的读者会搜索记忆,以为这可能是一个什么方面的号码序列。

但是对于汽车零件供应商来说，它就是安全气囊的产品编号，即"1999 年产 S 款（厢式轿车）兼容 C 款（双门小汽车）乘客用安全气囊"。此时读者仍然无法将其作为一个单词来拼读，但是制式和年份这两个非言语表征生成两个不同模态的心理图像，共同构成了一个语言单位，即语境。佩维奥还特别分析了文本中比喻与俗语的理解，词语的联想使得被比喻的对象和喻体之间的关系变得明确而限定，而图像则为其中的一方或双方提供有意义且可记忆的基础。

佩维奥的双重编码理论第一次用心理学实验的方法揭示了非言语系统（特别是心理图像系统）在读写记忆与理解活动中的重要作用。该理论丰富了"自上而下"和"自下而上"单一形式与双向过程的言语解码模式，也超越了将"图式"视作抽象神秘的信息组织的图式理论，因而可以更好地解释学生的读写实践，更加直接地指导读写教学的实施与评价。

（二）双重编码理论的教学价值

佩维奥认为，双重编码理论证明了教学材料理解、记忆中心理图像的具体性与言语联想过程的重要性，因而这些因素也可以影响读写教学的有效性。主要表现在以下几个方面：

1. 在读写内容的理解、记忆方面，含有具体信息并能唤起生动心理图像的内容，比抽象而不产生心理图像的内容更容易理解、记忆。例如，边听故事边浏览相关新闻图片的学生比仅仅听故事录音的学生表现更好。与心理图像相关的教学法，包括运用吸引学生的图片、图标、模型及其他示例，并体现出学习科目与现实生活事件之间的关系的，实践效果更好。

2. 在阅读技能的教学方面，言语联想组织与心理图像的结合特别有助于教学。指导学习者边读边形成心理图像，可以进一步提高阅读理解与词语记忆效果。结合图片、心理图像以及言语讲解，能更有效地促进文本理解与学习。教师在进行言语联想时，边说边画学习内容的层级式概略图（hierarchical outline），或者鼓励学生运用自己的心理图像画概略图，都有利于学生在测试中回忆出信息、组织阅读理解题的答案以及完成别的学习任务。教师可以根据学生使用概略图的情况了解学生的笔记习惯和理解程度。萨多斯基就做过这样的测试，先让三、四年级学生阅读课本中一则带有戏剧性高潮的故事，然后要求学生回答一系列理解性的问题并复述故事，在复述前后报告从故事中回忆出来的形象。他发现在复述前被问及高潮画面的学生比没有被问及的学生说出了更多的细节，而在复述后被问及高潮画面的学生跟没有被问及的没有显著差别。萨多斯基认为这个高潮画面为后续的故事回忆起到了概念固定器的作用。

3. 在写作能力的指导方面，具体化、心理图像以及编码技能可以让学生的习作更具可读性、更有助于记忆。围绕话题列举相关词语、连句成段的练习可以构成一系列的言语联想技巧，有助于提高句子的连贯性与习作的组织性。

4. 双重编码理论为语言能力测试提供了一个有用的框架,心像旋转作业(mental rotation task)成为认知能力测试乃至语言能力测试的一部分,特别是图像反应时间(reaction time)的研究,揭示了为什么拥有高图像能力的个体在正常阅读时更有可能运用图像手段,拥有低图像能力的个体只在教学情境中才会运用。佩维奥的研究证明,图像产生任务(image generation task)有助于词语识别、与图像形成联结所指意义的激活并获得精确信息。

从双重编码的视角来看我们使用的语文课本,就会发现除了课文这一文本系统外,还存在另一套有意思的图示码系统。课本的目录编码由选文数序、单元类型图示码(特别是一、二年级的"识字""汉语拼音""课文"分别用"插了羽毛的墨水瓶""前三个拼音字母组"以及"铃铛"图示标记)以及"星号"泛读码(三年级开始)构成,课文正文则由带云纹赭黄底色的"拼音""识字""口语交际""语文园地"以及"快乐读书吧"提示栏以示区别,每篇课文都配有一幅或多幅插图,这不但能增强学生的阅读兴趣,也有助于他们对课文的理解。

佩维奥的双重编码理论也可以很好地解释语文课程标准为什么强调"边朗读边想象画面",还可以解释课堂教学中图文并茂的板书以及思维导图的作用,但这些不是本文讨论的主题,本文重点探讨的是如何将该原理应用于语文教学未曾探索过的新领域。

二、双重编码理论在语文课堂教学中的应用新领域

语文课本里的双重编码可以起到简明而直接的提示作用,在语文课堂教学中的作用则更多、更大。语文的教与学充满了大量复杂而精致的行为,要降低言语活动的认知负荷,除了使用能唤起联想和想象的形象化语言之外,还需要非言语编码的参与。语文课堂教学中可以使用以下几种非言语编码方式:

1. 图画编码。很多老师在处理三年级上册第一单元"一边读一边想象画面"这一语文要素时,经常采用"借生活唤醒记忆,浮现画面""用图片唤醒文字,丰富画面"以及"用换位唤醒体验,延伸画面"等方法。这些方法对语文能力较强的学生来说比较合适,但能力一般及以下的学生则不易掌握。要突破这一难点,笔者认为不妨借用文学圈课堂中教师常用的"绘图小天王",让学生将课文或书本中最精彩的一个片段用图画的方式画出来,并配上自己的解说。很多教师仅在低年级采用"读写绘"的方式进行读写教学,而浙江省义乌市绣湖小学朱宇丹老师经过十多年的多轮实践,发现无论哪个年级的小学生都对这样的学习任务感兴趣。十多年前,浙江省永嘉县岩头中学的郑建周老师也做过一个有意思的尝试,他在初二年级实践了"学生提问式教学":学生预习时要把提出的问题写在提问单上。一段时间后,为了增强学生的兴趣,他建议学生给自己的提问单空白处添加花草图案,这一下使学生的兴趣大增,但不久他发现学生对图案的兴趣超过了提问本身。这个教训也说明,

图画确实可以增进学生对文本的兴趣和理解,但要使用得当,因为图画是阅读理解的表征,在读写教学中起中介或辅助作用,其最终目的是加深理解、增强表达。在日本,四大报纸之一的《每日新闻》,每年都联合全国各县市学校图书馆协会,举办以增进"阅读力"和"表现力"为目的的全国性"读书感想画"阅读推广活动。该活动将小学到高中分为四个学段,每个学段都有指定的阅读书目,至 2021 年已举办 33 届。去年的活动共吸引了 5800 多所中小学的 61 万余名学生参加。

2. 字母代号编码。这种编码常用于相对固定的语言或思考程式中,例如,我们常见的"KWL"表就包含了"读前已知""读中想知"和"读后明(白)知"三个水平的学习内容,可以贯穿于实用类课文阅读教学的始终。师生或生生之间交流课文中具体生动的细节时,让学生采用"xYyDzH"的方式代表"x 页 y 段 z 行",不但使交流发言更加简洁,而且能节约书面笔记及整理的时间,让学生的精力更加集中。还可以用数字或拼音首字母来命名不同的阅读策略。例如,"推敲"策略可以称之为"1 号策略"或"T 策略",学生发言时可以用"我用 1 号策略(或'T 策略')读出……"的句式来表达自己的阅读感受,避免对阅读策略的零碎化追问。

3. 图示编码。图示是介于图画和文字中间的一种理解和表达的方式,比图画简单,又比文字形象,容易识别又富含意义,因此理所当然地成为学与教中最常用的手段。以图示方式为主的"图示策略"已经成为阅读、写作的有效策略被广泛应用。图文并茂的板书以及现在非常流行的思维导图就是图示编码的运用。浙江师范大学附属衢州白云学校的陈红梅老师吸收国外写作教学理念,开发了"列车图""三明治"以及"五指图"等读写工具,这些工具简明、形象、直观,取得了很好的效果。

4. 颜色编码。色彩心理学研究告诉我们,颜色对学生的认知理解和情感体验有着明显影响。蒋雨好对 8~12 岁儿童所做的视觉搜索"易用性"实验发现,在高饱和度、高明度的儿童人机交互界面中,图形符号间色相差异对儿童视觉工效有显著影响,运用色彩设计的方案比未用色彩设计的具有更高的交互效率。在美国小学校园中,颜色起着指导学生活动音量的作用,不同颜色的区域可以发出不同的声音,课堂上教师也会用不同颜色的牌子提示学生发出相应的音高。我们也尝试过在语文课堂中运用颜色编码来提高学生的笔记效率。例如,自己想出来的答案用铅笔书写,小组讨论或全班交流时同学提出或补充的用蓝色笔记录,教师提出或最后补充的观点用红色笔记录。不同的笔记内容不仅易于学生记忆,也有利于他们复习,一般自己写的不需要重点看,要重点看的是同伴、老师的想法,因为这些是自己疏忽或者没有想到的。有的学生还能回忆起某个观点是哪位同学提出来的。经过颜色编码的字体起着回忆线索的作用,提高了复习效率。此外,颜色编码还可用于批注策略的运用,不同的批注内容采用不同颜色的字体或图标,教师甚至可以在此基础上,让学生根据颜色、字体或颜色条块的有无、多少来分析讨论课文言语形式方面的特点,发现作家创作的规律,突破语文学科素养"积累、梳理与整合"这一教学新难点。

5. 位置编码。位置编码主要用于批注策略,教师可规定课文页面不同位置批注不同的内容。例如把对课文标题的质疑或推敲统一放在页面正上方空白处,把概括出的课文主题放在标题右上方空白处,把作者或时代背景资料放在标题左上方空白处等,还可以配合前面的颜色编码,以便学生相互观摩交流,也便于教师快速了解学生的阅读反应。我们正在浙江省绍兴市上虞区崧厦街道中心小学开展这一研究,已取得初步成果。

6. 学习目标/进程编码。教师可以结合颜色编码方式,用海报告知学生整册课文、一个单元或一篇课文知识点的学习进度,已经学过的用橘色,正在学的用红色,将会学到的用绿色,避免重复教学,提示本节课关注重点,不让未来学习内容干扰目前的学习内容,学习能力强的学生可以提前学习。随着学习活动的展开,绿色的目标/内容逐一转为红色,而原先红色的也逐一转为橘色。这样的编码可以让学与教更加清晰,更便于把握进度。陈红梅名师团队正在研究阅读与写作的"路标式教学法",也取得了初步成果。

7. 手指/手势编码。教师还可以运用手指和手势编码,配合海报来告知或提醒学生读写方法或策略的选择应用。例如,用某个手指或手势表示某个阅读策略,在全班默读时给阅读有困难的学生及时提醒,避免干扰其他同学。

综上所述,佩维奥的双重编码理论可以广泛应用于语文课堂教学中,提高学生读写实践的实效,让学生语文学习过程看得见,帮助学生成为"独立而成熟的读写者"。我们期待该理论在语文教学实践中发挥更多更大的作用。

参考文献:

[1] 阿兰·佩维奥.心理表征:双重编码方式[M].伦敦:牛津大学出版社,1990.

[2] 詹姆斯·克拉克,阿兰·佩维奥.双重编码理论与教育[J].教育心理学评论,1991(03).

[3] 阿兰·佩维奥.双重编码理论与教育[C]."极度贫穷儿童读写成绩提升路径"会议文集.密西根大学教育学院,2006.

[4] 蒋雨妤.儿童对图形符号色彩差异认知的工效研究[D].西南科技大学,2020.

(浙江师范大学教师教育学院)

"读写教室"图书资源的开发与更新

徐静静

一、"读写教室"图书资源开发缘起

20世纪末,哥伦比亚大学师范学院启动了阅读与写作项目,美国有两百多所学校参与该项目。哥伦比亚大学师范学院教授、阅读与写作项目创始人露西·麦考密克·卡尔金斯在其著作《阅读教学新视野丛书》中详细介绍了"读写教室"如何创设适宜的阅读环境与课程、如何有效运用阅读教学策略等内容,将图书资源的开发作为打造优质"读写教室"的重要保障。

2017年,美国英语教师协会在"读写教室"的政策声明里指出,图书资源在增强学习动机和成就感,帮助学生成为批判型和分析型读者等方面具有重要意义。由此看来,以何种标准和原则选择优秀的图书,开发"读写教室"的图书资源,是"读写教室"研究团队首先要考虑的问题。

从2018年下半年开始,浙江师范大学附属衢州白云学校读写团队在浙江师范大学王国均教授的带领下,在全校范围内开展"读写教室"理念下的读写教学实践。读写团队成员既有语文教学论研究者、比较教育研究者,又有儿童文学研究者,还有市级、区级教研员和十余位一线小学语文教师。每位成员都从自身专业出发参与"读写教室"图书资源开发。在一年多的时间里,针对不同的读写主题,读写团队进行线下研讨近二十次,线上研讨无数次。

面对浩如烟海的图书,读写团队遵循"多元视角、辩证思维"的选书原则,根据国际儿童读物联盟(IBBY)有关"国际安徒生奖"的评选标准,结合学情,遴选优秀童书,具体标准如下:(1)应具有相当的审美和艺术价值;(2)需以儿童的视角看世界;(3)可以引发儿童的好奇心和创造性想象;(4)能够表现不同文化的美学特质;(5)具有创新性。王国均教授从语文教学论的角度出发,向课题组的教师推荐优秀的教学指导和教育理论图书。一线教师和教研员则从语文教学实践出发,选择优秀的图书进行读写教学。随着读写活动的开展,读写团队还会根据学生的阅读兴趣和教学现场学情,灵活调整书目,不断完善图书资源。

二、"读写教室"图书资源开发策略

统编小学语文教材重视阅读,且鼓励学生进行大量课外阅读,将课外阅读纳入教材体系:一年级设置了"和大人一起读"栏目,意在和学前教育衔接,培养学生的读书兴趣;中、高年级几乎每一单元都有课外阅读的延伸,把语文教学从课堂延伸到课外,形成"教读—自读—课外阅读"三位一体的阅读教学体系。这种编排强化了语文课堂上学生的自主阅读实践,直接指向"多读书,读好书,好读书,读整本书"。教材主编温儒敏先生认为,虽然教材力图把"教读""自读"和"课外阅读"三者结合起来,但具体的落实还需要教师来"加码"。他建议教师采取"1+X"的办法,即讲一篇课文,附加若干篇课外阅读文章,扩大学生的阅读量。为此,读写团队从两个方面进行了实践。

(一)依托教材选文开发图书资源

根据学生读写能力的差异和阅读兴趣的不同,读写团队依托教材选文,从不同角度拓展书目,进行教学设计。

1. 围绕主题,对每篇课文进行不同角度的拓展

例如,根据二年级上册《玲玲的画》一课的主题"如果你在生活中遇到麻烦,你会怎么对待它",读写团队提供了寓言《塞翁失马》和波兰作家伊娃娜·奇米勒斯卡的图画书《有麻烦了!》《又有麻烦了!》,让学生进行对比阅读,引领学生思考:"如果你在生活中遇到麻烦,你会怎么处理?"根据图画书中创意绘画的方法以及形状游戏、手工活动,引导学生思考:"艺术家是怎样用形状游戏进行创作的?"而且,这些内容与本单元的口语交际教学目标一致,有助于提升学生的表达能力。再如,围绕二年级上册《小蝌蚪找妈妈》一课的"蝌蚪""青蛙"主题,读写团队拓展了《101个蝌蚪宝宝》《蝌蚪宝宝上学了》《小蝌蚪找妈妈》等书目,以及"10只小青蛙"系列图书,让学生找出其中人物、故事情节等的异同。

2. 根据学生读写能力的差异,推荐不同层级的书目

例如,二年级上册《植物妈妈有办法》一课传递了关于"种子的传播方式"的信息。对此,我们设计了三个层级的拓展书目。第一层级,针对阅读能力较弱的学生,推荐以激发阅读兴趣为目的的书目。如,人民教育出版社出版的《小伞兵和小刺猬(种子的传播)》,启发精选幼儿互动游戏书《小种子,快长大(蔬菜篇)》《小种子,快长大(水果篇)》,未来出版社精心打造的《从一粒种子开始》,知名童书作家彭懿夫妇执笔翻译的《如果你有一颗种子》,荣获德国儿童图书 Luchs 大奖的《一粒种子的旅行》和荣获"第一届丰子恺优秀儿童图画书奖"的《安的种子》等。书目以图画书为主,既有科普性质的故事,又有生活故事和哲思故事,文字简洁生动,易于激发学生的阅读兴趣。第二层级,针对阅读能力中等的学生,推荐以激励深入阅读为目的的书目。如,商务印书馆出版的《种子的故事》,儿童图书作家朱迪思·赫尼根的

力作"探索植物的一生"系列等。书目仍以图文结合的科普读物为主,介绍天地万物的生命历程,文字量大于第一层级,内容更厚重,对于提升学生的阅读兴趣、启发学生的思维大有益处。第三层级,针对阅读能力较强的学生,推荐以启发探究性学习为目的的书目。如,美国作家玛格丽特·华纳·莫莉所著的《种子旅行家》,以多种"旅行"方式作为划分依据,向读者介绍了30余种植物的种子及其"成长史",记录了每一粒种子的奇妙旅程。再如,在《怎样观察一粒种子》中,作者特里·邓恩·切斯和罗伯特·卢埃林选取了100种植物的种子(果实)进行微距摄影,带领读者走进种子的奇妙世界。又如,日本作家多田多惠子所著的《奇妙图书馆·种子图鉴》一书按照植物种子的传播方式,介绍了76种形态各异的植物种子。教师可以通过设计种子展览会、制作种子拼贴画等活动,让学生进行探究性学习。

3. 推荐与主题相近,与选文内容互补,能平衡选文教育功能、审美功能的书目

低年级教材选入的多篇童话,常常会说明各种道理。例如,二年级下册的《蜘蛛开店》,意在告诉儿童做事不应知难而退。对此,我们推荐图画书《苏菲的杰作:一只蜘蛛的故事》,组织学生进行对比阅读。同样是传递做事不应知难而退的理念,《蜘蛛开店》通过教育者的立场传达,《苏菲的杰作:一只蜘蛛的故事》却从儿童的视角出发正向激励读者。为了让学生从不同角度感知这一理念,让对比阅读更深入,我们设计了专门的学习单(见表1)。

表1

文本	主要角色	情节	思考蜘蛛的人生目标
《蜘蛛开店》	蜘蛛、河马、长颈鹿、蜈蚣	织___ 织___ 织___	
《苏菲的杰作:一只蜘蛛的故事》	蜘蛛、房东太太、船长、厨师、怀孕的妈妈、小宝宝	织___ 织___ 织___	

通过对比课文和图画书涉及的角色、情节,学生感悟到:任何一个看似渺小的生命都有其存在的价值;为了实现理想,我们做任何事都需要有不畏困难的坚定信念,不应半途而废。立足学生的已有认知,我们又设计了主题阅读书箱(即以统编教材为纲,设计一个个延伸读写单元,将与主题相关的图书、阅读学习单等装在一个个主题阅读书箱内,分发到对应的"读写教室"中,方便学生随时取阅),进一步充实了学习单(见表2)。学生可从主题阅读书箱中寻找自己喜欢的书籍,进行小组共读或自主阅读。

表2

书名	文体	个性化延伸书目
《蜘蛛的日记》	童话	日记体图画书《蚯蚓的日记》
《嗨哟,嗨哟,小蜘蛛织大网》	童话	同作者认知类童话:《哇哦!小猫头鹰看世界》《踢踏,踢踏,小螃蟹搬新家》《找呀找,小兔子找春天》
《蜘蛛阿南希》	童话	非洲民间故事:《非洲民间故事》《太阳和月亮为什么住在天上》等
《蜘蛛》	科普	新宫晋创作的一系列无字绘本
《我努力爱蜘蛛》	科普	"身边的虫虫"系列图书
《听蜘蛛讲故事》	科普	"动物王国大探秘"系列科普书
《夏洛的网》	童话	《吹小号的天鹅》《精灵鼠小弟》

在这个主题阅读书箱中,你最喜欢哪一本?说明你喜欢它的原因:_____。
你还能从书店、图书馆中找到与本主题相关的书吗?比如:_____。

借助学习单,学生就能根据自己的阅读水平选择与自己读写水平相适应的书籍进行阅读,对同一个主题进行拓展延伸、深度阅读。长此以往,他们的阅读力、想象力、联想力、归纳力等都能得到显著提升。

(二)依托主题阅读活动开发图书资源

由于白云学校最初基于原有教室改造的18个班级"读写教室"存在流通、共享空间不足,图书种类、数量不多,对某个主题的研讨深度不够,对学生创造力的开发不足等局限,读写团队又在学校1600平方米的图书中心打造了专用"读写教室"——"主题读写中心"。其间,读写团队围绕多个不同的阅读主题,组织不同年级的"读写教室"成员共同备课,进行纵深读写项目开发,集思广益设计跨学科、跨年级的主题阅读项目,开展综合性教学活动,支持不同年级、不同班级的主题读写活动。"主题读写中心"是对"读写教室"班级主题阅读书箱深度、广度的扩展。

到目前为止,读写团队已围绕"传统文化:月到中秋分外圆""热爱祖国:那一片赤诚的红""保护地球:从垃圾分类开始""生命教育:我是谁"4个主题,在"主题读写中心"设置了个性化的功能区,购置了与主题相关的图书,设计了学习单,开展了系列读写活动,效果非常明显。

以"传统文化:月到中秋分外圆"的"主题读写中心"建设为例,读写团队先组织各学科教师进行头脑风暴,搜集相关书目,又组织所有年级的学生积极参与,根据主题选择了《中秋节》《月亮先生》《中秋节快乐》《月亮的味道》等将近200册与中秋、明月相关的书籍,并按照适读年龄、学科领域(文学、科学、艺术等)、体裁(童话、小说、科普文等），分门别类地放在不同的阅读区。所选图书涉及童话、童谣、神话、生活故事等15个种类，很好地满足了学生的阅读需求。各年级与班级在不同区域共读主题书目后，学生个体再根据自己的阅读兴趣，选择同主题的其他书籍进行自由阅读。

再如，为了庆祝中华人民共和国成立70周年，读写团队围绕"热爱祖国：那一片赤诚的红"的主题，分别从伟大祖国的"悠久历史""地理知识""灿烂文明""先进科技""文化传承"等几个角度，在"主题读写中心"开发图书资源。如在"主题区"张贴中国地图，放置《中国地图册》《中国地理地图》等，用小红旗标出每个参与活动学生的家乡，让学生说说自己的家乡在哪里，了解中国地理；在"海报区"张贴学生自己设计的与中华历史、中华文明以及自己推荐书目相关的各类海报；在"分享区"放置《写给孩子的中国地理》《藏在地图里的古诗词》《陪孩子读古诗词》等书籍，请学生阅读，并随时上网检索，找到自己家乡的名山大川、名人遗迹、气候特色、物产与饮食习惯等，或者手绘家乡的美丽景色，在画中配上与家乡风景相关的古诗，现场与大家分享；在"活动区"放置"中国科技史话"丛书、《看得见的中国科技史》等图书，带领学生参观科技馆、博物馆，并开展"中国成就我知道"科学竞赛，让学生能将"读"和"用"有效关联起来，了解中国的灿烂文明和现代科技。

"主题读写中心"的图书资源不仅尽量满足不同年级学生对不同主题书目的阅读需求，还支持学生在同一主题阅读中心进行长期、深入的探究性学习活动。例如，一年级学生共读《中秋节》《中秋节的故事》等传统民间故事类书籍以及《月亮，生日快乐》《月亮蛋糕》《月亮的味道》等童话类图画书；二年级学生在学有所知的基础上共读科学童话《如果你是月亮》，熟悉以童话的方式介绍月亮；三年级学生共读科普图画书《月亮的绘本》，结合月相变化小实验，了解月相变化的天文知识……这样长期的探究性学习活动，能够在深化班级主题读写活动的同时，激发学生持久的阅读热情。

需要强调的是，"主题读写中心"的图书资源建设一般会注意以下几点：一是按照主题对图书进行分类，并按照难易程度将图书分级，放置在不同的书箱内，便于不同阅读能力的学生找到适合自己的图书；二是及时根据学生的阅读需求更新图书，鼓励学生在公共图书馆或书店寻找同主题图书，丰富图书资源；三是欢迎不同学科的教师推荐图书，鼓励学生进行跨学科阅读；四是立足主题，结合学生的学习兴趣、学校现阶段的教学任务等进行阅读活动设计。

三、"读写教室"图书资源持续更新

对原有教室进行改造后的"读写教室"，使得优秀图书在同一班级不同成员之间快速流通；在"主题读写中心"针对主题读写活动而设置的图书，更促进了图书在不同年级学生中的快速流转和高效利用。为了保障"读写教室"图书资源的持续更

新,推进学生的探究性阅读,读写团队建立了系统而长期的图书资源建设计划。

首先,更新的图书注重学科均衡。这是因为统编小学语文教材中的篇目也兼顾科普知识、传统文化等,而且,收入不同学科的图书更利于学生进行跨学科学习。

其次,更新的图书指向高品质,绝不会为了迎合主题而降低标准。目前,我们购置的图书包括国际安徒生奖获奖作家书系、国际安徒生获奖插画家作品、纽伯瑞国际大奖小说书系、凯迪克获奖图画书、英国格林纳威获奖图画书等,以及获得全国优秀儿童文学作品奖、陈伯吹国际儿童文学奖、丰子恺儿童图画书奖、信谊图画书奖的图书等。这些国内外著名儿童文学作家的作品,已形成"特色专柜",为学生打开了了解不同国家文明和文化的窗口。

再次,更新的图书为主题而购,聚焦主题读写。团队除了根据学校随时设置的主题更新图书,还会针对学生某一阶段特别感兴趣的主题更新图书资源。对于学生围绕某个主题进行的探究性学习成果,如学习挂图、手抄报、绘画诗歌展、学生手工等,读写团队也会将其列入随时更新的阅读成果架,为之后进入本主题阅读的学生提供阅读指导。

另外,为了保证图书得到最大限度的流通,读写团队还开发了数字管理系统,方便师生随时根据自己的阅读兴趣借阅或推荐图书。

图书资源是"读写教室"所有读写活动开展的基础,丰富的图书资源可以激发学生的阅读兴趣,拓宽学生的阅读视野,引导学生进入丰富的主题领域进行探究性学习。以多元智能理论、建构主义理论为基础的"读写教室"极其重视发展学生的自主阅读能力、个性化阅读能力、跨学科阅读能力。在海量阅读的基础上,相信学生将接纳多元的思想,拥有辩证思考的能力,具有创新进取的精神,享有丰盈而独立的精神世界,成为独立而成熟的读写者。

参考文献:

[1] 王国均,方美青."读写教室":小学读写教学的一种演进[J].教育研究与评论(小学教育教学),2019(06):7-11.

[2] 温儒敏.解读新教材:"部编本"语文教材新在哪儿?[N].人民日报,2016-08-18.

[3] 姚淑媛.南希·阿特维尔"读写教室"的理念与实践探究[D].浙江师范大学,2017.

[4] 宋波.美国"写作教室"理论与实践初探[D].浙江师范大学,2011.

[5] 露西·麦考密克·卡尔金斯.如何创设适宜的阅读环境与课程?[M].祝玉娟,译.北京:教育科学出版社,2018.

[6] 露西·麦考密克·卡尔金斯.如何有效运用阅读教学策略?[M].林玲,译.北京:教育科学出版社,2018.

[7] 露西·麦考密克·卡尔金斯.如何设计阅读教学工作坊?[M].丁义静,马楠,译.北京:教育科学出版社,2018.

[8] 艾登·钱伯斯.打造儿童阅读环境[M].许慧贞,译.北京:北京联合出版公司,2016.

(浙江师范大学人文学院)

"写作教室"环境建构的探索与思考

胡遇慧　黄金丽

著名课程理论专家施瓦布认为,实践性的课程由教师、学生、教材、环境四个要素构成,环境是不可或缺的要素之一。随着20世纪建构主义理论对学习环境的强调,一种"以学生为中心"的新型写作课堂——"写作教室"(Writing Workshop)得到发展。"写作教室"倡导教师通过创建丰富多元的学习环境,对学生的写作学习产生积极影响,将学生培养为独立、成熟的写作者。我国专家、学者、教师很少从环境的角度研究写作课程,而探索写作教学环境建构的路径策略,可以为我国中小学写作教学研究提供新视角,为模式化的写作教学注入新活力。

一、"写作教室"环境建构的内涵与特点

(一) 美国"写作教室"环境建构的内涵

基于建构主义学习理论,美国全语言运动、开放式教学、多元文化教育等思潮都强烈要求学校建立一个自由平等、开放包容、支持和促进学生表达的语言环境。许多教师认识到:教学环境的设计与管理对学生的写作学习有重要意义。以南希·阿特维尔为代表,美国教师开始尝试改造自己的教室(美国学生以走班形式到任教教师的教室上课),"写作教室"应运而生。教师根据学生的写作特点和学习需要,创设自由轻松、生动活泼、互助合作的写作教学环境,引导学生产生真实的表达欲望,进行自主的写作学习。

"通过建构教学环境来鼓励学生进行写作表达"的"写作教室"在美国K12写作教学实践中得以广泛应用,并随着认知心理学、过程写作法、创意写作等理论研究的深入,内涵更加具体、充实。罗宾·拜尔发现,"写作教室"中营造的"心理环境"可以提升学生写作学习的自信心。谢莉·贾斯丁注意到,学生写作过程主要受"物理环境""心理环境""信息环境"三方面的影响。"写作教室"的丰富内涵从教学环境的角度可以理解为:以学生为中心,通过建构多元丰富、自由轻松、鼓励表达的学习环境,帮助学生进入真实的写作过程,逐渐成为独立且成熟的写作者。

(二) 美国"写作教室"环境建构的特点

美国"写作教室"始于教学实践,并随理论研究的深入,进一步落实到写作课堂

中。专家、学者、教师和学生都对其环境建构倾注心血,它主要有以下特点:

第一,丰富多元的写作资源。摆放学生感兴趣或能激发学生表达欲望的各类读物,如经典著作、绘本、期刊、学生作品集等;张贴学生日常生活中的照片、海报、绘画等;提供便捷齐全的写作工具,如各种颜色的纸笔、剪刀、胶带、文件夹、订书机、复印机、打印机等。

第二,自由轻松的写作空间。灵活摆放桌椅,采用多种形式的教室布局,如秧田式、马蹄式、围绕式;合理调整教学区域,动态开发写作区域,如创作区、阅读区、放松区、交流区、展示区;购置舒适的靠垫、地毯和椅子;学生自由选择学习伙伴、座位和坐姿等。

第三,鼓励支持的写作氛围。展示学生的作品,无论其是否已成文;张贴能解决学生常见写作困难的小提示、新的写作理论、良好的写作习惯等;根据学生的写作过程设计表单,如写作随డ表、构思表、同学交流表、评改校对单、写作进程单等;师生共同制定写作规则,确定各种文体的写作学习计划。

由此可见,美国"写作教室"是从信息资源、用品配置、空间布置、氛围营造、规则制定等多方面,由师生共同建构的教学环境,倾注了师生的共同想法和不懈努力。"写作教室"改变了教师"写作不可教"的想法,在这样一个"自由、安全、有效、具有挑战性、能激发写作激情和愿望的写作环境"中,学生愿意成为一名真正的写作者,积极主动地思考、表达、修改、校正、发表和分享,抒发内心想法,进行真实的写作。

二、我国写作教学环境的现状

无论是理论研究还是实践探索,我国专家、学者和教师都很少从环境建构的角度研究中小学写作教学。究其原因,一方面是写作教学研究存在一定的局限性,往往只集中于"教—学—评"的某一阶段或写作的某一要素上;另一方面是学校环境管理严格,上级往往有特定的标准、要求、规范,导致大部分校园、教室环境大同小异。

(一)师生改造环境的意识淡薄

我国教师没有自己专属的教室,也没有足够的权限去改造写作教学环境。学校各班级的学习环境往往都有固定要求,桌椅摆放整齐一致,黑板内容统一美观,墙壁装饰主要以积极向上的标语为主。这无疑限制了师生对学习环境的改造,也消磨了师生的改造意识。

(二)写作学习环境固化且浪费资源

中小学教室的桌椅摆放形式是一成不变的秧田式;学生基本上只有一张桌子大小的空间;学生的学习区域单一固定,拥挤无序;有些班级也摆放了各类图书,但未能调动学生主动搜集写作信息的借阅需求;班级中的投影仪、电脑等只供教师使用,学生通常不允许携带或使用电子产品;教室环境的设计与布局比较雷同,都是前后安黑板,四周墙壁张贴班级奖状、学生守则、课堂纪律、名人名言等。本该有效利用的教学资源未能妥善利用。

(三) 写作课堂繁杂单调且气氛压抑

写作教学往往只在语文学科中进行,学生一直静坐在课桌前,严守课堂纪律,单调无趣;写作文体比较单一;写作常被要求在周末两天时间内完成,且须写一篇完整的文章。这些因素都增加了学生的写作压力。此外,写作课堂中师生单独沟通、一对一辅导的机会较少;首次修改只关注语句是否通顺优美、字体是否美观、标点使用是否规范,导致学生过分在意写作卷面,忽视真实想法的表达;教师课堂展示的是大部分学生难以企及的优秀范文;学生作品上只有批评或表扬的结果性评价等。不合理、不恰当的写作要求使学生写作情绪低落,思维拘谨,写作信心一再受到打击。长此以往,学生自然厌弃写作。

三、写作教学环境建构的路径

"写作教室"是"读写教室"(Reading and Writing Workshop)中的重要部分。近年来,我国部分学者和教师团队借鉴国外"读写教室"的经验,基于我国国情,对学生读写环境进行改造,进行了一系列的改革实践。如浙江师范大学附属衢州白云学校研究团队改造的"读写教室"、浙江省宁波市鄞州蓝青小学等升级改造的"读写教室2.0版",但其探索研究主要集中在阅读教学方面。我国中小学写作教学环境的建构路径亟待探索。

(一) 改造写作教学的物理环境

"写作教室"环境改造需要以学生为中心,首要目标是调动学生写作学习的参与度。其物理环境改造可从两方面入手:

第一,适当调整写作教学的空间布局,发挥空间的多种功能。(1)根据写作需求调整桌椅摆放位置,形成月牙形、圆形等多种布局;(2)增强写作教学与活动区域的联系,创建不同的写作活动中心,如图书中心、教学材料中心、写作中心、分享中心、展示中心等;(3)尽可能多使用可移动的白板,提供公共使用的纸笔用具、方便折叠的桌椅等。

第二,营造自由轻松的写作环境,让学生拥有一定的参与权。(1)学生可以适当使用靠垫,选择在舒适的地毯上进行创作,写作地点、座位、坐姿等不受约束;(2)学生可以自由分组,以小组为单位合作设计与管理相关的活动中心;(3)师生一起参与教室设计,允许学生按自己的喜好装扮各自的空间。

(二) 丰富写作教学的信息环境

"写作教室"需要多角度、多形式地提供丰富的信息资源,打造支持学生写作表达的信息环境。学生接收信息的途径主要有两种:一种是直接途径,学生主要通过各类纸质图书、互联网资源、期刊报纸等途径获取写作信息。信息环境建构的主要方式有:(1)为学生提供感兴趣且适合的阅读书籍,将教室中阅读中心的图书进行合理分类,或学习浙江省宁波市鄞州蓝青小学的做法,将学校"集中式图书馆"改为"分散式的年级图书馆",根据学段差异将改造后的 12 个开放阅读区分散到各年级所在的楼层;(2)为学生提供广泛的多媒体资源,在教室里放置公共使用的平板电脑,或将写作教学置于集教室、多媒体机房、图书馆为一体的学习环境中,指导学生利用各类学术数据资源库搜集所需信息;(3)学生主动自愿地在学校或班级展示墙上张贴并及时更换近期开展的活动照片、手册海报以及相关的写作理论知识、头条新闻、期刊、全球资讯等。另一种是间接途径,学生通过人际交流、录音视频、实践活动等途径获取写作信息。其环境设计允许学生使用各种颜色的纸笔、图画、动画、音频等工具,或积极开展写作交流、头脑风暴、讨论分享、主题辩论等活动,帮助学生在互动交流中接收有效信息。

(三)重建写作教学的心理环境

"写作教室"强调自由轻松、鼓励支持的学习环境,这对改变学生写作兴趣不高、厌倦消极的心理状态有重要意义。可以进行以下改进:

1. 开发支持写作教学的用具和活动

一方面,可以利用各种独特且充满童趣的写作用具,帮助学生克服恐惧和焦虑的情绪。支持写作教学的用具主要包括:(1)与学生写作过程有关的各种表单,如各种思维导图卡、自我纠错单等;(2)学生人手一本的创作文件夹,可以用来及时保存各类写作材料,如摘录的读写素材、写作支架的表单、修改的草稿、随记心得、教师意见等;(3)学生作品集,尽力成书或出版,有助于提高学生写作的自信心和成就感。

另一方面,班级围绕写作开展各种实践活动,如绘本编著、剧本编写、公众号投稿等,鼓励学生在真实的写作情境中运用策略,提高写作能力。同时,学校应利用"项目式"学习活动进行真实的写作训练,以蓝青小学分年段、主题开发的"项目式"活动为例,一二年级周末举行"绘本园"活动,三四年级系统安排"KidsPire 项目课程",其中"走读城市"项目活动更值得借鉴。

2. 尊重学生写作的发言权和选择权

学生在写作课堂上能否自由发言和选择,在一定程度上会影响其思维的活跃度。"写作教室"应给予学生自主选择的空间,尊重学生独特的"声音",师生、生生间建立相互信任、相互尊重、相互支持的心理关系。

第一,灵活调整师生、生生间的互动形式,如调整课桌椅摆放形式、变换写作小组的类别、调换交流对象与情境等。第二,丰富课余书面表达形式,如漂流式的班级日志、互动分享式的怪事趣谈、匿名记录的奇思妙想等,将写作融于课余生活,而不仅仅局限于语文学科。第三,尊重学生写作者的身份,最大限度地引导学生走向真实的写作。例如,在拓展写作思路时,学生发言不需要举手,可以直接大胆地畅所欲言;单独辅导时,应首要关注学生的写作内容而非语言规范等,教师应以读者的身份仔细倾听学生的写作思路;展示分享时,利用"作者的椅子"、投影仪、多媒体音频、绘画海报等全方位地呈现学生付出的努力,鼓励学生成为一名主动的写作者。

3. 明确写作教学的流程和规范

师生共同制定规则与流程,引导学生自觉维护写作环境,积极参与写作过程的各个环节。一方面,师生共同协商、制定写作守则,帮助学生弄清楚各种写作材料、工具的使用方法。基本的写作守则有:(1)及时保存自己的写作资料,标注好日期、姓名、备注等,放在自己的作品文件夹中;(2)单面书写,手写务必隔行,若电脑编辑后打印,则设置为两倍行距,便于修改和校对;(3)讨论交流时控制音量,不打扰其他同学,不把自己的想法强加给他人;(4)利用不同颜色的纸笔进行标注和校对,在写作纠错单中归纳经常出错的字词、标点和句式等;(5)宽限写作时间,允许放置几天后再创作,尝试从新的角度去思考、审视、修改等。

另一方面,师生共同设计写作教学总流程,根据学情作适度调整。基本内容有:(1)写作课的大致时段、整体规划、作品完成的截止日期;(2)写作教学的主要文体,以及该文体写作的基本格式和规范;(3)学生作品评价的打分标准;(4)本学期写作教学的目标与最低要求等。这不仅有利于学生明晰写作步骤,还有利于教师随时了解学生的写作进度,对其进行持续的、有针对性的指导。

"写作教室"的物理环境、信息环境和心理环境,三者相互影响,共同对学生的写作学习产生作用。学校、教师完全可以根据当地实际条件,通过积极改造教室环境,充分开发利用教学资源,建构适宜学生习作发展的写作教学环境。

参考文献:

[1] 宋波.美国"写作教室"理论与实践初探[D].浙江师范大学,2011.

[2] 南希·阿特维尔.在中学:读写工作坊的奥秘[M].王不一,译.上海:上海教育出版社,2020.

[3] 刘充."读写教室"的"2.0版"升级演进[J].教育研究与评论(小学教育教学),2020(07):52-57.

[4] 吾康."2.0版读写教室"的读写活动开展——以"走读城市"项目活动为例[J].教育研究与评论(小学教育教学),2020(07):58-61.

(浙江省杭州师范大学经亨颐教育学院)

从"班级读书会"到小组"文学圈"

——整本书阅读的理想活动方式

王国均

整本书阅读是当下语文教研的热点,案例研究、教学设计、实施经验越来越多,成果卓著。但是,这些成果基本上都是以"师生对话"的课堂形态为主,就连最能彰显学生阅读主体性的"交流课",也被打上师问生答的刻板烙印。如何避免"穿新鞋,走老路",实现整本书阅读的独特价值,如何在班级读书会基础上实现新的突破,值得深入探讨。

一、"班级读书会"的困境与面临的挑战

21世纪初,《义务教育语文课程标准》刚颁布,课堂讨论曾经是很多公开课的标配。自2007年起,浙江省小语会开展了"小学语文班级读书会的有效策略"专题研究,取得了一定成效。儿童阅读推广者王林把班级读书会定义为"以班级为单位,在教师的组织和指导下,在语文课堂上开展的阅读活动",不同于一般意义上的课外阅读,它是"由老师指定(或师生共同确定)一本书,利用课内外的时间共同阅读,然后在班上进行讨论。班级读书会包括了'选书—阅读—讨论'这样一个完整过程"。王林的定义成为统编教材推广使用前整本书阅读的指南。后来,统编教材编入"快乐读书吧",整本书阅读教学产生了一些积极的变化。殷晓燕撰文梳理出三点:一是在阅读之前,制订阅读规划表;二是设计阅读导引单,让阅读走向深入;三是设计统整性的阅读活动,帮助学生梳理阅读内容,获得对整本书相对完整的印象。殷晓燕提炼出"阅读—讨论—练习"教学模式,总结出新书好书推荐课、汇报交流课、读书方法指导课、经典诵读课、阅读指导课等基本课型,还建立了一套形式丰富的评价体系。班级读书会为语文教学注入了新活力,但是整本书阅读教学的本质和目的究竟是什么,如何摆脱刻板模式,还需要进一步研究。

美国俄克拉荷马大学英语教育专家辛迪·奥多内尔·艾伦在《读书会便览》一书中认为"读书会是约定日期或时间系统地讨论小组成员共同挑选出来的书籍(以及别的文本)的阅读小组。这些小组运用多样化的反应方法推进与拓展读书会的讨论,小组成员根据理想的配置而灵活变化。读书会的关键特征是其灵活性"。教

学经验丰富的阿曼达(她将自己的教室命名为"理查逊夫人的教室")将"指导式阅读"与"读书会"进行了比较——

表1 "指导式阅读"与"读书会"比较表

指导式阅读	读书会
1. 教师指导同一阅读水平的2～6人小组练习;	1. 通常由4～6位具有独立阅读能力的学生组成小组共读一本书;
2. 每个小组每周接受教师2～5次的指导,教师每天对2～3个小组提供轮流指导,后期指导次数会逐步减少;	2. 小组一般每周活动一次,如果需要,可以一周两次;
3. 教师基于小组整体阅读水平或者出于培养小组某一具体阅读技能的目的选定小组需要阅读并掌握的书籍;	3. 学生基于感兴趣的话题或文体选书;
	4. 教师在朗读、微课与分享式阅读时提供简明而直接的指导,提供阅读策略、读书会运作规则和程序以及讨论活动的支持;
4. 教师提供每本书的导入,并为每个小组作简明直接的示范阅读,在课堂上教师还要帮助提供学习支架;	5. 学生在阅读中相互协同支持,深入理解每个文本,并形成有意义的讨论;
5. 所阅读文本相对短小,便于在一节大课(一般相当于合并的两课时)内完成;	6. 所阅读文本的篇幅可以很大,不必一天之内读完;
6. 每一本书的阅读都要配备一节微课,它的内容可以是赏析词语,也可以是写一个阅读反应或者理解活动;	7. 学生自己提前决定下次讨论所需的阅读量,应该准备好的活动内容和方式,以及需要讨论的话题;
	8. 学生需要分配"主持人""时间管理员"等讨论角色;
7. 小组构成可以机动,教师可以根据不断进行的阅读评估或者需要掌握的技能而灵活安排小组成员。	9. 小组构成可以机动,学生基于小组共读所选的书籍来开展活动。

从表1可以看出,无论是面向全班的"指导式阅读"还是"读书会",都是以小组为基本单位进行的共读活动,都以培养"独立的阅读者"为目的,只是程度和方式上略有区别而已。

审视我们的整本书阅读,班级读书会至多不过是"指导式阅读"的层次,采用的却是统一的班级教学模式,这样的模式是无法培养出独立的阅读者的。更值得警惕的是,这种模式贯穿小学中高年段,必然会消磨学生的阅读积极性,整本书阅读将最终走向平庸化。

二、单篇和单元教学、班级读书会与文学圈课堂形态的比较

要解决上述问题,就应系统梳理已有的成果,引进"文学圈"这一活动方式,形成从教学到指导、扶放有度的整本书学与教的递进路径。

说到"文学圈",它十年前就已进入笔者的研究视野,也有教师进行过实践尝试,但随着《义务教育语文课程标准(2011年版)》的实施,班级读书会开始流行,"文学圈"基本退出了大家的视野。统编教材增设了"快乐读书吧",班级读书会发展出多种课型,甚至开始关注学生的阅读个性,但仍然缺少独立阅读与互动分享能力的指导,而这些恰恰是"文学圈"活动的特长。从"单篇和单元教学"到"班级读书会",再到"文学圈",学生也将从被动的阅读者逐步成长为"独立而成熟的阅读者"。那么,"单篇和单元教学""班级读书会"与"文学圈"的课堂形态有哪些不同呢?

表2　单篇和单元教学、班级读书会与文学圈课堂形态特征比较表

	单篇和单元教学	整本书阅读教学与指导	
		班级读书会	文学圈
阅读时间	短	中、长	长
阅读毅力	不明显	有所培养	重点培养
阅读环境	教室	图书角	图书教室
自主程度	低	中	高
阅读内容	熟练朗读,分析字词句段、言语内容以及言语形式等	段落章节式共读、人物形象以及作者观点的赏析等	多策略式共读
教学方式	对话与点拨,启发式	分享与点拨,指导式	扶放有度,赋能式
学习成果	相对较少	相对较多	样式更多
组织方式	基本统一	三阶段制	差异化教学,个性化学习
阅读能力的可迁移性	低	中	高
阅读形态	朗读、细读为主	细读、分享式阅读为主	快速默读、分享式阅读为主
讨论规则	无	不明显	必须有
讨论方式	基本固定	基本固定	逐年改进
评价方式	以终极性评价为主	多元评价,以过程评价为主	多样评价
资源样式	较为单一	多样化	多样化读写工具
与"课标"的关系	间接	间接	直接
学生投入程度	一般	较高	最高
教师能力要求	一般	较高	最高

1. 阅读时间。单篇教学一般需要 1~2 课时,一个单元 3~4 篇课文,需要 5~8 课时,教学时间比较短;班级读书会一般有 3~4 种课型,4 个课时,外加课外阅读时间,至少需要 8~10 天;文学圈更适合章节较多、阅读难度较大的长篇文学作品,阅读整本书至少需要 10 天以上。

2. 阅读毅力。课文篇幅不长,无论是细读还是快速阅读,单篇和单元教学中几乎看不出对阅读毅力的培养;班级读书会阅读整本书花费时间长一些,能在无意识中培养一定的阅读毅力;文学圈阅读的篇幅最长,所需时间最多,阅读毅力必然成为培养的重点,而这正是整本书阅读教学的主要目的之一。

3. 阅读环境。单篇和单元教学特别强调情境创设,这种情境具有即时性、流变性,情境的成效主要取决于教师的引导艺术;班级读书会经常利用班级图书角,但由于图书角书籍构成芜杂,学生阅读有广度但少深度,无法满足自主专题式阅读的需求;而文学圈活动中,略具儿童文学专业色彩的图书教室是必要条件。图书教室是一个半控制的阅读场所,它既不像传统教室那样有完全的控制性,也不像图书馆那样,学生一进去就完全不受控制。图书教室在图书分类、结构上有专业要求,可以为学生提供更多的选择,可以根据阅读主题需要流动。图书教室会划分出功能区,文学圈小组可根据阅读进度利用专门的区域和设施;有条件的学校甚至有接受过儿童文学理论培训的图书管理人员提供专门的帮助支持。

4. 阅读自主程度。单篇和单元教学中,学生的自主程度很低;班级读书会里,学生可以自己制订阅读计划,自己选择阅读内容并展示阅读成果,有一定的自主空间;文学圈则提供更大的自主空间,学生需要组内商定讨论规则与日程,还可以选择感兴趣的书参与同一主题的多角度讨论(即"群书阅读")。教师的任务是维护学生的自主性和主动性,给有需要的文学圈小组提供适当的帮助和指导。

5. 阅读内容。单篇和单元教学强调熟练朗读,分析字词句段、言语内容以及言语形式等;班级读书会注重段落章节式共读、人物形象以及作者观点的赏析等;文学圈则更强调阅读策略,是多策略的小组共读。

6. 教学方式。单篇和单元教学采用对话与点拨为主的启发式教学;班级读书会采用分享点拨为主的指导式教学;文学圈则采用扶放有度的赋能式教学。教师一开始作示范,接下来让学生操作实践,从"我做,你们看"到"你做,我看",逐步将角色和任务的要求及经验转移到学生身上。

7. 学习成果。单篇和单元教学主要表现为练习性作业、批注和笔记,偶尔外加课本剧表演;班级读书会主要以各种学习单为主,外加多种形式的展示和表演;文学圈有阅读日志、各种角色(策略)日志、学习单、读者剧场、读写海报、卡片书签、各式评价量表以及档案袋等,样式最为丰富。

8. 组织方式。单篇和单元教学基本都是统一的,无论是阅读内容、方式方法,还是时间和节奏,乃至阅读成果,多数情况下都高度统一;班级读书会一般采用三阶段制,即"创设情境(明确任务)—方法指导—交流分享",或是"导读课—推进课—交流课",阅读内容和方法相对灵活,但时间、节奏以及成果表现方式仍基本统一;文学圈则需要根据个性化阅读需求实施差异化教学,学生可以自主决定讨论时间、地点、主题,实行角色任务轮流制,自觉而灵活地运用阅读策略,阅读方式的级别最高。

9. 阅读能力的可迁移性。在单篇和单元教学中,教学内容随意性非常大,统编教材为每篇课文规定了语文要素,可这些要素很少重复出现,能力迁移比较困难,即使新增了四种阅读策略,很多教师教完策略又回到了教课文内容的老路上;班级读书会方法意识比较明确,开始指导学生像真正的阅读者那样独立阅读,形成良好习惯,迁移性比较明显;文学圈则强调阅读方法策略的高度互惠式分享,学生不但要经常使用从课文里学到的阅读策略,更要在小组成员之间相互分享,迁移的方式和范围更为多向而广泛。

10. 阅读形态。单篇和单元教学以朗读、细读为主,偶尔有快速而有目的的默读;班级读书会以细读和分享式阅读为主;文学圈则以快速默读、分享式阅读为主。

11. 讨论规则。单篇和单元教学目前已很少采用讨论方式,看不到规则的使用;班级读书会讨论可能贯穿整个过程,但几乎看不到规则要求;文学圈的讨论完全建立在规则基础之上,规则的制订和实施可保证小组讨论的质量和效率不断提高。

12. 讨论方式。单篇和单元教学相对固定,同桌两人或前后四人是常态;班级读书会相较单篇和单元教学没有什么变化;文学圈中不但人数会随年级递增(2~8人),角色和任务也更加多样和复杂,学生组织讨论的能力要求逐年提高。

13. 评价方式。单篇和单元教学一般采用学期检测方式,是一种终极性评价;班级读书会采用多元评价,以过程评价为主;文学圈则采用多样化的过程评价,以循证式评价、反思性评价、档案袋评价以及"诊断—指导式"评价为主。

14. 资源样式。单篇和单元教学用到的资源不多,音视频、课件、教参和练习册是传统四大件;班级读书会增设了各式学习单和一些评价量表,有的甚至研制了读写工具;文学圈的图书教室具有多个功能区,又研发了多样化的读写工具(如微课、海报、折纸和卡包等),能最大限度地提供读写资源。

15. 与"课标"的关系。由于局限于课本,单篇和单元教学以及班级读书会几乎看不出教材与"课标"之间的关系,很多老师甚至都没有认真研读"课程标准"的习惯,只是就课本教课本;文学圈虽然也基于课本,但更强调"为课程标准而教"。

16. 学生投入程度。单篇和单元教学中学生自主程度不高,投入程度一般;班级读书会课型多样化,主要采用任务式学习,又注重学习成果的展示交流,学生投入程度相对较高;文学圈有更强的自主性、选择性,学生在"学会选择,学会负责"理念熏陶下,投入程度最高。

17. 对教师的能力要求。单篇和单元教学需要教师具备文本解读力、课堂讲解能力和理答的控制力,这是一种刚性能力;班级读书会还需要教师有各种课型的组织能力、一定的指导能力和即时应对能力;文学圈更强调教师对学生阅读活动的柔性指导力和推进力,更关注弱势文学圈小组的问题诊断和指导,教师更多扮演阅读教练这一角色。

以上三者相互依存,优势互补,在整本书阅读中可以随学生阅读能力的提高而逐步演进,最终实现从"教师中心"向"学生中心"的彻底转变。

三、构建整本书阅读教学及指导系统的设想

中美两国教育存在明显差异,但仍可借鉴他们的经验,对相对单一机械的班级读书会进行改造,构建分阶段、渐变式的阅读教学及指导系统。

表3 整本书阅读分阶段、渐变式教学及指导系统

年级	阅读方式	小组人数	阅读策略	阅读水平
一	教师朗读式读书会	同桌	预测、提问、积累	新手读者
二	全班共读式读书会(读者剧场)	2~3人	积累、预测、提问、图示、概括	依赖型阅读者
三	固定分组式班级读书会(读者剧场)	3~4人	积累、预测、提问、图示、概括、联结、推敲	半独立阅读者
四	灵活分组式班级读书会	4人	积累、预测、提问、图示、概括、联结、推敲、批注、元认知	独立阅读者
五	指导式文学圈	4~6人	积累、预测、提问、图示、概括、联结、推敲、批注、元认知、提高阅读速度、有目的地阅读	初步独立而成熟的读写者
六	学生自主型文学圈	6~8人	积累、预测、提问、图示、概括、联结、推敲、批注、元认知、提高阅读速度、有目的地阅读	独立而成熟的读写者

小学阶段整本书阅读在各年级的具体思路如下:

(一)一至四年级,采用班级读书会方式

一年级采用"教师朗读式读书会",以教师朗读为主,学生跟读,辅以师生对话。二年级采用"全班共读式读书会",采用读者剧场方式,学生同桌或小组分角色朗读或轮流朗读,以师生对话为主。三年级采用"固定分组式班级读书会",根据阅读水平进行分组,继续采用读者剧场方式全班共读,但小组内分角色朗读或轮流朗读,

最后师生对话。教师要特别关注合作能力较弱的小组,还要设计学习成果展示交流和自我评价活动。四年级采用"灵活分组式班级读书会",根据阅读水平、速度或兴趣分组,教师读前、读中、读后逐组提供具体指导,重点关注能力薄弱的小组,设计学习成果展示交流和自评互评活动。

(二)五、六年级,采用文学圈方式

五年级采用"指导式文学圈",教师随时指导,重点放在讨论能力相对薄弱的小组上,活动结束后对学习成果进行点评,指导学生反思改进。条件成熟的班级还可以开展大主题、多书目的阅读论坛。六年级采用"学生自主式文学圈",结合项目式学习,举办多主题、多书目阅读论坛,让文学圈继续走向纵深。

"文学圈"是整本书阅读教学及指导系统中的关键阶段。我们可基于其他国家的理论成果,结合我国实际,从三个维度进行跨越式研究:一是从"文学圈"到"文体圈"的转型(从文体横向拓展的角度),二是从"文学圈"到"苏格拉底圈"的转型(从讨论的复杂性与挑战性的角度),三是从"文学圈"到"策略圈"的转型(从阅读理解纵深拓展的角度)。

参考文献:

[1] 刘荣华.区域性推进小学语文班级读书会的有效策略——班级读书会在浙江的研究历程[J].教学月刊(小学版),2011(05):7-9.

[2] 王林.班级读书会也是一种教学形式[J].教育,2017(35):10.

[3] 殷晓燕.培养真正的阅读者——基于班级读书会"读整本书"的实践探索[J].新课程,2021(09):5.

[4] 姚家锐.文学圈教学法初探[D].浙江师范大学,2009.

[5] 何晓凤.小学语文阅读教学中的自主讨论研究[D].浙江师范大学,2012.

(浙江师范大学教师教育学院)

"世界咖啡馆":推进教学的新理念

王国均

一、世界咖啡馆概述

"世界咖啡馆"是国外传来的一种创新型学习方式,起初多见于商业会谈领域,为催生集体智慧提供了可贵经验。随着其理念的不断发展,"世界咖啡馆"被广泛地应用于多个领域,其中就包括语文教学领域。这为语文教学的改良提供了新思路。

(一)缘起

早在1995年,朱安妮塔·布朗和戴维·伊萨克首先提出了"世界咖啡馆"理念。进行了十年的研究后,他们于2005年出版了《世界咖啡——创造集体智慧的汇谈方法》。书中定义"世界咖啡馆"是一个灵活、易于操作的方法,可以培养合作型对话,彼此分享知识,发现新的行动机会。基于鲜活的系统思维,这种创新方法创造了动态的对话关系,这种关系能够围绕最重要的问题形成机构或共同体自身的集体智慧。"世界咖啡馆"作为一种高效学习法,具有可视化的特点。其方法本质上是将学习者分组,围绕一个相关问题有意识地设计一个为时20~30分钟的、有效的交叉式多轮对话,对正在发生、处于发展过程中的事情同步进行分析,汇集大家的思维和智慧,发现共性的问题,寻求问题的解决方法。"世界咖啡馆"的学习活动是一个富有创造性的过程,起到引导对话、分享知识、达成共识的作用。其操作流程简图如下所示:

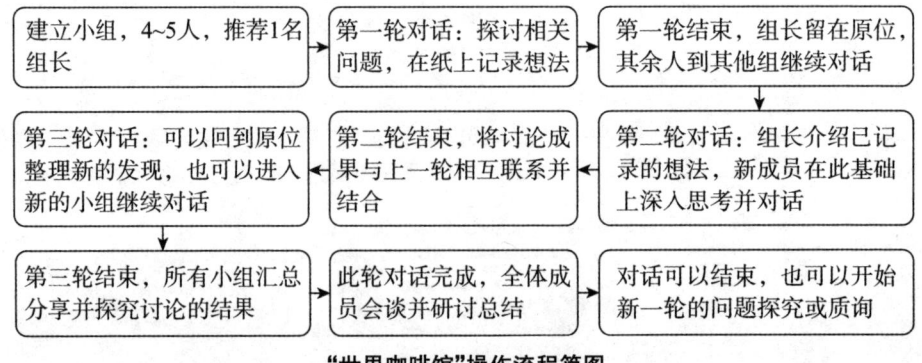

"世界咖啡馆"操作流程简图

随后,朱安妮塔·布朗和谢林·班尼特合著的《思维转移:突破思维的战略对话》一书点明了"世界咖啡馆"的核心是个体关注更深层次的共同意义。在朱安妮塔·布朗与南希·马古利斯合著的《世界咖啡馆资源指南》、亚历山大·希弗、戴维·伊萨克和博·格伦帕尔姆合著的《世界咖啡馆:第一部分》等系列书中,"世界咖啡馆"应遵循的七个设计原则可简述为:第一,确定人数与地点;第二,营造安全的氛围;第三,聚焦关键问题;第四,激励成员说出自己的观点;第五,联系并融合不同的想法;第六,注意倾听他人观点;第七,对话成果在总结阶段显性地呈现。

(二) 在语文教学领域的研究与实践

"世界咖啡馆"作为一种扎实、好用和可以变通的学习方法,当然不会局限于单一领域的发展。笔者发现,其相关著作已被译为西班牙语、葡萄牙语、日语、德语等多种语言在各国传播。在教学领域,数学、语文等学科教学皆有应用这一理念的案例。在语言教学领域,从小学到高中皆有涉及,如 2007 年谢丽尔·M.西格蒙出版的《二、三年级阅读理解微课设计》一书中提及"诗歌咖啡馆"微课案例,学乐公司的编辑贝丝·纽因厄姆在 2010 年 5 月发表的文章《用"诗歌咖啡馆"庆祝学生的写作成果》,都是对"世界咖啡馆"的延伸。除此之外,高中教师伊迪·帕洛特在 2009 年发表的《欢迎来到世界咖啡馆》一文中提到将"世界咖啡馆"应用于高中的课堂讨论中。这样的案例在国外的教学领域早已屡见不鲜,其研究和实践亦渐趋成熟。

二、"世界咖啡馆"教学案例分析

诗歌、散文、小说等都属于不同的文体。不同的文体可以设计和运用不同的"咖啡馆"。本文以国外语言教学领域的"诗歌咖啡馆"教学课例为主,针对小学二到三年级的微课与小学教师的实践,充分展示"世界咖啡馆"的理念及其亮点,旨在为我国的语文教学提供启示。

(一) 以流利读诗为核心的微课设计

在谢丽尔·M.西格蒙出版的《二、三年级阅读理解微课设计》一书中,他将"诗歌咖啡馆"分为三部分进行微课教学设计。

"诗歌咖啡馆"的第一节课——"分析信号文本",旨在指导学生通过分析诗歌中的"信号",以掌握流畅的节奏与恰当的语速、语气,进而开展诗歌阅读。其教学设计的要点有:(1)向学生介绍"诗歌咖啡馆";(2)提示阅读的关键是掌握流畅的节奏和语气;(3)向学生解释印刷类文本中经常为读者提供关于如何调整阅读的线索,"头脑风暴"列出提供此线索的不同文本信号,如标点符号等;(4)展示预选诗歌,随着学生的朗读,突出显示文本信号,让学生注意思考信号是如何提示阅读的;(5)尽可能根据信号的提示,大声朗读诗歌,对如何使阅读更清晰、更具表现力进行自我反思;(6)让学生尝试一些不同的诗歌和歌曲。

"诗歌咖啡馆"的第二节课——"练习",在前一课的基础上充分练习朗读诗歌。

其教学设计要点有:(1)回顾在第一节课中查找出的、影响读者在读取文本时调整阅读的文本信号;(2)回顾突出显示的文本信号和改进建议,如看到感叹号时,需要使声音激昂;(3)向学生解释,准备向他人大声朗读时,必须在表演之前进行大量的练习;(4)学生自主学习选择的诗歌,用下划线或荧光笔标记注意到的文本信号,鼓励他们适当加强语气或情感来朗读,并在自我感受后解读诗歌;(5)经过充分的自主练习后,学生进行合作阅读;(6)在班级充分练习之后,约定"诗歌咖啡馆"的日期。

"诗歌咖啡馆"的第三节课——"表演日",在前两课的学习之后,为学生提供诗歌朗读的表演机会,呈现学习成果。在第三节课开始前,需要好好规划,让全班同学准备"诗歌咖啡馆"的庆祝活动。教师需要提前组装道具,然后在当天安排好教室。可以模拟咖啡馆中不规则的座位安排方式,把桌子拼在一起,铺上桌布,放上餐巾作装饰。还可以将椅子放在教室前面并打上聚光灯。教师可以组建一个对此活动感兴趣的学生委员会,协助完成不同的步骤。如果有家长可以提供一些帮助就更好了。这些家长也可以扮演另外的重要角色——观众!第三节课也是"诗歌咖啡馆"的核心,其教学设计的要点有:(1)当"诗歌咖啡馆"活动之日到来时,通过将代表"诗歌咖啡馆"的标志挂在教室门上,开始新的一天;(2)安排好教室和道具,关掉或降低射灯,打开椅子旁边的"聚光灯",给大家提供准备好的饮料,欢迎所有人来"诗歌咖啡馆";(3)教师可以是第一个表演者,这有助于学生放松身心,感到舒适;(4)以预先安排或随机的顺序,让每个学生看到自己的编号,在每次表演后引导观众鼓掌;(5)一定要赞扬学生的努力,特别是他们为此所做的练习,提醒学生反复阅读文本,并注意那些可以提高语言流利程度的文本信号。

"诗歌咖啡馆"的三节课程是环环相扣的,后续课程是基于前一节课的完成而得以开展的,其中第三节课"表演日"中所采用的教学形式,正是以"世界咖啡馆"的学习形式进行课堂教学。

(二)以鼓励学生写诗为核心的课堂

贝丝·纽因厄姆于2010年5月写的《用"诗歌咖啡馆"庆祝学生的写作成果》一文是"诗歌咖啡馆"的又一典型课例。在这篇文章中,贝丝·纽因厄姆将教学设计分为"什么是'诗歌咖啡馆'""为'诗歌咖啡馆'作准备""开一家'诗歌咖啡馆'""当'诗歌咖啡馆'开张时,会发生什么"和"分享你的诗歌庆祝会"等环节。它与上一课例有异曲同工之妙,又有根据不同教学目标所作的有效调整,如:(1)"为'诗歌咖啡馆'作准备"环节不是简单地将教室布置为"诗歌咖啡馆",而是根据学生学习诗歌的需要专门设立"阅读工作坊"与"写作工作坊"的公共区域,将"世界咖啡馆"教学理念继续深化于教学实践中;(2)为"诗歌咖啡馆"设置纪念"披头士"文化的背景,在学生与家长到来时以相关音乐为背景音乐,使整个课堂呈现为欢乐的学习盛宴;(3)贝丝·纽因厄姆的"诗歌咖啡馆"中还设有"休息时间",以使人不会因长时间的学习而疲惫,也不会破坏课与课之间的连续性。

上述"诗歌咖啡馆"的课例继承了"世界咖啡馆"的组织形式,为课堂营造宜人的氛围,并保证每位学生都能积极参与。同时,它具体地针对小学阶段学生特殊的学情——思维发展还不够成熟,但学习精力充沛与乐于活动等,结合具体的教学目标,将多轮对话的模式转变为更为合适的表演模式。虽变其形,但不离其宗,这些案例本质上皆是"世界咖啡馆"教学理念下的具体实施。"诗歌咖啡馆"可谓是"世界咖啡馆"的一场精彩演绎。

"世界咖啡馆"不仅在小学教学中有所应用,在高中课堂中同样被灵活使用。高中教师伊迪·帕洛特在2009年发表的《欢迎来到"世界咖啡馆"》一文中也提及了"世界咖啡馆"理念在高中课堂应用的可行性。他在教学设计中详细论述了"世界咖啡馆"的方法与操作流程,并提到:"虽然'世界咖啡馆'最初是为讨论社会问题而设计的,但我认为这个方法可以应用在课堂讨论文学的教学中。下个星期,我打算再仔细考虑下我已经准备好了的讨论问题,并选择几个我认为可以在'世界咖啡馆'中讨论的、最有效的问题。"这位高中教师在文章中已经提出将"世界咖啡馆"的对话方法应用于高中生文学讨论的课堂中,将其形式与核心理念作为一般课堂讨论形式的转变方向,有力地证明了"世界咖啡馆"在教学领域的有效应用。

三、"世界咖啡馆"教学理念对当前教学的启发

结合上文对"世界咖啡馆"的相关阐述,并将其理论与案例对应分析,笔者认为,"世界咖啡馆"的教学理念对我们当前的教学有如下几点启示。

(一) 相信每位学生,以学生为本

"世界咖啡馆"是建立在学习共同体的多轮对话基础之上的,它打破了我们当前片面的以成绩或其他不恰当的标准对学生作"分类"的局面。在这个过程中,当每个学生积极参与有意义的谈话时,他们就会有创造力、同情心和洞察力。这样的交流讨论真正强调了教学以学生为本,既为学生构建群体,又让学生有机会展示自我,使学生的多样性得到应有的关注,能够有效改变当前单一的标准,杜绝对学生作出不合理的评价。

(二) 强调思考和观点的丰富多样

"世界咖啡馆"可以因不同的设计目的,在不同地点开展不同人员参与的对话,强调不同成员的思考,鼓励不同观点的生发,很好地保证了对话成果的丰富多样。在这个飞速发展的时代,我们需要很多眼睛、很多耳朵和很多心灵来分别审视、聆听、感受并分享观点,以准确了解复杂的问题。只有当许多不同的观点进行碰撞时,我们才能获取足够的信息,从而作出全面而准确的判断。将"世界咖啡馆"的理念应用于课堂,通过构建对话,使每个学生都有机会贡献一点或几点能激发集体智慧的观点,强调每个学生思考及观点的丰富多样,对于解决问题有着极强的推动力。

(三) 帮助学生养成倾听习惯和学会提问

"世界咖啡馆"强调集思广益,汇集集体智慧创造众人认可的解决问题的方案,打破了传统课堂中学生一味地听教师讲授而缺失个人思考的局面。在师生与生生的对话中,为了能够提出适切的观点,学生会养成良好的倾听习惯,如尊重发言的同学、不打断他人讲话等,这不仅有助于思考的推进,亦有助于学生素质、修养的形成。同时,多轮对话帮助学生聚焦重要问题进行探索,促使他们提出切中要害的好问题,构建有趣且高效的对话。

(四) 充满能量,让学生发现集体智慧

在"世界咖啡馆"的对话中,每个学生都全身心融入讨论,互相交流,为共同关心的问题作出贡献。在这样的氛围和情境中,学生会变得充满活力、有灵感、有创造力。同时,多轮对话的模式,也会让学生每次进入下一组对话时,都能远离之前狭隘的自我意识与确定的个体观点,在新对话中打开自我提升的新空间。因此,在对话中运动着的不仅是学生的身体和位置,还是他们大脑中的思维和想法。在从一段对话到另一段对话的多轮过程中,集体智慧就出现了——这是作为群体的"我们"催生出来的智慧,而作为个体的"我"则无法拥有。当然,这也是"世界咖啡馆"教学理念的亮点——以广泛而有序的多轮对话催生学生最优化的集体智慧。

参考文献:

[1] 朱安妮塔·布朗,戴维·伊萨克.世界咖啡——创造集体智慧的汇谈方法[M].郝耀伟,译.北京:机械工业出版社,2010.

[2] 沙栋."世界咖啡"式议课:研训一体有实效[J].基础教育参考,2015,(07):40-41.

(浙江师范大学教师教育学院)

澳大利亚小学读写教学的特色

——西澳公立小学的考察体验

罗美娜　钟晨音

20世纪80年代以来,澳大利亚、英国、美国等英语国家的教育改革,多以回归基础能力、核心课程(语文、数学及科学)为诉求。1999年,在南澳大利亚州州府阿德莱德一致通过的《关于21世纪学校教育国家目标的阿德莱德宣言》,建立了澳大利亚迈向21世纪的国家教育框架,明确了澳大利亚基础教育发展目标。澳大利亚政府认为,语文与识数能力是所有学习的基石,学生在学校教育过程中愈早发展这些基本能力,对其未来愈有利。因此,澳大利亚小学非常重视儿童读写能力的发展,在教学、评价和社会支持等方面有诸多举措。笔者在澳大利亚求学期间,较为系统地考察了西澳大利亚州(简称西澳)公立小学的读写教学情况,加之孩子在西澳公立小学就读,对澳大利亚小学读写教学的特色有较为深入的感知和体验。

一、没有教科书的国家,倡导"整合性课程"与"探究式教学方法"

西澳的公立小学教育通常将幼儿园和预备班教育包括在内,学童从5岁开始接受一年幼儿园(kindergarten)教育、一年预备班(pre-primary)教育和六年小学(primary)教育。小学班级人数大致为20~25,实施全科教学。基于对读写能力重要性的认识,西澳的小学通常以读写能力为核心设置课程,充分保证读写教学的时间。如西澳图特希尔小学从上午8点40到11点10分安排了阅读、拼写和写作课程,读写占据了上午的黄金时段。芒特劳丽小学则从上午9点到11点开设各一个小时的阅读和写作课程。

澳大利亚义务教育阶段提供八个领域的课程,包括艺术、英文、健康与体育、外语、数学、科学、社会与环境研究和科技。澳大利亚小学在课程实施上倡导"整合性课程",不仅重视各类课程内容上的联系和融合,更强调学习内容与自然、社会生活的结合。澳大利亚小学的读写教学没有统一的教科书。不是澳大利亚教师不爱用教科书,而是在"整合性课程"的规划下,教师无法仅使用一本教科书进行教学。他们必须将生活周边的多样化元素整合成最适合学生的课程。正如西澳公立小学的一位五年级教师受访时所说:"根据澳大利亚课程标准的要求,学校领导和教师会根据国家课程标准和班级学生的实际情况共同制定规划,协商课程教学内容。"

由于没有统一的教科书,读写教学的内容更具包容性,教学材料更加多样化。这位老师在介绍自己的做法时就提到:"我通常根据教学主题广泛搜集资源,如分级读物、儿童文学作品、报纸、杂志、宣传单等来自日常生活的素材。这些都是我的教学材料。我会根据孩子们的发展为他们整合合适的教学材料,编辑成讲义,设计成各种活动,指导学生学习。"由于不用教科书,教师编撰的讲义往往更具时效性和社会性。社会上各种推陈出新的知识、日新月异的科技成果也能随时进入课堂。

没有教科书,意味着澳大利亚小学的读写教学不会被教科书束缚,课程更富融合性,更贴近日常生活,也更具弹性和张力。在"整合性课程"的教学中,澳大利亚小学教师经常使用探究式教学来启发、引导儿童爱上读写。比如在小学一年级制作奥利奥蜘蛛饼干的教学项目中,孩子们不仅要读懂指令,还要按照制作步骤亲手制作蜘蛛饼干并进行品尝。制作完成后,孩子们要笔头回答两个问题:你是按照步骤制作的吗?你怎么判断?读写就这样自然融入了手工制作中。

在芒特劳丽小学,有一课的阅读主题是澳大利亚的海滩和海洋生物,老师引导学生挑选相关童书和图片,鼓励孩子们将海边捡到的贝壳、珊瑚等物品带到学校来展示介绍。如果阅读主题是泰迪熊,老师会让学生将家里的泰迪熊玩偶和有关泰迪熊的书籍带到学校来分享。如果学习写信,就会在班级里建起一个邮局,同学们学习如何写信,并把信写好,贴上邮票投到邮筒里。最后,这些信件真的会有专人投递出去。

生活即教育,俯拾皆教材,点滴成课程。澳大利亚小学读写课程鼓励儿童在探究中了解知识脉络,发展不同的能力,从而让读写教学富有弹性、开放性和多元性。

二、精心打造"读写教室",让儿童沉浸于舒适温馨的读写环境

西澳小学的教室风格迥异,却都经过精心设计。教室布局大致包括整班活动区、小组活动区、指导阅读区、阅读角(放置不同语言程度的分级阅读书籍、字典等)和各种学习中心。墙上张贴着鲜艳夺目的教室标签和与近期教学主题相关的一些墙贴。窗户也被利用起来,高频词、星期、月份等都可张贴,角角落落全不浪费。天花板上悬挂着儿童自己创作的读写活动作品。经常更换阅读主题的阅读角书架上,整齐地摆放着教师精心挑选的各种童书。

澳大利亚小学教室里还设置了学习中心,包括写作中心、计算机中心、阅读/听力中心、语音练习中心或单词练习中心。当教师对一组学生进行阅读指导时,其他小组的同学就轮流到不同的中心开展学习活动。幼儿园与小学低段的教室还设置了手工创作中心,鼓励儿童在游戏中学习读写。值得注意的是,教室布置的风格考虑了学龄特征。低段儿童的教室更注重丰富多元的墙贴展示,如有关语言基本知识的自然拼读等内容,而高段学童的教室更注重主题探究式学习内容的展示。

图1 教室中学生作品的展示

通常，教师会根据学习主题布置教室，也鼓励高年级学生参与教室环境的布置。如在学习澳大利亚土著文化时，教师会请同学们将自家院子里不用的树墩、帐篷、路边的茅草等随处可见的物品带到教室，布置澳大利亚土著人生活的环境。学生通过各种图书、身边的家人朋友、公园的标识等途径，了解有关土著部落的生活、文化及相关的词汇，用自己的画笔画出土著部落与自然的关系，用自己的彩笔写出对土著人的理解，并做成海报张贴在教室最显眼的布告栏内，相关的书籍则摆放在由帐篷搭建的图书角里。置身亲自参与创设的读写环境中，被随处可见的不同形式的文本吸引，儿童的读写能力与意识就这样逐渐形成了。

三、平衡读写，循序渐进促进儿童读写能力的发展

平衡读写（balanced literacy）是一种平衡地教授读写的路径或方法。它结合了自然拼读、阅读理解教学、教师指导的教学和以学生为中心的活动。无论是阅读、写作还是词汇学习，都在培养独立读写者的过程中发挥着不可或缺的作用。平衡读写使用真实的文本，教授读写技能，让学生在有意义的情景中积极参与学习。它秉持"我做—我们做—你做（I do—We do—You do）"的原则，不断为儿童搭建学习的支架，循序渐进地促进儿童读写能力的发展。其方法论根源在于对控制的逐渐释放或将学习的责任从教师逐渐转向学生。因此，平衡读写教学方法是综合的，从教师示范开始，先扶后放，直至学生成为独立的读写者。

在西澳的小学，平衡读写教学首先从整班分享式阅读开始。分享式阅读是一种互动式阅读体验。教师有针对性地带领学生系统朗读各种体裁的故事或文章，通常会使用配有放大的文本和插图的超大尺寸书籍，示范并明确讲解熟练的阅读

者应该掌握的技能(包括语音、语调、流利度和表达等),注意培养学生的阅读习惯,如对印刷文字的认识,语音意识,对拼字、造句及语法的敏感度,为学生独立阅读与写作打下基础。整班分享式阅读教学通常在每次课程的开头,大约持续 20～30 分钟。

在指导性阅读环节,教师按学生的读写水平和需要,将学生分成阅读水平相当的 4～5 人小组,由教师提供一篇与该组学生阅读水平相当的文本,指导学生使用在分享式阅读环节学到的阅读技巧和策略来解决问题,其目标是让学生学会独立阅读。针对不同水平的学生组别,教师指导的侧重点也不同。对于水平低的学生侧重高频词的教学;对于水平较高的小组,则将重点放在阅读理解上。

在独立阅读环节,学生选择适合自己水平的材料进行独立阅读,提升自然拼读和阅读理解等能力。为满足不同学生的需求,教师需提供不同的阅读材料,确保每位学生都能选到适合自己阅读水平的材料。

写作教学与阅读教学模式相似,从整班分享式写作开始,教师示范如何写句子、段落,如何计划、起草、修改、成文,将写作技巧直接教给学生。在指导性写作环节,每个小组轮流接受教师指导。针对小组学生的写作情况和需要,教师明确讲解写作技巧和策略,帮助学生逐步学会自主写作。

系统地显性教授读写策略,在平衡读写教学中占据非常重要的地位。显性教学是指"通过有意义的师生互动,教师指导学生学习,把新信息传授给学生"。该方法的核心是教师明确解释、示范,指导学生练习。显性的读写策略教学在整班分享、分组指导性读写环节都可以进行。

图 2　整班分享式读写教学的教室场景　　图 3　小组指导性读写教学环节的学习任务

四、持续性的整本书阅读,让儿童从小就成为"悦读"人

持续性的整本书阅读贯穿于澳大利亚儿童的日常阅读活动中。小学低段儿童最开心的莫过于每天上课之前,和自己的爸爸妈妈或监护人一起进入教室,进行课前十分钟的亲子共读。儿童经常领着爸爸妈妈去寻找他们喜欢的童书,一起坐在教室地毯或垫子上,享受轻松的共读时光。低段儿童教室内阅读角书架上摆放着

玩具书、字母书、数数书、概念书等适合这一年龄段儿童阅读的书籍。书页设计形式活泼多样,有立体书、翻翻书和发条书等。给笔者留下深刻印象的是一次亲子共读,儿子 William 神神秘秘地把我拉到书架边,特意翻出一本书,题目是《间谍在哪儿》。他指着戴着假发、礼帽和墨镜,穿着风衣的间谍问我:"妈妈,你猜间谍藏在哪儿?"我摇摇头。他立刻翻页,接着读起来。作者让小老鼠、小猫和小狗一起引领儿童跟踪间谍,让儿童在追踪间谍的过程中学习 where、down、up、into 等常见的与方位有关的词汇。最后间谍进入一家商店,小动物们找不到他了。"间谍跑哪儿去了?"我着急地问儿子。原来书页里出现了一个戴着太阳帽、太阳眼镜,穿着短衣短裤,一派休闲度假风的男士,与书页开头出现的男士穿着打扮完全不同。"哈哈,在这儿!"儿子一眼就认出他就是原来的间谍。教师选择把这本带有悬疑色彩的书放到书架上,是因为这类书讲述的是儿童成长过程中特别感兴趣的侦探话题,能满足儿童好奇的心理。阅读此书不仅能学习高频词,还训练了学生的预测策略和批判性思维,可见澳大利亚小学教师在阅读角书目选择上的用心。

　　家长和孩子课前十分钟的亲子共读,让整本书阅读成为很自然的校园生活方式,点燃了儿童持续阅读的热情,也为低龄儿童开启一天精彩的读写活动做好了心理准备。学校欢迎家长进入教室亲子共读,也反映了澳大利亚小学的开放性和澳大利亚全社会对儿童读写教育的关注。此外,课上的分享阅读、指导性阅读和独立阅读,都涉及整本书阅读。孩子们没有教科书,但教室内有许多分级读物,读物的分级和可读性一般是和文本难度相联系的。更为重要的是,教师通常还会根据学生的阅读兴趣、动机、经历等,以文学作品为基础,按文体、作者或主题组织一个教室图书集合供学生选择。西澳各小学每周还有图书借阅日,学生能去学校图书馆借一本书带回家阅读。在学校图书馆,图书管理员会指导儿童选书,并为儿童开展分享阅读活动。儿子的图书借阅日是每周二,每周一晚上他就积极地准备好借阅袋,期待明天能借到心仪的图书。我们发现,他自己从图书馆借来的图书,往往是在教室阅读角曾经读过的。他认为书的内容有趣,非常渴望再次阅读。显然,教师经常更换教室图书角书架上的图书,不但能激发孩子的阅读兴趣,还能对儿童自主选择图书、进行整本书阅读起到重要的引导作用。

五、多元读写评价促发展

　　澳大利亚对学童读写能力和表现的评价包括正式评价和非正式评价。正式评价主要通过"全国读写与算数测试"进行,这是澳大利亚唯一针对所有学生的全国性评估项目。该项目每年五月份举行,三、五、七和九年级学生参加考试,主要考查英语、数学两方面的基本素养。该测试不仅提供学生在不同学习领域取得的成绩和等级,还会详细描述学生的知识能力水平、已掌握的技能以及薄弱之处。通过全国性测试获得的数据,可以让学校和父母及时了解学生在读写、计算方面的能力发展,清晰地呈现学校和学生在全国范围内所处的位置。丰富的数据能帮助学校、教师和学生调整策略,提升学业质量。2021年的"全国读写与算术测试"除写作为纸笔测试外,其他均为机考。到2022年,该测试将全面转为机考。

西澳公立小学三年级教师 Ben 受访时表示:"测试的目的是了解孩子们读写的基本素养,反映学校执行国家课程大纲的能力。测试不会替代我们自己设计的随堂测验,也不会反映在每位学生的年度学业报告中。参加测试只是为了孩子的发展,利用这些数据调整学校和教师的教学。我们只给孩子们两三次的备考机会,让他们了解怎么进行机考,此外并不提供特殊的准备或辅导。"英语学科考查的内容包括阅读、写作和语言知识(拼写、语法和标点符号)。在阅读测试中,学生被要求阅读杂志里一系列不同写作风格的文章,然后回答相关问题。在写作测试中,学生根据提示语(一个想法或主题)用特定的文本类型写一个回应,文本类型包括议论文和记叙文。

非正式评价包括课堂观察、阅读行为记录、兴趣调查、学生作业样本、作品集、日记、检查清单、访谈等。学校会在每年第二学期末和年底向家长书面汇报学生的学业表现。教师 Megan 说:"我每天都会快速记录学生的阅读表现,也经常使用检查清单检查学生读写的进展情况。学生学业表现的书面汇报里,有学生在读写领域每个分项上的表现情况的具体描述。"

澳大利亚读写教学采用正式评价和非正式评价相结合的方式进行,其目标指向的是儿童的读写能力发展。它关注学生的个人学习特点,具体评估数据主要用于规划和推动针对个体的有效教学。孩子们没有过多地考试做题,学校和教师在评价儿童读写能力时也不唯分数论。

六、多样的社会支持系统助力儿童读写能力的发展

澳大利亚民众普遍认为,教育是开启澳大利亚未来的金钥匙。这个观念不仅出现在澳大利亚政府对民众的宣导文件中,在澳大利亚各个角落与民众的日常生活中也可以强烈地感受到。除了学校之外,其他社会机构也非常重视儿童的读写发展,例如社区图书馆在儿童读写能力发展上就扮演着重要的角色。澳大利亚的社区图书馆通常坐落在社区中心、超市、商场附近,方便家长在购物时将儿童留在此处借阅图书。尽管社区图书馆场地不大,但开辟了专门的儿童阅读区,摆放着舒适的沙发,陈列着优质的图书让孩子们阅读。社区图书馆可免费借阅图书,免费向父母或监护人提供如何开展亲子共读的小册子和培训,还经常举办各种饶有趣味的活动,鼓励儿童爱上读写。有一次圣诞节时,社区图书馆邀请了小提琴手和童书作家一起边演奏边和儿童分享童书阅读,这种"音乐阅读"的方式让童书能看、能听、能唱、能演,给孩子们带来不一样的体验,让人印象深刻。

此外,动物园、博物馆、美术馆、交响乐团、科技馆、政府部门等都会提供一些共

享资源,方便教师获取教学资源,开展读写教学。比如,在西澳青年交响乐团为儿童举办的儿童音乐会上,每位儿童都会得到一张"独特"的节目单。这张节目单上不仅包含当天演出的曲目,还精心设计了交响乐中所使用的乐器单词的搜索游戏和乐器单词图片的匹配游戏。儿童不仅能欣赏优美的音乐,还能通过单词游戏了解乐器名。教师可以在教授有关乐器的单词时利用节目单配合教学。这些设计上的贴心举措反映出整个社会致力于提升儿童读写能力的共识。

读写能力是儿童发展的基础,培养"独立而成熟的读写者"是读写教学的最终目标。澳大利亚公立小学在读写教学上体现出这个领域的一些新趋势,同时也基于其文化背景、教育理念、办学条件展示出其独特的教学理念与课堂样态。值得注意的是,西澳公立小学读写教学弹性开放的读写课程、温馨舒适的读写教室、丰富多彩的读写活动都建立在全社会重视儿童读写能力发展的共识和通力合作的基础之上,并以社区丰富的读写资源与学校优秀师资作为支撑。特别是优秀教师在有效读写教学中发挥着重大作用。澳大利亚小学教师在读写教学中呈现出的自主规划、设计和执行课程的高素质,是澳大利亚小学读写教学的重要基石,其师资培养理念与专业发展方式值得我们进一步探究。

参考文献:

[1] 沈姗姗.澳洲学校语文与识数能力改革方案之探讨[J].教育资料集刊,2008(37):75-95.

[2] 李晓雯,许云杰.没有教科书:给孩子无限可能的澳洲教育[M].北京:首都师范大学出版社,2011.

(罗美娜 浙江师范大学外国语学院;
钟晨音 浙江师范大学教师教育学院)

PISA 项目中的"读写一体"测评及其教学启示

俞向军　胡　啸

"读写教室"致力于为学生打造良好的读写环境，研究课堂中的读写教学策略，培养"独立而成熟的读写者"，是近年来小学读写教学的一次重大演进。"读写教室（Reading and Writing Workshop）"发轫于美国资深读写指导专家露西·麦考密克·卡尔金斯的"读写教室"项目和南希·阿特维尔的读写教学尝试，两者主张读写任务要在真实的情境中进行，恰好与国际大规模学业测评高度重视情境不谋而合。《义务教育语文课程标准（2011年版）》指出："重视写作教学与阅读教学、口语交际教学之间的关系，善于将读与写、说与写有机结合，相互促进。"本文基于国际视角，分析国际学生评估项目中的"读写一体"测试，以期为"读写教室"本土化研究及其教学实践探索提供启示。

一、国际学生评估项目中的"读写一体"测评

国际学生评估项目（The Program for International Student Assessment，简称PISA）是最早开展国际大规模学业测评的项目之一。PISA常规测评领域有阅读、数学和科学，不定期增加新的测评领域，比如2021年新增创造性思维（Creative Thinking）测评，2025年将增加外语素养测评。"读写结合"测试理念在其中均有体现。

（一）PISA阅读测评中的"读写一体"测评

2016年5月，组织方发布了《PISA 2018测试框架草案》（PISA 2018 Draft Analytical Frameworks），首次提出"读写一体"测试理念：读者通过书面写作表达自己的观点。这是自PISA施测以来第三次以阅读为主要领域进行测试，对测试框架进行了重大调整，包括阅读素养的定义和测试维度等内容的调整。PISA 2018指出，阅读素养是为达到个人目标、增长知识、发展个人潜能而对文本进行理解、使用、评价和反思的能力。其中"评价"是PISA 2018阅读素养定义中新增的，也考虑了读者在写作中的表达理解能力。例如PISA 2018"拉帕努伊岛"样题，共设计了7个任务，包括5个封闭式选择题和判断题、1个封闭式建构题与1个开放性建构题。自主建构题要求学生首先理解右侧栏目中的文本内容，回答"导致拉帕努伊岛上大

树消失"的原因,要求找出文中的信息来支撑自己的观点(详见图1)。

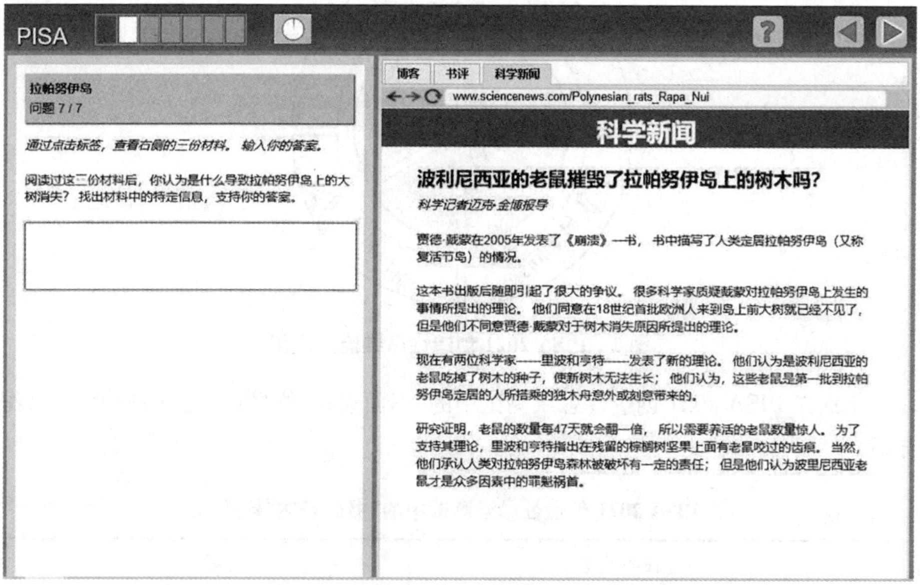

图1　PISA 2018 阅读测试:"拉帕努伊岛"第 7 题

PISA 2018"读写一体"测评传递出这样的理念:阅读不能止步于阅读行为本身,读者需要在理解文本的基础上,学会使用文本中的信息来进行写作,即为观点表达提供相应的支撑。"读写一体"测评的重点不在于拼写、语法等方面,而在于学生能否把文本中的信息提取出来,为写作提供相应的支撑。

PISA 2018 把写作融入阅读测评中,认为写作与阅读是一体的。这一阶段的"读写一体"测评以阅读为起点,要求学生在理解文本内容的基础上,提取信息并反思构建答案,将此过程中的思维外化形成文字,从而使"读"与"写"形成有机整体,互相促进。

(二) PISA 创造性思维测评中的"读写一体"测试

2017 年,组织方提出测评创造性思维。2019 年 4 月发布了《PISA 2021 创造性思维评估框架草案:第三版》(PISA 2021 Creative Thinking Framework:Third Draft)。该草案强调:在不同情境和教育阶段的学生都需要学习如何有效地参与生成新想法的实践,如何通过评估他们的相关性和创新性来反思新想法,以及如何评估和改进想法,直至取得满意的效果。PISA 2021 从"书面"和"视觉"两个领域考查创造性思维表达;从社会和科学两个领域考查知识创造和问题解决,并评估学生创造性思维的过程,包括产生多样化的想法、产生创造性的想法、评估和改进想法三个维度(详见图2)。该测试要求学生根据给定的情境,提出解决问题的想法或方案,并根据具体任务进行评估和改进。

图 2　PISA 2021 创造性思维能力模型

下面以 PISA 2021 创造性思维测试中的"书面表达"样题(详见下表)为例,略作分析。

PISA 2021 创造性思维测试中的"书面表达"样题

	任务内容	图片
任务一	你正在玩一个骰子游戏,将掷骰子出现的图像连起来创作故事。作为热身,你只使用两个骰子。你需要运用右边的图片创造两个不同的故事。故事的构思应尽可能与他人不同。建议在这个问题上花的时间不要超过 5~7 分钟,字数不要超过 80。	
任务二	现在你已经对这个游戏有了一些了解,接下来请根据右边的六幅图片,按照它们的出场顺序写一个有创意的故事。如果你的故事是原创的,且想象力丰富,结构合理,将会获得高分。建议在这个问题上花的时间不要超过 5~7 分钟,字数不要超过 80。	
任务三	现在你和朋友一起玩这个骰子游戏。阅读你的朋友用任务二中六幅图片所创作的故事开头。你需要运用右图,顺着朋友的灵感和风格继续创作这个故事。建议在这个问题上花的时间不要超过 5~7 分钟,字数不要超过 80。	

由上表可知，三个任务都涉及写作。任务一是完成两个故事的创作，以此来测试学生"产生多样化的想法"；任务二是根据六个骰子的图像完成一个有创意的故事；任务三是根据给定信息续写故事。三项任务均提示"建议在这个问题上花的时间不要超过 5~7 分钟，字数不要超过 80"。虽然重点是对创造性思维的测试，但其"读写一体"的任务情境、测试文本的多样性（非连续性文本）等，均表明"读写一体"可以通过任务情境深度融合，真正把阅读与写作打通，通过简短的写作来评估学生的创意思维。

二、国际学生评估项目中"读写一体"测评的特征

（一）注重任务情境的设计

PISA 非常重视考查学生在真实生活情境中解决问题的能力和情意表现。PISA 提出，根据不同的阅读目的，阅读有个人的、教育的、职业的、公共的情境之分。PISA 2018"拉帕努伊岛"样题通过测试前的一段描述性语句，为学生创设了情境，告诉学生为参加讲座需要提前了解拉帕努伊岛。其中最后一题需要学生整合三个文本，就拉帕努伊岛上树木消失的原因提出自己的看法。学生此时要整合文本，提取信息，选择能够支撑自己观点的内容来写作。阅读任务与写作任务在统一的情境中自然转换。通过创设真实情境，学生自觉并自然地进行阅读与写作，读与写同时得到有效训练，并在创造性思维测评中深度融合。

（二）强调基于证据的表达和写作

在阅读和创造性思维测评中，PISA 都强调基于证据的观点表达和写作。如图 1 所示，PISA 2018 样题要求从文本中找出有效信息来支撑自己的观点。学生需要在阅读多文本的基础上，整合并提取出支撑自己观点的信息，来增强观点的说服力。PISA 重视学生观点的阐述，但更重视学生的写作思维过程，即如何提取信息支持自己的观点。同样，上文表格中的任务三强调根据朋友的灵感和风格续写故事，这里的续写并不是天马行空的想象，而是在理解故事开头的基础上，依据前文逻辑与额外信息发挥想象，前后逻辑一致地进行创意续写。总之，PISA"读写一体"测评中学生的思维过程是阅读与写作结合的桥梁，写作以阅读所得的文本信息为基础，阅读以写作为结果和表现。

（三）聚焦思维发展和提升

PISA 阅读和创造性思维测评并不执着于学生回答得对错与好坏，而是关注学生由被动接受变为主动思考，由信息检索变为评价和反思的过程。PISA 鼓励读者跳出文本的"浅层阅读"，走向敢于质疑和评价的"深度阅读"，甚至走向更高的"创意阅读"。PISA 通过创设具体的任务情境，引导学生整合多文本信息，从不同角度进行思维发散，聚焦思维的发展与提升。尤其是 PISA 2021 的创造性思维测评，更充分地体现出培养学生创造性思维的必要性和重要性。思维发展离不开大量的阅

读和写作，PISA"读写一体"测评把这种简短的观点表达有机融入阅读之中，必将促进读写训练中学生思维的发展与提升。

三、国际学生评估项目中"读写一体"测评的教学启示

（一）创设贴近生活的任务情境

阅读材料为写作提供话题，仅是浅层次的"读写结合"。统编小学语文教材中"读写结合"类课后习题的读写情境有些是割裂的，将读写训练分别置于不同情境中，以题目中的直接要求将两者联系起来。如要求学生阅读课文后将文本立意、写作技巧等迁移到写作中，实现"以读带写"，或通过写作概括文本的内容，实现"以写促读"。而 PISA 测评中阅读与写作处于同一情境中，要求学生根据对文本信息的理解与把握，使用反思、批判等高阶阅读技能构建答案，进行以文本信息为支撑的写作表达。由情境对各项任务进行统筹，学生以任务目标驱动读写行为，读写能力之间的转换更加自然。《普通高中语文课程标准（2017年版）》（以下简称2017版高中课标）提出"学习任务群"概念，指出学习任务带有学习情境，可以将整个学习过程情境化。这与 PISA 基于情境的测评异曲同工，情境不再仅仅是激发学生兴趣、引出教学内容的手段，而是融入学习和测试的过程之中。因此，"读写教室"主张为读写训练创设真实的情境，尽可能地贴近学生的生活实际，能借由情境促进阅读与写作的真实发生。

（二）提供多源读写材料，进行基于证据的表达

PISA 阅读测评对文本的认识在不断深化。国内语文阅读教学和测试中文体特征明显，如高考语文阅读材料多为学生在语文课程中接触过的小说、散文等，虽然能在一定程度上消解全国不同地区教育水平上的差异，但也限制了学生多方面阅读素养的发展。"读写教室"中的读写材料要尽可能覆盖各个领域，选取多种形式的文本。PISA 2021 创造性思维测评中是非连续性文本。学生在丰富的读写材料中进行读写训练，处理并运用多种信息。在 PISA "读写一体"测评中，"证据"可指代文本信息，也可指代文本的内在逻辑，是能够支撑并强化表达合理性与科学性的各种内容。PISA 2018 阅读测评中的开放式建构题，明确提出要从文中找出支持自己观点的信息。PISA 2021 创造性思维测评中的三个任务都是创作短小的故事。个人观点的提出、故事的创作与评价，都强调有理有据、逻辑清晰。不论哪个领域内的测评，都强调基于文本原有信息与逻辑，进行有"证据"的写作表达。学生或提取文本信息与观点进行整合或反思批判，以增强自己观点的说服力，或遵循前文逻辑发挥想象自主构建，增强故事的合理性。

因此，"读写教室"要引导学生接触广泛的、多种形式、多种类型的读写材料并进行读写训练，将阅读、写作、思维三者之间的隔离带打通。鉴赏文学性作品，品味语言之外，还要注重基于证据的观点写作，增强目的意识，学会表达与论证，培养信息筛选、归类的能力，依据文本的信息与逻辑支撑自己的表达。

（三）促进学生思维的发展与提升

语言的建构和运用、思维的发展与提升是语文学科的两大核心素养，2017版高中课标明确指出"语言文字运用和思维密切相关"，强调通过语言的建构和运用，来促进学生思维能力的发展和提升。国内"读写教室"研究依据统编小学语文教材的编写体系，对预测、推敲等阅读策略进行了读写工具开发使用的探索，为学生思维的发展与提升搭建了支架，但对写作的关注还比较少，"读写一体"的理念还未真正确立起来。PISA中的"读写一体"是以真实情境为基础的，将阅读、写作、思维的发展与提升融为一体。因此，"读写教室"的读写训练应以主题为引领，以语文学科为支点，聚焦学习任务群，整合各类资源和手段，在语文学科与其他学科的联动中，启发学生建立广泛联系，促进语言的建构和运用、思维的发展与提升。

参考文献：

[1] 王国均,方美青."读写教室"：小学读写教学的一种演进[J].教育研究与评论(小学教育教学),2019(06):7-11.

[2] 王国均,方美青,陈宣羽."读写教室"——语文教育的未来新常态[J].小学语文教师,2021(06):71-74.

[3] 张会杰.核心素养本位的测评情境及其设计[J].教育测量与评价,2016(09):9-16.

[4] 中华人民共和国教育部.义务教育语文课程标准(2011年版)[S].北京：北京师范大学出版社,2012.

[5] 郑桂华.高中语文学习任务群的教学建议[J].中学语文教学,2017(03):9-12.

[6] 傅苑婷.PISA阅读测评与语文高考阅读测评的比较研究[D].洛阳师范学院,2016.

（俞向军　浙江师范大学教师教育学院,中国教育科学研究院；
　　　　胡　啸　浙江师范大学教师教育学院）

下篇　实践探索

读写环境营造

"读写教室"的环境打造

方 萍

南希·阿特维尔的"读写教室"强调打造适宜的学习环境,以学生为主,让学生通过自主阅读与写作,成为真正的读者及作者。意大利著名教育学家洛利斯·马拉古齐也认为:"环境是学生学习成长的第三个老师。教室是学生最主要的学习生活场所,而学习的刺激来自整个环境。教室是帮助学生构建知识意义和人生意义的地方。""读写教室"鼓励教师充分利用已有的条件,对教室环境进行个性化设计,并吸引学生积极参与其中,充分发挥各自的长处,努力使教室里的每一面墙甚至每扇窗都能"说话"。

在白云学校的"读写教室"中,教室布置是日常教学工作的一部分。教室是学生在校学习和生活的"家",每位教师都会邀请学生一起布置教室环境:从桌椅摆放,到功能区的分隔,再到独立阅读区、交流讨论区、成果展示区等的设计,都渗透着师生共同的智慧。

一、独立阅读区

独立阅读区是白云学校"读写教室"的重要组成部分。

（一）环境的布置

独立阅读区意在激发学生的阅读兴趣,培养其良好的阅读习惯,使其乐于阅读。因此,布置整体阅读环境时,我们会考虑学生的喜好,力求营造温馨的阅读氛围,通过充分利用教室后面的位置,对有限的空间进行合理的布置。

1. 童趣墙绘

笔者所在班级教室的后墙原本是贴着瓷砖的白墙。为了充分利用这面墙,笔者和学生一起在上面进行墙绘,将我们"读写教室"的名称——"书之岛"、标志、口号——"畅游书之岛,你我来阅读"、读写规则(如图1)以及读写公约(如图2)展示出来。

```
"小太阳"规则
轻拿轻放摆整齐。
爱惜书本破修补。
安静阅读不喧哗。
借阅回家要登记。
借阅图书不拥挤。
好看图书会分享。
```
图1

```
"幸福二班"读写公约
日读一小时,日诵一首诗,日写一篇文,提笔即练字。
阅读加诵读,写字加写作,读写有快乐,幸福伴童年。
```
图2

"书之岛"的名称和口号是学生"头脑风暴"的成果,与之相配的彩绘是师生共同完成的。整面墙绘以茂密的森林作背景,象征书的世界广袤无垠,其中有一只正在悠闲捕食的火烈鸟,象征学生在阅读的海洋里自在地遨游。

2. 舒适座椅

阅读没有标准的姿势。因此,我们独立阅读区的座椅采用更加舒适的形式,如地毯加靠枕或懒人沙发等。考虑到空间有限,我们还使用了可折叠板凳、可随时开合的午睡垫。这样,学生读写时想坐就坐,想趴就趴,想躺就躺,让身体完全放松,舒服地进入读写世界。

3. 巧手工具箱

阅读时,难免会不小心弄破书籍。对此,学生建议为"读写教室"设立"阅读医院",即准备一个修补书籍的"医药箱",其中有剪刀、胶带、标签等常用的修补工具。同时,教师会教给学生保护书籍和修补书籍的方法。

(二) 图书中心的设立

图书中心是"读写教室"必不可少的一部分,能为学生的阅读和写作提供丰富的资源。建立教室图书中心,首先应确保有足够的藏书,有明确的图书分类和图书借阅制度,以方便学生借阅,满足有不同能力和兴趣的学生的需求。

1. 图书积累

图书中心的图书主要有四个来源:一是学校图书馆的部分书籍,学生可以用借阅卡借阅;二是学生个人捐献的书籍,供其他学生阅读;三是在家长的配合下全班合力购买的书籍;四是师生共同创作的绘本类或叙事类微书作品。

2. 图书分类

图书分类主要有两个维度:一是按照内容划分。低年段主要是绘本,主题涵盖自我、家庭、生命、自然、历史等;中高年段则以诗歌、散文、小说等体裁以及科幻、冒险、传记等题材为主。二是按照学生的阅读水平划分。以一页内学生不认识的字词数为标准,将书籍分为适宜书、轻松书、挑战书。有1~2个的不认识的字词的,属轻松书;有2~5个的不认识的字词的,属适宜书;有5个以上的不认识的字词的,属挑战书。可以让学生自由阅读轻松书;提倡他们多读适宜书,因为这类书接近学生的"最近发展区";还需利用"读写教室"的系列活动引导学生阅读挑战书,让学生跳一跳能摘到更大的"读写果子"。

3. 图书借阅

"读写教室"的所有书籍都被贴上标签,编号入册。为了充分发挥书籍的作用,"读写教室"还制订了图书使用规则和借阅制度(如图3),并设立图书管理员,负责每天的书籍整理,记录图书借阅情况。每位借阅的学生都要在借阅卡片上进行登记,以方便跟踪书目,同时也方便统计学生的喜好。

> **"幸福二班"借阅制度**
> 有借有还讲诚信,先还后借要有礼。
> 每人每次借一本,管理人员来登记。
> 书籍摆放要整齐,轮流借阅不要急。
> 不折不画不涂改,爱护书本如至宝。
> 认真看书莫拖拉,一周时间要归还。
> 损坏遗失要赔偿,放假之前书还清。

图3

二、交流讨论区

让学生和伙伴一起交流讨论,打通前后阅读内容以及建立与其他读物、个人经验之间的联系,有助于理解的深化。我们的交流讨论区通过巧妙摆放桌椅、灵活进行分组、民主制定讨论规则等方式,调动学生的讨论积极性,激发学生的思维,让读写效果的提升更明显。

(一)巧妙摆放桌椅

我国传统的教室多采用讲台在前、学生课桌"秧田"式摆放的形式,显得教师高高在上,学生处于从属地位。"读写教室"的桌椅摆放则以小组为单位,将六七张桌子并拢在一起,呈矩形、T形(如图4、图5),方便学生面对面地交流、讨论,形成合作学习的氛围。

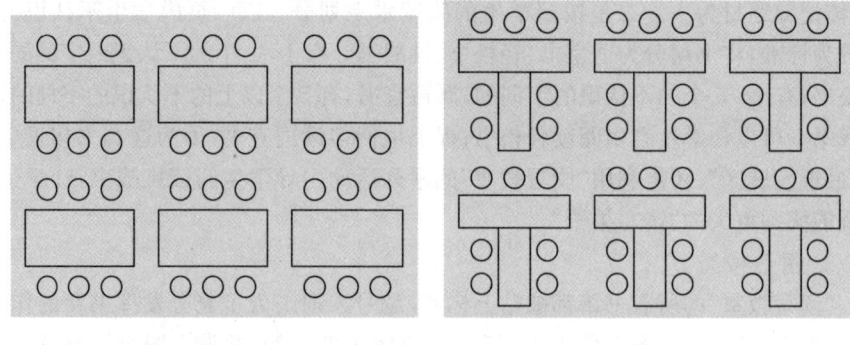

图 4　　　　　　　　　图 5

（二）灵活进行分组

在正式的阅读和写作过程中，学生可以自己独立学习，也可以与伙伴组成读写小组推进。如果学生倾向于参加读写小组，教师可以先让他们自由灵活组合，然后再对每个小组进行适当的调整，最好使每个小组中都有不同读写水平以及不同长处的学生，以提高成员之间的默契度，互帮互助，使学习更高效。

（三）民主制定讨论规则

为了使讨论分享能在和谐、民主的氛围中进行，"读写教室"还会由学生和教师一起商讨规则。如某个小组针对讨论时的音量制定别具一格的"音量表"，用于确定同伴阅读、讨论、发言时在不同环境中所需要的不同音量。由学生自己参与制定规则，更能提升学生的认同感，促使他们在交流、制作、张贴的过程中形成规则意识。讨论规则的内容不需要面面俱到，只在大方面作一些规定，避免约束学生的讨论与交流。

三、成果展示区

（一）确定展示内容

1. 学习成果

在"读写教室"中，学生的读写成果会随时得到展示。"热度榜"记录每周评选出的最受学生欢迎的书籍，"风云榜"上是已完成某本书阅读任务的学生签名。

学生的读写作品，包括读写卡片、读写记录、用纸板绘制的"赤兔马"、用废纸壳制作的"外星人"头套、用竹竿制作的"魔法杖"……经由师生共同组织安排后，都会被贴到展示墙上，或被合理摆放，供全班学生阅读欣赏。被展出的作品并不一定是最优秀、最完整的，却体现了每个学生独特的视角和思想。有了这样的展示激励，学生都非常乐意与同伴分享自己的成果。等学生的读写作品累积到一定数量，师生便协力合作，将作品按照风格、体裁、主题等进行划分，并装订成册，制作成班级作品集和个人作品集。

2. 学习资源

除了展示学生作品,"读写教室"还会不定期地用展贴板陈列与读写方法、读写素材、图书介绍、图书背景资料等相关的学习资源,展出的内容会随着教师讲课内容的变化而不断更新。另外,教师或学生查阅到的有用的学习资料也会被打印出来贴在墙上。如"小书虫书屋"书架上有一个百宝盒,专门列举了读书卡制作方式(如图6、图7)、思维导图模式、K — W — L(K 代表"我已经知道了什么",W 代表"我想要知道什么",L 代表"我学到了什么")图表等各种读写策略,学生可根据读写内容自由借鉴,十分方便。

书名	类型	作者	页数	这本书怎么到你手上的?	阅读这本书估计要多长时间?

图 6

对比图表			
人物		人物	
来自《	》	来自《	》

图 7

获得"朗读者""小诗人""小作家"等荣誉称号的优秀读写小作者,都会得到在展示区展示个人照片、个人荣誉、个人阅读成果的机会。学生特别重视这个展示机会,都想努力得到。这无形中调动了他们的参与积极性。

(二)选择展示的形式

1. 文件袋式

在"读写教室"里,中、高年级的每位学生都有一个透明"阅读袋",里面存放着他们的读书卡,卡片上记录着他们已读的书目、作者、简介、感想等。

笔者所在班的"读写教室"后方有两个文件柜,里面装的全是学生平时的读写成果,如学习单、读书卡等。"幸福城堡是由一块块砖堆积建造而成的。你越勤劳、越有创意,你的城堡就越坚固、越高大、越富有",文件袋记录着学生幸福成长的历程。

2. 张贴式

"读写教室"的墙壁上贴满了各种不同读写内容的海报(如图8)、学生绘制的图表等创意作品,真正做到了让教室的每一面墙都"开口"说话。张贴各种学习资料是学生最感兴趣的事,因此他们能做到常读写、常更新。

图 8

3. 夹挂式

教室的天花板、窗台等也是展示学生作品的好地方。牵一根绳子,将两头绑在钩子上,非常适合展示读书卡片等立体作品以及学生的手工作品。每一个作品用一个夹子夹住,可以随时取下来观察。

经过一个学期的实践,白云学校"读写教室"从"硬环境"和"软环境"两方面打造了温馨适宜的阅读环境。在这样的环境中,学生养成了良好的阅读习惯。每天中午,"读写教室"中的学生比其他班级的学生更多地选择安静默读、小声讨论、做读书卡、写读后感等。学生有的三五人组成"文学圈",有的舒适地趴在教室后面的软垫上阅读,有的搬一个凳子坐在走廊上朗读……在这样的环境中,学生学得轻松,学得快乐,识字量和阅读量也呈上升趋势。如"小太阳"读书吧的学生的识字量由人均 155 字增长到了人均 408 字,"小书虫"书吧的学生人均阅读课外书由 12 本增长到 15 本。

2018 年 11 月 14 日,衢州市小学语文"打造读写教室"项目启动仪式在白云学校举行,8 个"读写教室"对外开放。学生自发组成介绍团队,从教室的墙绘、书目的整理、读写海报制作到读书卡、微书、小组荣誉等,向校外教师介绍属于自己的"读写教室",幸福的"读写教室"已在学生心里萌芽。

在环境打造方面,白云学校"读写教室"除了关注所有学生读写能力的提升,更关注个体学生的差异。下一步,白云学校"读写教室"会对读写课程的内容作进一步修改和调整,力求使之成为真正培养学生读写兴趣,提升学生读写能力,让学生乐在其中的教室。

参考文献：

[1] 姚淑媛.南希·阿特维尔"读写教室"的理念与实践探究[D].浙江师范大学,2017.

[2] 宋波.美国"写作教室"理论与实践初探[D].浙江师范大学,2011.

[3] 露西·麦考密克·卡尔金斯.如何创设适宜的阅读环境与课程？[M].祝玉娟,译.北京:教育科学出版社,2018.

[4] 艾登·钱伯斯.打造儿童阅读环境[M].许慧贞,译.北京:北京联合出版公司,2016.

（浙江师范大学附属衢州白云学校）

"主题读写中心"的设置与读写活动开展

陈红梅

白云学校自 2018 年 9 月开始实施"读写教室"课题研究。截至目前,学校已经建成了 18 个以班级教室为单位的"读写教室"。"读写教室"通过环境的布置、区域的划分、书籍的添置,为读写课程的开展提供了一个良好的平台,为学生读写能力的提升提供了肥沃的土壤。在此基础上,读写团队又建立了"主题读写中心",将其作为专用"读写教室"。"主题读写中心"如何设置?其读写活动如何开展?本文试作探讨。

一、"主题读写中心"的设置

在"主题读写中心",我们首先会讨论确定读写主题,然后围绕主题布置不同类型的读写功能区,购置并摆放多种类型的书籍,助力主题读写活动的开展。

(一)主题确定

遵循"儿童需要""传统经典""聚焦热点""系统连贯"4 个原则,读写团队确定了本学期的 4 个主题:9 月,"传统文化——月到中秋分外圆";10 月,"热爱祖国——那一片赤诚的红";11 月,"保护地球——从垃圾分类开始";12 月,"生命教育——我是谁"。这 4 个主题经梳理排序,分属"个体""家庭""国家""地球"4 个范畴,形成了一一包含的关系(见图 1)。

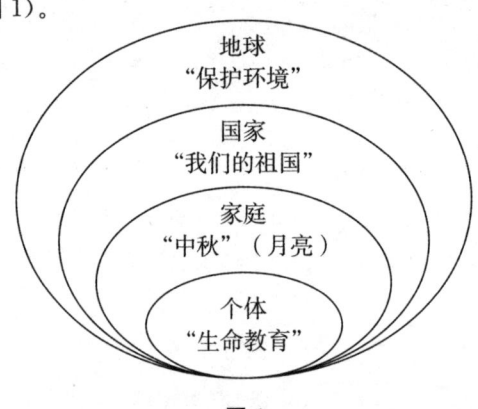

图 1

(二) 环境布置

"主题读写中心"是一个独特的区域,通过环境布置凸显其主题和功能。以"传统文化——月到中秋分外圆"主题为例,其环境布置如下——

1. 主题区

读写团队围绕主题设计了两张宣传报,张贴在该区域的显眼处,以吸引学生走进"主题读写中心",开展阅读。一张宣传报上面写着"月到中秋分外圆",背景图是:静谧淡雅的蓝色天空中,悬挂着一轮皎洁的明月。另一张宣传报上面写着"你好,中秋节",背景图是:一家人快乐地围坐在一起,品着中秋美食,欣赏中秋美景。为了布置中秋夜空的美好场景,读写团队还购买了"星空投影灯"。灯一开,光影照射在天花板上,便营造了碧空明月、繁星点点的氛围。学生置身其中,如同置身于大自然的月色之下,如梦如幻。

2. 海报区

主题区的应景布置,主要是为了吸引学生。之后,就要考虑如何引导他们积极参与读写活动。由此,我们设置了海报区。该区的海报主要有四种类型:

第一类是课程海报,主要展示主题读写的课程框架图,便于师生了解与主题相关的阅读维度以及推荐书目。

第二类是读写策略海报,主要展示主题读写活动中需要运用的预测、提问、比较、推敲、图示等阅读策略。

第三类是合作技能海报,主要展示主题读写活动中需要运用的倾听、表达、整合、记笔记等合作策略。

第四类是主题知识海报,主要介绍中秋节的习俗、月球的知识、有关月亮的科幻小说等。

此外,我们还设计了两张非常重要的海报,一张是"使用指南"(见图2,其中的A区、B区、C区、D区为4个独立分布的功能区域),以流程图的形式告诉师生如何在"主题读写中心"开展活动;另一张是"评价指南"(见图3),意在通过系统的评价推进学生持续阅读。

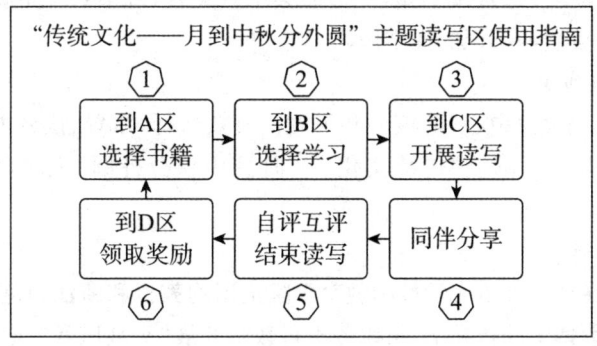

图2

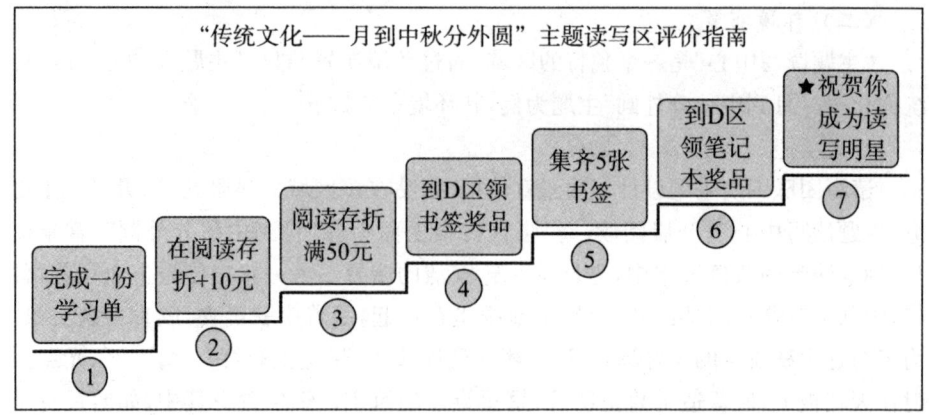

图 3

3. 分享区

有了海报的指引,学生就可以方向明确地开展读写活动了。活动结束,有必要让他们进行及时分享,巩固读写成果。为此,读写团队特意在"主题读写中心"正前方开辟了"表演分享区""作品分享区""文学圈交流区""写作分享区"。"表演分享区"的地上铺设了一张半径1米的圆形地垫,供1~4人表演。学生可以在上面讲故事、发表演说、表演小型课本剧。"作品分享区"由四块展板围成,用来张贴学生的阅读单、原创诗歌、微书等作品。"文学圈交流区"设置在四个角落,由软垫组成各种形状的交流区,软垫上面还摆有月亮和星星的软靠枕,学生可以在这里进行个性化阅读交流。"写作分享区"设在靠墙的位置,摆上一张专门的大写作桌,上面放着各种颜色的笔,方便学生画思维导图、插图,桌上还放着电脑,便于学生查阅资料。

4. 美食区

中秋节与饮食文化紧密相关。因此,读写团队特意开辟了相关的美食区,摆放着师生共同制作的冰皮月饼、衢州特产邵永丰麻饼、空心饼,以及秋季的时令水果、桂花香茶等。学生一边赏读书籍,一边品尝中秋美食,既学到了中秋饮食文化,又体验到了阅读、美食两不误的优雅情调。

(三)书籍布展

书籍是"主题读写中心"的核心和灵魂。有效选择、添置、摆放书籍,是读写团队重点筹划的环节。围绕"传统文化——月到中秋分外圆"主题,我们这样布展书籍——

1. 选择书籍

读写团队在浙江师范大学教师教育学院王国均教授和浙江师范大学儿童文学研究中心徐静静博士的指导下,组织各学科教师开展"头脑风暴",通过各种途径搜集相关书目,最后形成了一份"月亮"主题书单。该书单涉及童话、童谣、神话、生活故事、传统民俗、科普、小说、儿童诗、散文、诗歌集等类型的图书。但对照书单,团队成员在学校图书馆只找到了10种;而且图书馆对购书册数也有要求,制约了"共读一本书"活动的开展。为了解决这一问题,读写团队采用"我有一本书,你有一本书,100人交换之后就拥有100本书"的书籍共享方式筹集图书。在此基础上,本着"互补"的原则,读写团队为"主题读写中心"购置了一定数量的"月亮"主题书目。为了让读写活动顺利推进,读写团队又为每个年级、每个班级的每个学生配备了一定数量的共读书目,确保人手一本,且兼顾不同的种类。有些贵的书,比如绘本,即使做不到人手一本,也要确保2人合看一本。

解决了"读什么书"的问题,就要考虑"怎么摆书"了。王国均教授和徐静静博士指出,摆书的人一定要认真阅读、分析所摆的书,了解作者及其创作风格等。对此,他们特意为读写团队提供了一份"备书单"。根据这份"备书单",团队成员对88种书籍进行分工"备书"。表1是笔者拟制的一份"备书单"。

表1

书名《中秋节》	备书者 陈红梅	日期 9.10
初读感受(300字)	俗话说,品一本书要先品书名。"中秋节"三字直接明了地告诉读者此书与中华传统节日"中秋节"有关。真正走进绘本《中秋节》后,我发现这本书以遥遥和爸爸妈妈、爷爷奶奶过中秋节的故事为线索,串起了兔儿爷、嫦娥奔月、月饼起义等小故事,在叙述故事的同时,还穿插了祭月、赏月、吃月饼、赏桂花等民间习俗。 除了故事内容有趣,《中秋节》还根据幼儿好动的特点,设计了插卡、转盘等多种"小机关",为读者创造出了不一样的阅读感受。我相信,读这本书,孩子们一定很快乐。	
关键词	中秋节　团圆　传统文化	
适读年级段	中年级	
学生兴趣点	有趣多样的故事、中秋的民间习俗、感人的亲情	
作者简介	巨英(文),中国作家协会会员、中国剧作家协会会员、资深期刊人、作家、编剧。曾在女友杂志社、中国少儿新闻出版总社任职。 贠杨(图),童书插画师、纸艺设计师。绘有《毛毛虫嘉年华》《过年啦!》等作品。	
作者其他书籍	《动物嘉年华》《动物可爱多》等	
相关主题书籍	《中秋节的故事》《月亮先生》《中秋节快乐》	
图文关系	该绘本并不是一味地用文字来讲故事,而是将一些信息以插画的形式呈现,图画和文字做到了互补。	

(续表)

书名《中秋节》	备书者陈红梅	日期9.10
艺术表现手法	该绘本的艺术表现形式较为多样,有插卡、转盘等。在色彩搭配上,该绘本以暖色调为主,能够很好地烘托出中秋节团圆的意味以及其中所蕴含的人文情怀。	
联结	可以与统编小学语文教材三年级下册第三单元"传统节日"联结教学。两者都与传统节日相关,能让学生更好地了解中华传统习俗。	
其他需要注意处	在翻书阅读的过程中,教师要提醒孩子们"爱惜书本"。	

2. 摆放书籍

经过充分的阅读和解读后,读写团队开始摆放书籍。首先,给所有书籍贴上标签,每张标签注明书名、年级、类别和关键词。这样,无论是教师带着学生开展读写课,还是学生自己阅读,对主题区域的书籍都会一目了然。之后,按照年级及类别摆放书籍,如在低年级童话区按照心形摆放《爸爸,我要月亮》《月亮的味道》《月亮的帽子》《小月和月亮先生》《月亮的秘密》等书籍。

除了按年级、类别摆放图书外,团队还在"主题读写中心"入口处开辟了一个小书角,放置了标牌"有趣的月亮书"。书角里摆放了立体书、不规则书和动手体验书。这些新奇有趣的书,吸引了不少学生的眼球。他们都兴致盎然地到该区域参与读写活动。

当然,"主题阅读中心"的书籍摆放并不是一成不变的。半个月之后,团队又进行了第二轮摆放。这次,我们邀请某个班级根据自己的活动需要摆放书籍,并要求说明理由。这样做,实际上是让学生通过深入阅读、评价书籍,对读写活动进行构想,提升读写能力。

二、"主题读写中心"读写活动的开展

以"传统文化——月到中秋分外圆"主题为例,介绍读写活动的开展。

(一)学习单设计

为了把"主题读写中心"打造成推动学生持续高效阅读和写作的场所,读写团队设计了不同的学习单。前期,整个团队开展了大量的学习单研究活动。课题组成员通过上课、评课,不断试用、修改,最终确定了三种不同类型的学习单。第一类是宏观层面的学习单(见表2),主要指向不同年级、不同学科、不同文体的读写活动,为教师组织全班学生开展读写活动、小组探究性阅读以及个人趣味阅读提供抓手;第二类是中观层面的学习单(见表3),主要指向全班分任务的主题读写活动,提供具体的任务和学习流程,助力读写活动的顺利开展;第三类是微观层面的学习单(见表4),主要指向不同喜好、不同个性的学生,为他们深入阅读或推荐书目提供方向。读写活动结束后,学生可以将自己完成的学习单张贴在展示墙上,也可以通过

观察展示墙上别人的学习单来完善自己的学习单。

另外,读写团队还为学生建立了自己的阅读档案袋,督促他们定期将阅读学习成果装入袋内,为读写评价提供依据。这些阅读档案袋被统一放在主题读写区内,由专人管理。

表2

类型	名称	活动形式
分年段学习单	1. 一年级共读书目《月亮的味道》学习单 2. 二年级共读书目《这是一个……的夜晚》学习单 3. 三年级共读书目《兔儿爷》学习单 4. 四年级共读书目《公主的月亮》学习单 5. 五年级共读书目《月球秘密》学习单 6. 六年级共读书目《月球狂想曲》学习单	适合教师带领整个班级开展"共读一本书"活动
融学科学习单	节日体验立体绘本《中秋节》学习单	适合全班共读; 适合小组阅读
分文体学习单	1. "月亮主题的童话书"学习单 2. "月亮主题的科普书"学习单 3. "月亮主题的小说"学习单 4. "月亮主题的童谣"学习单 5. "月亮主题的民俗文化"学习单	适合小组探究性阅读; 适合个人的趣味阅读; 适合全班"分任务"阅读

表3

《中秋节》主题读写单

板块一:"带着任务"去阅读　时间:20分钟

五个任务:1.探究中秋美食;2.探究中秋诗词;3.探究月亮科普知识;4.探究中秋习俗;5.探究中秋故事。
学习流程:1.每个小组选择一个任务;2.带着任务自主阅读,完成左半边表格;3.组内交流;4.全班分享。

板块二:"带着任务"深入读　时间:20分钟

学习流程:1.每个小组还是选择原先的任务;2.根据自己的任务到书架上找到和任务相关的书;3.带着任务自主阅读,完成右半边表格;4.组内交流;5.全班分享。

板块三:"交换书籍"多元读　时间:20分钟

学习流程:1.为自己选择的书制作一张推荐卡;2.张贴到"好书推荐墙"上;3.每位同学到"好书推荐墙"上找一本不同文体的书,再次阅读。

(续表)

我们小组的任务：					
书名	《中秋节》	页码	书名		页码
阅读整理			阅读整理		
阅读整理方式：提取关键词、表格、图文结合、思维导图、流程图等。					

表 4

好书推荐卡			
书名：	作者： 译者：	出版社：	出版时间：
主要内容：			
推荐理由			
本书亮点	书中列举： 1. 2. 3.		
推荐人：	时间：		

（二）读写活动形式设计

"主题读写中心"的读写活动形式主要有班级读写课、小组文学圈、午读工作坊、亲子阅读日。开展"传统文化——月到中秋分外圆"主题读写活动时，我们先做了大致安排(见表5)。

1. 班级读写课

读写团队以集体备课的方式，精心设计了一至六年级的学习单，并统筹安排课程表，便于一至六年级轮流到"主题读写中心"参与主题读写课。依据打印好的学习单，学生只要一抬头，就能在海报上看到相关的读写任务和读写策略；完成任务之后，学生既可以从领奖区领取奖品，又能及时在展墙上展示自己的学习成果。一个月的时间，全校依次完成了36个班级的读写课。该区域留下了厚厚的6沓学习单和36张班级合影。

表 5

年级	读写活动形式	负责人
一、二年级	班级读写课、午读工作坊、亲子阅读日	一、二年级备课组长
三、四年级	班级读写课、午读工作坊、亲子阅读日	三、四年级备课组长
五、六年级	班级读写课、午读工作坊、亲子阅读日	五、六年级备课组长
三至六年级	小组文学圈	三至六年级备课组长

2. 小组文学圈

只通过班级读写课发展学生的读写能力是远远不够的。为了充分发挥"备书单"的作用，读写团队还为三至六年级的学生设计了不同主题的小组文学圈读写活动，并提前发布通知，让学生选择自己感兴趣的主题，提前阅读相关书籍，做好参与准备。对"传统文化——月到中秋分外圆"主题的小组文学圈读写活动，我们也做了提前安排（见表6）。

小组文学圈读写活动当天，来自不同班级、不同年级的学生，自由组成2～6人小组，围绕不同的主题进行交流。现场有教师参与指导、组织和管理。活动中，有的学生一边交流一边从阅读的书中找出佐证自己观点的证据，有的学生和同伴分享自己做的阅读卡片，有的学生向同伴推荐好书。如参与"中秋美食"文学圈交流会的小组，不仅分享自己对中秋美食的独到见解，还带来了中秋美食，大家一边品尝一边介绍，乐趣无穷。

表 6

时间	主题	推荐年级	负责教师
9月23日 12:20—13:20	"中秋"美食	三至六年级	许燕喃
9月24日 12:20—13:20	"中秋"习俗	三至六年级	吴艳丽
9月25日 12:20—13:20	"月亮"主题童话故事	三至四年级	雷梦云
9月26日 12:20—13:20	"月亮"主题诗歌	三至六年级	余靓靓
9月27日 12:20—13:20	"月亮"主题科幻小说	五至六年级	郑菊红

3. 午读工作坊

午读工作坊专为阅读有困难的学生而设。每月第一周至第三周的中午，教师带着自己班里的三四位学生进入"主题读写中心"，指导学生选书。在轻松、安静而又温馨的阅读氛围中，教师坐在学生旁边，为学生朗读，和学生共读；教师观察学生，学生全身心投入。

4. 亲子阅读日

"主题读写中心"建成后，向全校一至六年级36个班级全天候开放，双休日向家长开放，鼓励亲子阅读。亲子阅读日前，教师让学生向家长宣传学校的读写主题，带动家长一起阅读。几个月后,家长的阅读热情被充分调动。他们不仅带着自己的孩子阅读,还积极组织开展读写活动。比如,三年级有一位家长是市广播电台的播音员,他组织的"月亮绘本朗读party(派对)",吸引了许多家长和学生前来参加。

多种形式的读写活动,使得学生的读写能力得到快速提升。

三、"主题读写中心"的下一步规划

"主题读写中心"建成以来,其自助功能、共享功能、选择功能得到充分发挥。学生层面,能够借助海报指引,选择适合自己年龄和兴趣的图书,并选择相应的学习单开展读写活动,其自主读写能力、分享评价能力、合作交流能力等都得到了明显提升。教师层面,在阅读大量主题书籍、研发和制作各种读写学习工具、组织开展各类读写活动、探索各种读写课程的过程中,得到了教学理念的持续更新和教学能力的快速提升。基于这样的收获,师生将以更大的信心,建设更先进、更现代化的"读写教室"。

"读写教室"主要有三种模式:"原有教室改造""专用'读写教室'""走班制下的语文学科教室"。"原有教室改造"对学校和教师的要求不高,改造幅度不大,属于入门级、可普及型的"读写教室"。学校最初打造的18个班级"读写教室"就属于这一模式。"专用'读写教室'"相当于专业型的"读写教室",需要学校有较大的投入,对教师的教研能力也提出了一定的要求。学校目前正在打造的"主题读写中心"就属于这种模式。"走班制下的语文学科教室"目前更多地存在于高等院校、研究机构的附属或实验学校,属于未来时代语文教育范式的研究项目,需要学校做更多的投入,对师资力量的要求也更高,也是我们下一步要努力的方向。接下来,学校准备为全校教师打造单用、两人共享的读写空间,构建具有一定独立性、系统性的大单元课程内容(与统编小学语文教材交叉互补),组织学生走班听课,实现差异化、个性化教学。

我们读写团队的每个成员,始终怀着一颗童心,把"读写教室"当作充满无限可能的奇妙场所,不断去发现、去创造。我们期待和学生一起,满怀信心、斗志满满地投入"读写教室"的奇妙场域,在不断发现与创造的探索中,收获属于自己的读写成果。

参考文献:

[1] 露西·麦考密克·卡尔金斯.如何创设适宜的阅读环境与课程?[M].祝玉娟,译.北京:教育科学出版社,2018.

[2] 露西·麦考密克·卡尔金斯.如何有效运用阅读教学策略?[M].林玲,译.北京:教育科学出版社,2018.

[3] 露西·麦考密克·卡尔金斯.如何设计阅读教学工作坊?[M].丁义静,马楠,译.北京:教育科学出版社,2018.

(浙江师范大学附属衢州白云学校)

"读写教室"的"2.0版"升级演进

刘 充

"读写教室"旨在构建一种支持型的、拥有丰富读写资源的、能够鼓励学生进行读写表达的环境,让学生充分发挥自己的主体性,通过相关知识与技能的学习,不断提升自己的阅读与写作水平,以更好地适应未来生活。笔者所在的蓝青小学是一所刚兴办的民办小学,一直践行"把孩子放在正中央"的办学主张,重点打造"阅读""运动"两大特色,努力培养"夫唯大雅,卓尔不群"之人。由此,我们在建设阅读资源环境的基础上,在支持型课程的开发上,在具体的操作程序、评价体系等方面做出了具有前瞻性的探索,力求通过环境的支持、课程的跟进、评价的改革,提升学生的语文素养。

一、"读写教室"空间与环境的"2.0版"

美国教育家布莱森曾说:"任何一所学校的环境都在默默对孩子发表演说,而且孩子们的确会注意它,并在不知不觉中接受熏陶和影响。"因此,打造阅读特色,首先在物理空间上要被看见。"读写教室"的环境建设非常重要。好的学习环境能给予学生积极的学习体验,能为学生的优质学习提供有效支持。浙江师范大学附属衢州白云学校在浙江师范大学王国均教授团队的引领下,打造了"读写教室"的"1.0版",对教室桌椅的摆放、图书馆的建立、教学设备的配置等方面进行了建设,有效地推动了该校读写氛围的营造,提升了学生的读写能力。蓝青小学在"读写教室"环境建设初期就在"1.0版"的基础上做了升级。

(一)教室"三位一体":从"单一教学空间"转向"综合性学习空间"

我们每个"读写教室"使用面积都在100平方米左右,是集"快乐学习空间""静心阅读空间""自由活动空间"为一体的综合性教室。每个班级都有一个主题,教师根据班级主题进行环境布置,设置主题文化墙、主题图书区、作品展示区和主题海报区等区域,满足学生综合性读写学习的需要。这样的尝试,在国内小学尚属首例。学校丰富的图书资源与鲜明的空间特点,为"读写教室"的打造提供了更多的可能性。

(二)图书馆"化整为零":从"集中式呈现"转向"主题式分布"

在全民阅读的时代,图书馆是推动学校阅读的主阵地,传统的学校图书馆都是集中式的,把所有的图书集中在一个地方,班级或者个人以集中或者分散的方式借阅。这样的图书馆"利用度"非常有限。我们打破了"集中式图书馆"的概念,打造了12个开放的阅读区,依照每个学段拥有两个特色馆和一个综合馆的总体设想,将其分散到学生班级所在的各个楼层。

在低年段楼,设置符合低年段学生认知特点的绘本馆、科技馆、综合馆。绘本馆、科技馆中摆放与童话、寓言、科学、自然等相关的绘本和书籍。综合馆中主要放置综合性阅读书目,包括童话、童诗、蒙学、漫画等相关类别。

在中年段楼,历史馆是特色馆。学校按照中国历史、世界历史两个角度进行分类,放置经典文集、文言著作,以及关于汉字、二十四节气等传统文化的书籍。文学馆的全称是"儿童文学馆",放置了适合三四年级学生阅读的儿童文学书籍,以国内儿童文学为主。综合馆则放置了适合中年段学生阅读的童话、小说、传记等书籍。

在高年段楼,文学馆包含了中外有名的儿童文学书籍。课程馆会以专柜的形式,专门为学生提供课程学习的相关书籍。高年段的文学馆和综合馆,类目更加丰富,会放置诗歌、散文、小说等书籍。

除了跟年段楼层紧密联系的9个阅读区外,学校还设有一个英语专题馆、一个艺术专题馆,以及一个师生阅读共用的卓雅馆。12个区域,12个不同主题,为学生拓展阅读的深度和广度提供了可能。

二、"读写教室"课程结构的"2.0版"

"读写教室"赋予读写环境以生命力,课程结构势必要发生相应的改变。统编小学语文教材更加重视阅读,无论是选文篇数,还是专设的"快乐读书吧""我爱阅读"等板块内容,都是例证。在"1.0版"的"读写教室"注重环境打造、设备提升且以读为主的课程结构基础上,学校对"读写教室"中的课程架构进行了"2.0版"的大胆改革。

(一)设置"读写必修课"

学校在固定的课时设置中安排了每周一节"读写必修课",低年段的定位为"阅读课",中、高年段的定位为"读写课";低年段指向学生学习兴趣的培养,中、高年段注重读写策略的学习及延伸。

学校根据不同的年段、不同的主题内容开发了不同的课程内容。这些课程都由专职教师组织教学。教学地点可以在阅读区,也可以在主题教室。课堂上,教师以引导学生进行整本书阅读为主,低年段关注绘本、桥梁书阅读,中、高年段关注经典著作阅读,开设了"整本书导读""阅读策略学习""整本书阅读交流"等专题课。

(二)开设"读写选修课"

"读写选修课"的内容基本上以"项目式"推进,分年段和主题进行。学生的参与方式多样化。例如,针对一二年级,学校每两周一次在周末开展"绘本园"活动,活动采取"抢号"的方式吸引学生报名,由学校有兴趣特长的各科教师担任"绘本园"的主讲教师,也会邀请社会上知名阅读推广人进校园主持活动。再如,三四年级的"KidsPire 项目课程"每年围绕一个主题,策划一项集拓展性、综合性、实践性于一体的活动,指引学生阅读世界,用脚步丈量世界。例如,2019 年的"走读城市"项目活动就是较为成功的案例。

三、"读写教室"课程内容的"2.0 版"

2018 年开始的"1.0 版"的"读写教室",课程内容主要针对不同阅读区所选的阅读书籍,对其进行整合,引导学生阅读。在此基础上,"2.0 版"的"读写教室"又在教材的内容上下功夫。经过三年的探索,"读写教室"的转变路径为:单一的、随意的整本书阅读→与教材主题内容相关的整本书阅读→以策略为主线的课程内容开发→"1+1+1"式阅读大单元课程。

大单元课程立足教材,梳理一至六年级的"快乐读书吧"内容,编制 12 个"1+1+1"联动式阅读专题。"1+1+1"中的第一个"1"聚焦每册"快乐读书吧"所在的整组课文,指向"阅读力盘点";第二个"1",指围绕本组课文的主题、文体拓展一组课外文章,以篇的形式呈现,指向"阅读力提升";第三个"1"是立足一本(组)书的阅读,指向"阅读力延伸"。

借鉴国际学业能力评价体系,基于《义务教育语文课程标准(2011 年版)》,沿用浙江省小学语文教研员余琴老师关于阅读力的定义,我们将阅读能力要素由低到高分为提取信息、形成解释、整体感知、做出评价、解决问题五个层级。课程内容开发本着"主题一致、要素一致、策略一致"的原则,通过主题的拓展、方法的迁移和运用,推进学生的独立阅读;通过主题的拓展、策略的指导以及对学生阅读反应的反馈,实现课内阅读向课外阅读的延伸、单篇阅读向整本书阅读的延伸,实现学生阅读素养的整体提升。

此外,我们还立足教材,梳理每册的"名家大师",精心选取名家的代表作,开发"跟着名家学语文"课程,与教材融合使用;再以此为基础,拓展名家的整本书阅读,创造新的"1+1+1"课程,即"一篇名家的新的课文+一组名家的代表作+一本名家的新的整本书"。这样的联动式阅读课程,由专职教师在三年级试点教学。

四、"读写教室"教学观的"2.0 版"

"读写教室"在很大程度上做到了"以生为本",在学习方式上实现了转变。

(一)从"读什么"的知识性目标向"怎么读"的能力性目标转变

相对于"1.0 版"更注重学生"读什么"的知识性目标,"2.0 版"的"读写教室"更强调学生读写能力的提升。为了提升学生的提取信息、形成解释、整体感知、做出评价、解决问题等能力,"2.0 版"的"读写教室"构建了有梯度的能力训练体系(见图1):通过一组课文的学习,盘点学生的阅读力;通过一组与单元主题内容相关的拓展文章的学习,提升学生的阅读力;通过一本(组)与主题相关的整本书的阅读,延伸学生的阅读力。

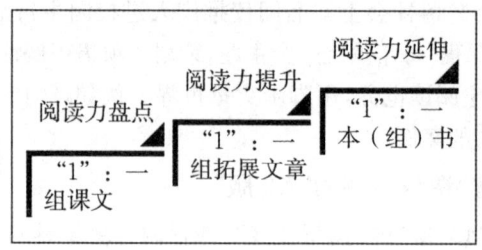

图 1

以统编小学语文教材三年级下册第二单元为例,为了盘点学生的信息提取、形成解释等阅读能力,单元学习结束后,"读写教室"团队设计了指向性较强的习题(见图2)。

寓言的"道理"有些会在文章的结尾写出来,有些会通过故事中人物的嘴巴说出来。一些寓言人物个性鲜明,我们聚焦人物特点,也能够了解寓意。

1.《池子与河流》的寓意就出现在诗歌的结尾处,寓意是_____。

2.《鹿角与鹿腿》一文最后这样写道:"鹿跑到一条小溪边,停下脚步,一边喘气,一边休息。他叹了口气,说——'两只美丽的角差点儿送了我的命,可四条难看的腿却让我狮口逃生。'"从鹿的话中,我们就已经能够初步知道这篇寓言要表达的寓意是什么了。如果在这句话后面补上一句,可以是:原来,_____,这就是作者想要表达的意思了。

3.《陶罐与铁罐》一文中,"陶罐"和"铁罐"个性鲜明,我们可以这样理解寓意:
你喜欢"____"吗?他的特点是_____。我想对他说:_____。

图 2

学生要想顺利完成图 2 中的学习任务,必须了解并理解课文内容,从文章中提取重要信息,进而提炼出文章的寓意。据此,教师便能整体掌握学生的阅读能力,展开针对性教学。

此外,针对教材在三到六年级上册分别安排了阅读策略相关内容的编排意图,"读写教室"的"2.0 版"对预测、提问、有一定速度地读、有目的地读四大策略进行了专项研究,同时观照阅读策略的系统性,将推敲、概括、图示、联结、反思等策略进行梳理,融入每个年级读写内容的主题、单元以及拓展书目中,并落实到具体的教学中,让阅读策略实实在在地辅助学生,提升学生的阅读能力。

(二)从关注"学的结果"向关注"学的过程"转变

华东师范大学崔允漷教授说:"学了不等于学会。"我们当前的单篇教学将注意力较多地放在学生"学的结果"上,较少关注学生"学的过程"。在教材中,通过单篇文章学到的知识与方法需要一定的载体来加以练习,有了"习的过程",学习才算真正完成。拓展一组文章或者拓展一本书,都是在为学生的"习"提供载体。

仍以三年级下册第二单元为例,其主旨是让学生"读懂寓意"。在引导学生拓展阅读与"读懂寓意"相关的一组文章的时候,"读写教室"团队设计了关注学生"学的过程"的专项训练题目(见图3)。

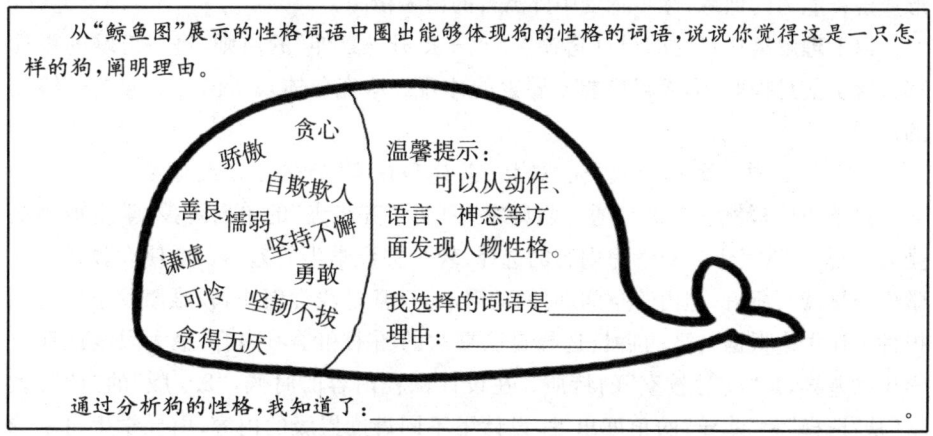

图 3

借助图示支架,我们引导学生关注寓言中狗的性格特点,并通过题目支架提醒学生关注结果背后的原因,从而感知寓意。这样的引导,不仅是让学生关注学习的方法,更重要的是让他们在词语辨析、词语理解、词语与人物形象对应的实践中学会学习。

在引导学生拓展阅读与"读懂寓意"相关的整本书时,我们紧扣学生阅读能力培养这一目标,设计了针对性读写习题(见图4)。

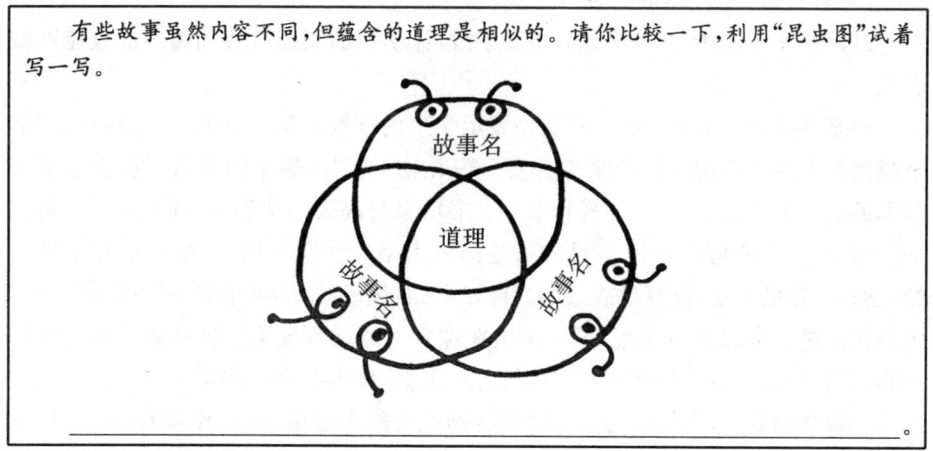

图 4

在整本书阅读环节，我们先推荐学生阅读《克雷洛夫寓言》《中国古代寓言》。这两本书都由一个个短小精悍的寓言故事组成，很多寓意也相似。据此引导学生借助图示支架进行理解，有助于他们在读的过程中做到有的放矢，得到信息提取、形成解释能力的训练，逐步感受中外寓言的博大精深。

以上理解寓意习题的设计遵循"盘点—提升—延伸"的原则，每一道题的设计都包含了信息提取、形成解释能力要素的体现。这充分体现了由"学"向"习"转变的意图。

（三）从"单一教师讲授"向"选择、差异和分享"的学习方式转变

传统的读写教学大都是通过教师"一刀切""齐步走"的单向讲授、学生被动接受来实现的，缺乏学生对学习内容的选择，较少关照学生的差异。即使有教师会让学生分享读写所得，但由于空间、时间的限制，经常是浅尝辄止，较难激发学生的积极性。让学生根据自己的特长选择自己喜欢的图书和学习内容，最大限度地尊重学生的差异，是"读写教室"的特质。在设计课程内容的时候，"2.0版"的"读写教室"从"选择"和"差异"的角度出发，设计了不同难度层级的内容，引导学生自主选择完成。

此外，我们还充分利用"读写教室"资源，营造浓厚的分享氛围，打造"文学圈"，让学生在"同质圈"或班级中分享；利用课程教室开展主题发布会，分享大单元学习的所得；利用网络平台，发布自己大单元学习的收获；等等。由此，最大限度地满足学生自主选择的需要，尊重学生阅读的个性并提供多元化分享方式。

五、"读写教室"课程评价的"2.0版"

"读写教室"的课程评价以过程性评价和终结性评价相结合的方式推进。

（一）过程性评价的"可视化"

过程性评价，以阅读可视化为主要手段，让学生的阅读过程和阅读成效能够被看见。

静态"可视化"主要借助一些实物展示学生的读写成果。例如，一二年级的"书塔挑战"，会在开学初给每个学生分发一份礼物——"小蜗牛阅读盒"，里面除了本学期的必读书目书单，还有书塔和书签。书塔呈身高表的造型，可插放书签。每读完一本书，学生便可将所读书目的书签插入书塔。学期结束，学生可以和书塔合影，达到一定的高度，就算挑战成功。再如，三四年级的"学习单脚印"，以学习单作为载体推进日常的读写交流，记录学生在课堂上的读写成果。这些成果有的被展示在班内学习墙上，有的被展示在班级的走廊上，作为各班级间学生分享和交流的内容。每学期期中，学校还会集中展出特别优秀的学习单，供全校师生欣赏。作业单被展示的学生自信心倍增，其他学生也会以此为激励，努力赶超。

动态"可视化"主要通过活动展现学生的学习状态，上文提到的"KidsPire项目

课程",就可以为学生搭建各种各样的舞台,激发学生表达、分享的意愿。例如,2019年开展的"走读城市"项目活动,让学生"用脚步走读城市,用演讲分享美好",自主阅读、自主猜想、自主求证,在舞台上分享自己的所见所闻。再如,每个年级的期末阅读分享会,邀请学生上台,以个人朗读、谈感受、表演或小组合作的方式,分享自己最喜欢的阅读片段,分享自己掌握的阅读策略以及对相关人物的评价、阅读感受等。

(二)终结性评价的"质化+量化"

我们每学期末都会从学生的培养目标出发,从"品行力""学习力""健康力""审美力""创新力""沟通力"六个维度对学生进行评价,形成结果性"素养报告"。其中"阅读力"评价就属于"学习力"板块。进行"阅读力"评价时,我们结合学生的过程性表现,重点对学生阅读的兴趣、阅读的"量"以及阅读的"能力"进行考评,分为"卓越""优秀""良好""合格"和"需要加油"五个等级。最后通过分值换算纳入评价体系,最终以数值的方式呈现在"学期素养报告"中。

蓝青小学的"读写教室"运行一年以来,取得了不错的效果。我们采取的"每日在校固定30分钟阅读+每晚30分钟亲子共读+学校读写课+项目阅读活动+假期阅读挑战"的方式,为学生的阅读提供了充足的时间保证;我们创新使用的"成长共同体式"全方位阅读,由校长带头组织成立行政读书会,由阅读项目组组织成立教师读书会,由成长共同体委员会组织成立家长读书会,从学生、教师、家长三个层面全方位推动阅读;我们在只有一至四年级的情况下,配备4名专职的"读写教练",负责上好每周一节的"读写课",还配有3名专职图书管理员以及若干专职教师,做好12个阅读区的管理工作,为学生的读写服务。这些措施,切实保证了学生阅读的量和质。正如家长所说,这是一所把读写单独拿出来开课的学校,这是一所真正重视读写的学校。

当然,"2.0版"的"读写教室"还在摸索中前行,到目前仍存在不小的挑战。首先,读写课和语文课有待进一步融合。因为重视读写,学校会专门开设由专职教师执教的读写课,这无形中会"割裂"语文课与阅读课,"分化"语文教师与阅读教师。让两者互融共进,是下一阶段探索的重点之一。其次,还未探索出更为科学的读写课课型。每周一节的读写课时间是40分钟,如何让这40分钟更丰富、更有序列、更有意义,是我们需要重点思考的。再次,"读写教练"的业务能力有待提升。专职的阅读教师充当"读写教练",考虑的读写范围肯定不能局限于"读",而要以更宽广的视野、更精湛的读写能力引领学生前进。我们期待所有语文教师或者学科教师都能成为"读写教练",在各自的领域内带着学生开展"全科阅读",助力学生成为素养全面的时代接班人。

参考文献:

[1] 李祖文.走进阅读教室进入美妙世界[N].中国教育报,2015-10-26.

[2] 姚淑媛.南希·阿特维尔"读写教室"的理念与实践研究[D].浙江师范大学,2017.

[3] 张晓红.阅读工作坊的基本理论探析[J].江苏教育学院学报(社会科学版),2009,25(03):10-12.

[4] 王国均,方美青."读写教室":小学读写教学的一种演进[J].教育研究与评论(小学教育教学),2019(06):7-11.

[5] 余琴.小学语文阅读题研制的问题与对策[J].教学月刊小学版(语文),2020(06):53-59.

(浙江省宁波市鄞州蓝青小学)

寻找读写教室的"抽屉把手"

——从一年级开始建构未来读写场域

王禹微

加拿大资深读写教师阿德丽安·吉尔曾有一个有趣的比喻:阅读教学时,主题句子是把手句子,这个句子一拉,这个段落就拉开了。可见"抽屉把手"在读写领域的关键地位。云谷教学楼便是一个"拉开的抽屉"——这是国内首次采用退台方式设计的教室,每一层教室外都有一个大露台,纵向的错落使得上下楼实现跨段交互。另外,所有教室都设计成了"弹簧教室"——由灵活空间、教室、露台共同构成,横向的贯通打破了班与班的界限,使各项跨班课堂活动和项目探究都变得更加方便。

因此,在"读写教室"概念驱动下,结合"抽屉教学楼"和"弹簧教室"的空间特色,笔者反复思考:从一年级起,如何寻找读写教室的"抽屉把手",打造之后的学习空间,甚至为未来读写场域提供一种新范式?带着这样的问题,这一年,我们以经典童话《彼得·潘》的故事为主题原型,共创"'永无岛'读写教室",让"弹簧教室"不再只是学生学习知识的场所,而是学生逐步树立读写自信,进而成为独立成熟的读写者的一个发展平台。

一、常规把手:打造"弹簧教室"的可视化公约

在一年级阶段,可视化的常规要求和玩耍守则必不可少。

(一)共创言行公约

初期,教师投屏出示"云起时光早读""午休时段阅读"等时间段的"流程图",引导学生了解早读和阅读要作哪些准备。

每天,学生根据白板上"爬梯子"的过程性评价,直观感受自己是处于"有进步""了不起"还是"停,想一想"的状态,从而及时作调整。教师将学生"每日爬梯"的情况用盖印章的方式反馈于"行为表"上(见图1),集满一定数额的"了不起"的学生将会受邀参加导师团组织的月末午餐会。

在班会上,全班一同讨论制定"愉快玩耍守则",按下手印贴在教室展板上。大家都要信守言行公约。

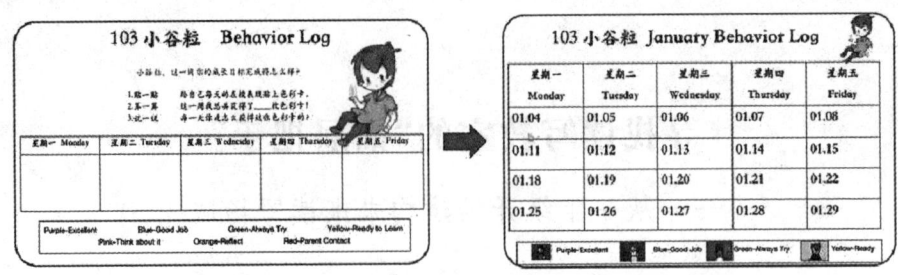

图 1　行为表的设计与迭代

（二）捕捉童言稚语

教室入口张贴了"谷粒说"（见图 2），主要源于日常对学生童言稚语的捕捉和《读写绘》的特别表达，这对低年段学生而言是积极的引导和切实的鼓励。

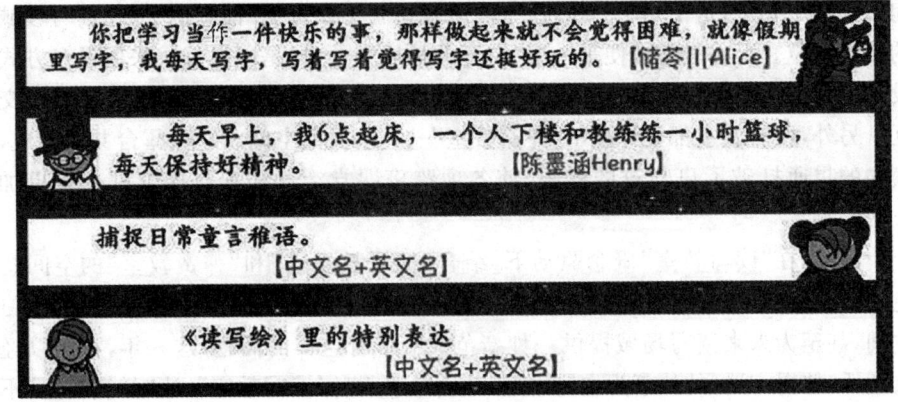

图 2　谷粒说

比如，休业式结束，学生写下了自我期待，我们可以在"谷粒说"展示墙读到："二年级的正正，你好，我是一年级的正正。很快我就上二年级了，希望你一直好好学习，天天向上，再见！"

（三）共享原创书展

"弹簧教室"空间灵活可用，除了班级图书馆，我们还有专属的"原创书展区"：几何把幼儿园的珍贵回忆编成绘本《绿色学校》；读完日本作家林明子的《第一次野营》，糖糖和爸爸妈妈制作了谷粒版《第一次露营》；阿川把上学期发生的故事写成了《快乐谷粒米》；休业式那天，——和妈妈共同编写了《103》……

进入"原创书展区"，学生尊重和珍惜同伴的智慧，会小心翼翼地翻读作品。这是"读写教室"可视化的低段尝试，也是一年级常规把手落实的阶段性成果。

二、情感把手：创设儿童社交的个体化链接

在致力于打造读写环境前，师生"情感把手"的建立颇为重要。

（一）"期待卡"：亲子话语的温暖传递

在八月底的第一次家长会上，家长们写下了"期待卡"（见图3），作为学生"写作档案袋"的封面，贴在教室前方的墙面上。

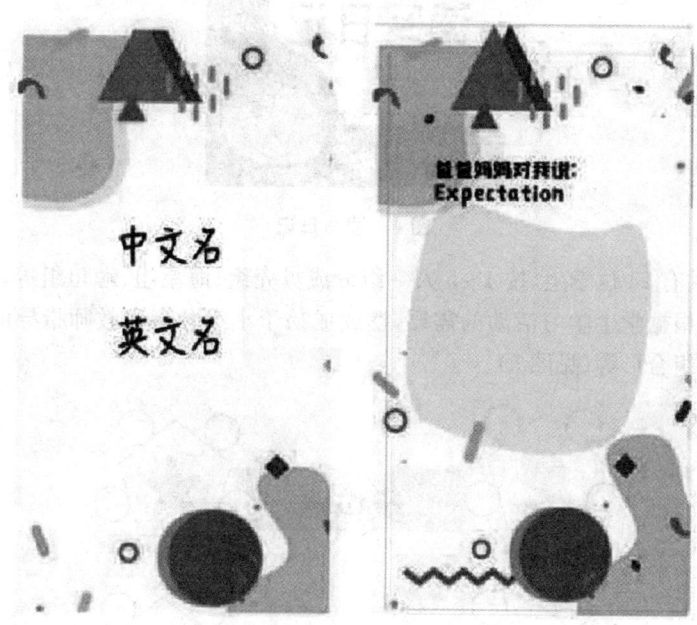

图3　期待卡正反面

一年级学生进入教室的第一天，便能感受到来自父母的温暖，而后识字学拼音、认读爸爸妈妈的话，也是个值得期待和回味的时刻。

（二）"永无岛"：童话氛围的巧妙营造

班级名为"永无岛"，这是一座充满童话色彩的梦幻岛屿。开学初在解释班级文化时，笔者给学生讲了自己发表的童话《海底有颗卷卷星》，投出一枚枚满含希望的愿望瓶。学了统编教材第一篇课文《秋天》，师生共读原创童话《茶屋奶奶的秋梨膏》。

（三）"故事盒子"：班级叙事的趣味流动

教室右前方有个"夸夸盒"，旁边放着一沓便利贴，这既是盛放校园日常"爬坡故事"的读写盒子，又是班级月度生日会上学生留言赞美他人的神秘树洞。

"夸夸盒"上方挂着一份活页"读写日记"（见图4），由笔者和学生轮流写班级一二事，一页页积攒起来，就是一大本日记。

图 4　读写日记

班级共有 24 位学生，按 4~5 人一组分成贝壳组、海星组、鲸鱼组等，座位通常两周一换，根据学生学习活动的需要，摆放成易于小组分享和教师指导的矩形、圆桌形、马蹄组合形等(见图 5)。

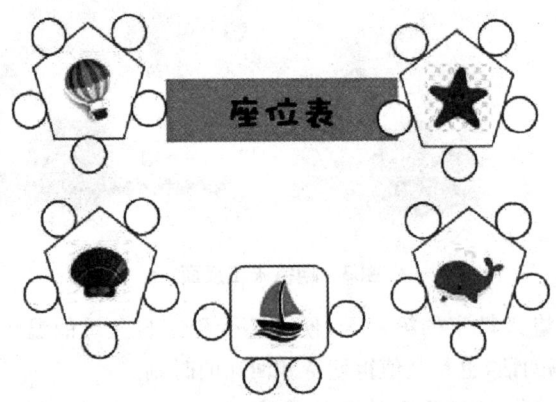

图 5　分组座位

教室后方有一块读写墙，在班级"国王与天使"的活动中，学生悄悄传递关爱，在爱的浸润中度过懵懵懂懂的一年级。

三、技能把手：构建创意读写的未来化场域

读写必须是让一年级学生觉得快乐的事情，才能让学生发现自我、建立联系、分享心声。教师应积极寻找读写技能把手，帮助学生发现读写趣味。

(一) 日常化阅读习惯

我们通过"云起时光"读童谣、推荐阅读书目、阅读山庄打卡读等方式，鼓励学生每日阅读，养成书目记录和"一句话描述"的输出习惯。

(二)平衡性写作计划

我们先提前设计了较为平衡的写作计划——占60%的任务型写作和占40%的创意型写作,再分别设置各占50%的形成性评价和总结性评价。

每位学生的"写作档案袋"存放了一学年的创作单,有课后自由创编的《谁和谁好》,有仿写的散文诗《荷叶圆圆》,还有《彩虹》课文读写段落拓展。

学生每周坚持创意写绘,想写什么写什么。一学年下来,每位学生都积攒了至少4本《读写绘》。初学"识字单元"时,我们根据学生的兴趣爱好,创作了第一期"解字锦囊";国庆假期,学生制作汉字小报、甲骨文小诗、汉字创意小书等,形成一系列丰富的汉字创意作品,节后展示于班级读写墙。学生的系列阅读也影响了他们的写绘,班里有不少学生也开始尝试编写系列故事,比如小贝的"奇幻王国系列"、皮皮的"小橘子和小巧克力系列"、果果的"玩具大逃亡系列"等,故事情节跌宕起伏,妙趣横生。起初,学生口述,由家长记录,而后他们尝试自主书写。低段学生会因为自己的书写规范问题而焦虑,笔者逐渐意识到一直简单地强调纠正错别字是不对的,批阅作文时应尽力去理解学生的想法并给予回应,如此他们反而会更关注写字的规范和写作想法的表达。

(三)阶梯式评估反馈

一年级阶段,教师首先要告诉学生如何发展写作技巧,评估和反馈是个方法。《读写绘》的每次批改即是师生的一次对话,笔者还制定了每周复盘计划,让班级共读范文;每月设置阶梯式的推荐卡(见图6),比如"三月春见卡"同学交换读当评委、"五月春生卡"自己回读提建议、"七月夏满卡"自荐篇目投稿等,让《读写绘》变成学生互相借鉴学习的读写"文学圈"。

图6 每月写绘推荐卡

除了读写"文学圈"的现实存在,我们还有"文学圈"的虚拟空间。班级钉钉群的"谷粒解字"是《读写绘》传递与分享的园地,"谷粒拆书"会定期推送学生的整本书阅读思考,班级公众号"Neverland读写教室"是学生崭露头角的发表平台。对学生而言,文本示范和同伴欣赏同样重要。

当学生离开"读写教室"、面对无话可写的困惑时,他们会尝试再度启动"大脑口袋写作"的奥秘;敲敲小脑袋,试着让记忆口袋、事实口袋、想象力口袋轮番上阵。一学年的"抽屉把手"正在合力帮助学生培养阅读和写作的日常习惯,也在帮助我们从一年级开始努力建构未来的读写场域新范式。

(浙江省杭州市云谷学校)

图书馆中的"读创"生活

——学校图书馆"读写生活圈"的创建与实践

杨 霞

学校图书馆作为素质教育的"第二课堂",是培养人才的重要场所,在学生素质教育中具有课堂教学无法替代的作用和优势。如何将教材的阅读课程和图书馆资源有机融合,并通过有效的融合促进、提高学生的阅读、写作能力?我们尝试在图书馆环境下创建"读写生活圈",调动学生的阅读兴趣,引导学生大量阅读,激发学生的创作激情,提升学生的语文素养。

一、筹备"读写馆",创建优质读写环境

（一）设计:激活思维空间

以图书馆开馆为契机,向学生发起"图书馆我设计"系列主题活动:馆名我来取、功能区我设计、标语我创编等。以设计馆名为例,我们向全校学生发起征集图书馆馆名的活动,要求不仅创编馆名,还要阐述理由。至此在学生中间掀起了一股创编风,"图书馆"也成了学校的热点话题。而"功能区我设计""标语我创编"等设计活动更是让图书馆变成了学生心目中的校园"地标建筑",同时也激活了学生创编的思维空间。

（二）装扮:提供思维支架

图书馆不仅是一个阅读的场所,也是生发思考、促动灵感的所在。我们举行了"用思维装点——创建图书馆软文化"活动,根据学生的年段特点,让他们制作识字小报、剪贴报、书签、摘抄卡、席签、小报、推荐卡等装点图书馆。我们也参与制作阅读策略海报、阅读卡牌,为学生更有效的阅读提供方向与工具支持。以上这些支架,激发了学生进一步思考,让沉默的阅读焕发出新的光彩。

（三）书目:拓宽思维视野

我校图书馆内有大约 60000 册图书,且每年还以 2000~4000 册的数量在增加。大量的藏书给学生提供了一个知识库的同时,也给学生带来了一个难题:我应该读什么书?为了避免学生盲目选择,也为了保证学生阅读的多样性,我们举行了"书目我推荐"活动,由各学科老师以及学生共同推荐图书馆书目。这样一来,学生就

不会局限于阅读文学类书籍,还会阅读科普类、文艺类、数理类等不同类型的书籍,拓宽了知识面和视野。

二、打造"生活圈",营造浓郁读写氛围

(一)任务驱动,让读写生活有计划

在自己设计、自己装扮、自己选书的图书馆里,阅读就像在自己家一样舒适。我们给全校 45 个班级作了安排,每个班的孩子都有机会走进图书馆阅读。每次进馆阅读时,孩子们会收到一张小小的便利贴,上面会有一个小小的阅读任务。阅读任务是本年段教师根据"快乐读书吧"或推荐阅读书目精心设计的,如"写下阅读中你最喜欢的人物,并写一写为什么""写下阅读中你印象最深的一句话"等。读写活动有计划、有任务、有目标,且任务和目标是能够轻松达成的,所以这样的阅读是别样幸福的,读写效果自然显而易见。

(二)交流分享,让读写生活有互动

根据英国艾登·钱伯斯的"阅读循环"理论,"回应"是推进儿童开展阅读的重要环节之一。所以,我们在组织读写活动时,尽量激励学生分享阅读的收获和快乐。比如定期在图书馆内组织故事会,让学生互相介绍好书、复述故事,引导他们在交流中开阔视野,增长知识;定期在图书馆内组织主题阅读活动,或选择"快乐读书吧"中的主题,或指定图书馆藏书中某一主题进行阅读,并开展集中交流和讨论,促进阅读氛围的形成;组织朗读比赛,让学生通过有感情的朗读激发情感,加深对阅读材料的理解,达成情感上的共鸣。在图书馆内组织各种活动和比赛,可以让学生加强读写互动,分享自己的收获,实现思维的碰撞。

为了促进师生阅读,图书馆内专门设置了一个"快乐读书吧"专区,陈列了统编教材"和大人一起读""快乐读书吧"中所有的推荐书籍,每套书至少 10 本。老师可纵向阅读比对,概览全局。不能在家里完成阅读的孩子,可以在图书馆里由老师带着读,由已经读完的孩子带着读,并实时分享交流。

(三)评价机制,让读写生活增值

我们设计了一套可操作的读写手册——"小鹿爱阅读",每个年级设有上下册,内容包括"我们的阅读约定""我有好书要推荐""阅读书目""阅读记录卡""我的阅读瞬间""我的阅读成果"。"阅读记录卡"一周一次,每学期 16 次。具体的目标和内容按各年级实际学情设计,以一二年级为例:一年级是亲子阅读,记录的是孩子阅读后提出的问题,以及阅读后新认的字;二年级摘录的是优美词语和精彩句子,同时还增加了学生自主创作写句子的板块。这样的读写手册不仅有评价、有记录,还有学生思维的火花;不仅是读写目标的呈现,还是读写过程的跟踪,更是学生读写能力提升的见证。

三、创立"文学社",培育优秀读写人才

(一)融合联结,搭建多元读写平台

我校图书馆同时是本市作家协会儿童创作基地和作家阿娅的工作室。以此为契机,我们成立了"小鹿文学社",构建了"一基一室一社"三维融合的多元读写平台。读写平台可以由作家协会引领师生开展阅读、创作,也可由学校的草根作家负责授课,更可以由学校有文学特长的老师们参与指导,每周在图书馆内开展两次文学沙龙,实现读写活动的优质引领。

(二)以爱为名,组建优秀读写团队

"小鹿文学社"面向全校招募热爱文学创作的师生,目的是让优秀的读写团队在优质资源的引领下,激发潜力,发挥特长,在热爱的文学领域释放多种可能。教师的身份是双重的,既是学员又是导师,可随时切换身份,当有更加优秀的导师来指导时,这部分教师可以是学员,也可以是助教。目前我校已有两名草根作家,出版了多部儿童文学著作。孩子们是文学社的主力军,他们钟情阅读,热爱创作。在这里,他们不仅找到了同伴,也找到了崇拜的对象,他们互相学习,互相鞭策,激发出潜藏的创作能量。

(三)过程展示,深化读写影响力

无论是"一基一室一社"的成立,社员的招募,还是读写活动的阶段小结,每次活动我们都会隆重地推介、展示,如电视直播"一基一室一社"的成立仪式、装裱粘贴优秀的文学作品等。读写活动在全校师生的"聚光灯"下熠熠生辉,师生的读写兴趣被充分激发了起来。

图书馆"读写生活圈"不仅激发了学生的阅读原动力,实现了多种教学资源的有效融合,更把"读写"融入学习生活,让学生的读写能力在成长过程中自然生长,培养学生的读写思维,激活学生的创作潜力。

(浙江省衢州市柯城区鹿鸣小学)

"读写教室"字词墙的探索与实践

林云竹

"字词墙"是将学生需要掌握的字词贴在墙上,形成字词教学场域,以实现教学目标的一种教学方式。在低年级"读写教室"建设中,可以采用"字词墙"的方式,构建"读写教室"自主学习圈,实现低年级识字、写字教学目标,为学生自主读写奠定良好的基础。

一、构建"字词墙"的影响因素

1. 环境因素

"字词墙"的构建受墙体面积、墙体位置、墙体颜色等环境因素的限制与影响。因此,要整合、划分教室墙面,以实现字词呈现的整体效果。

2. 认知因素

"字词墙"的建设需符合学生现有的认知水平,针对低年级学生需设计形象、直观、充满趣味的"字词墙"。

二、构建"字词墙"的要素及方法

1. "字词墙"的构建位置

"字词墙"一般要设在教室里比较醒目的位置,且需与学生视线等高或高于学生视线,以实现学生随时参照、学习的目的。有遮挡的墙面、角落就不适合建设"字词墙"。如果教室墙面区域没有窗户等的影响,面积比较大,"字词墙"就可以按主题、内容进行区域的划分。若教室墙面分布比较零散,就需要将分割墙面的部分纳入"字词墙"建设规划中,关注墙体分割区域过渡带的建设,以实现零散区域的整体效果。

2. "字词墙"的构建色彩

墙体颜色也会对"字词墙"的建设有所影响。一般字词卡颜色要与墙体颜色形成反差、对比,颜色也不可太多,避免花哨、主体内容不清晰等问题。

3. "字词墙"的构建内容

构建"字词墙"的内容,可以结合教材中要求会写、会认的字,选择学生易混淆、易写错的字词,加强识记;也可以采用梳理、归类的方式,引导学生归类识记;还可

以用联系旧知的方式,温故知新。比如将不同结构的词语呈现在"字词墙"上,可以有效引导学生归类识记。(见下图)

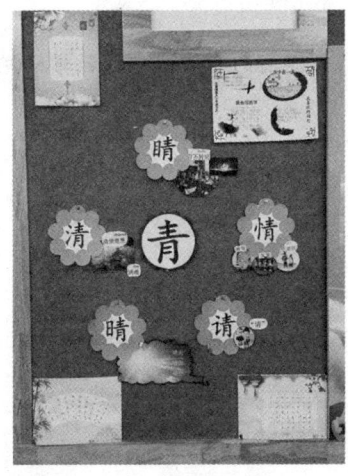

4."字词墙"的构建形式

"字词墙"可以采用气泡图、总分图、桥状图、树状图、表格等多种图示构建。在图示的选择上要符合"字词墙"的内容,凸显"字词墙"的教学价值。同时要考虑字词学习的乐趣,能够促进学生主动参与。

5."字词墙"的更迭

"字词墙"构建好后,可以在原有内容与形式的基础上,结合新知适时更迭。一般两三周为一个周期效果较好,不建议频繁更替。更迭时需考虑内容之间的过渡与关联。也可以让学生主动参与,引导学生在原有内容与形式的基础上,采用他们乐于接受的方式更换或添加。

三、"字词墙"实践效果

1. 有效激发学生识字、写字兴趣

"字词墙"不仅丰富了班级建设,同时也构建了字词学习场域。学生在不经意间就会注意到"字词墙"上的内容,这是对课堂教学的有效补充。学生因此对于字词的掌握也更加牢固,拥有了字词学习的成就感和积极性。"字词墙"帮助教师达到持续激发学生识字、写字的兴趣,引导学生主动识字、写字的教学目标。

2. 培养学生梳理字词的能力与习惯

"字词墙"能够引导学生根据汉字的音、形、义和书写的特点整理字词,有效提升学生的归类、辨析、总结等能力,帮助他们形成良好的学习习惯。同时,"字词墙"有助于学生形成板块化的知识结构,为他们理解、表达能力的发展奠定良好的基础。

"字词墙"的构建是低年级"读写教室"自主"学习圈"建设非常重要的组成部

分。可以在低年段学生学习基础较薄弱的时候,通过班级环境与主题建设,引导学生主动参与学习,也能为班级阅读生态圈的建设奠定基础。

(青海省西宁市城中区教学研究室)

展陈:发现"读写教室"的交际魅力

曹丽君

"展陈"一词意为"显示,呈现",原多用于设计上,具有展示设计的意思,又具有陈列艺术的思想。与读写相关的展陈应该包含展陈主题、相关书籍、装饰物以及其他与主题相关的读写成果输出。结合语言景观理论,"展陈"在"读写教室"的打造中,集"信号语言""图像语言"以及"空间语言"于一体,是在充分尊重学生的基础上,将与读写相关的素材在"读写教室"中进行艺术化陈列,并由教师与学生共同完成。最终改善的不仅是"读写教室"的"外在形象",更是提升了"读写教室"的"内涵",对于学生的读写起到了一定的启迪和引导作用。同时因为展陈的应用,也挖掘了"读写教室"的交际魅力。

一、展陈在"读写教室"中的应用

在"读写教室"的打造中,展陈以课程内容为中心,贯穿每一个主题的始终,突破了时间和空间的限制,为学生提供最直观、最真实的语言材料,是"读写教室"中多模态语言景观的综合体现。学校读写展陈可分为常规教室、学校阅读区以及公共区域的展陈打造。

(一)常规教室的展陈

北京师范大学朱旭东教授指出:教室,既是一个由桌椅、板凳和黑板构成的物质空间,又是一个师生同在的活动空间、生活空间、信息空间和社会空间。在传统的教室布置中,教师通常没有语言景观的意识,仅仅将教室当成简单的物理层面上的学习空间。

在"读写教室"理念下的常规教室中,教师应充分发挥教室与学生的紧密关系,去设置展陈主题。我校每间教室的使用面积大约为100平方米,在打造让每一平方米的空间都去支持读写的过程中,尤其要注重教室后方的一块集中区域,这里通常用来作主题展陈。

在建党100周年之际,各班以"红色文化"为主题集中共读。正式进入阅读前,各班利用"暮省"时间,从定主题、定书目到阅读环境的打造等方面开展讨论,并予以确定。以102班为例,从教师所给的主题选项中,学生选定"飞夺泸定桥"的主题。

前期,学生利用学校图书馆、校外图书馆、书城等,在教师和家长的引导下开始收集与主题相关的书籍资料,建立了一个与"飞夺泸定桥"相关的书籍库。一下课,醒目的主题标识和学生主动参与找到的书籍就吸引了一批小"粉丝"。

随着课程的不断深入,学生对"飞夺泸定桥"有了更多、更深的认识,以"飞夺泸定桥"为主题的板报应运而生,学生的读写成果就在上面展示。教室后原先比较单一的读写分享区慢慢就有了艺术特色丰富的读写展陈的模样。下课后,学生总喜欢第一时间跑到展陈区,或随手翻阅,或欣赏同伴作品,泸定桥模型更是吸引了学生驻足观看。图案与文字、空间与艺术在这里都得到了充分的融合,两者相得益彰。

(二) 学校阅读区的展陈

苏霍姆林斯基说过:"一所学校可以什么也没有,但只要有图书馆,就可以称之为学校。"只有发挥学生的主观能动性,让学生成为图书馆的主人,才能更好地发挥图书馆的功效。我校每个年级都有对应的一个阅读区,学生走出教室就是阅读区。阅读区的展陈应发挥阅读区自身的优势,对教室展陈作补充,或作与这个年段相关性较大的展陈。

如在三年级"走读城市"项目活动前,图书馆员将与"城市"相关的书籍作集中性主题展示,摆放在最显眼、学生最容易获得的位置,同时也将同主题影片在阅读区通过影片海报展示或精彩片段投放的方式供学生搜集自己需要的信息。

学生根据任务开展项目活动与研究,进程中有读写成果输出以及其他过程性分享。如对一座城市的理解,在这座城市留下的美好记忆,甚至是对于这座城市的一些合理化建议,会在"对于这座城市,我想说……"区域得到分享;与城市的合影,从这座城市带来的纪念品等则陈列在"城市印象"区域;还有一个温馨的"对于活动,我有想法"区域,三年级的各班学生都可以在这里作现场交流,也可悄悄写下来,投放到小信箱中。

活动期间,学生走进阅读区就像走进了一个迷你版的城市群,浸润、分享、吸收,学生关注的焦点已转向多样化区域。阅读区成了一个年级段学生的交际区。在和同年级同学的对话过程中,学生有了对"深度理解"的探索期待,同时对城市也有了新的理解。

(三) 公共区域的展陈

向着"未来阅读"的最终指向,我们还得从整个学校的角度出发设计一个"学习场"。其中,公共区域的展陈就起到了非常重要的作用。从"读写教室"的理念出发,设计该区域的展陈,应围绕主题、地点以及方式作更立体的思考,笔者以"遇见·春"主题展陈为例作具体阐述:

1. 展陈主题

公共区域的展陈主题应该对全校师生具有普适性。以"遇见·春"为主题,一方面契合人们向阳而生的心理需求,万物复苏的季节可以说是人人喜欢。另一方面,只有与课程主题相融合,展陈才会获得"生长",才更有生命力,进而也能更好地促进学生吸收课程内容。

春季开学,各年级的语文书第一单元几乎都是以"春"为主题,全校师生几乎都在同步进行与这个主题相关的课程阅读教学。因此,与"我"有关的展陈就有了可能性。

2. 展陈方式

以"读写教室"为理念支撑的展陈方式一定要充分调动学生的积极思维模式和行为方式,从而为学生成为一个独立的读写者服务。公共区域的展陈因面向的是全校的学生,应避免与年段阅读区以及教室出现重复功能,展陈方式也应与课程内容作好衔接。

第一阶段,我们精心挑选与"春"主题相关的书籍放入展陈区,以适合各年龄段学生阅读。各班老师鼓励学生利用饭后时间自由翻阅。与此同时,书展上有个"呼吁",鼓励学生将自己家中相关主题的书籍带至学校书展与他人分享。

第二阶段,根据互动区学生留下的"我喜爱的一本书",我们引导学生把书中的内容带到现实中,如油菜花、小蝌蚪等。这样就形成了一个立体的展陈,将生活与书本完美结合。真正的读书过程就是与作者对话,而后与自己以及自己的生活对话。

第三阶段,随着课程内容的深入,孩子们在课堂中的读写成果出来了,他们感知自然的感官打开了。老师鼓励孩子们走出家门去寻找春天,阅读的内涵再一次得以拓展。代表春天的事物,除了花,还可以是一块画上了"春天"的小石头,你即将要使用的太阳帽,你要去放飞的可爱的风筝,你最爱的、春天里特有的美食……学生的积极性被调动,和一群伙伴一起发现了春天。

可以看到,整个展陈呈现出丰富立体的效果,内容上从以老师为主到学生自主分享,历时一个多月。有了更广的参与度,无论是书籍的分享还是读写成果及作品的展示都收到了更好的效果。从对"春天"只有粗浅的认识到感官被彻底打开,学生的思维从基础的记忆、理解向分析、评价和创造发展。

3. 展陈地点

一个理想的展陈点,相对来说一定是人流比较密集的点,并允许读者好好地站着欣赏,而不会被来往的行人推挤,同时也要兼顾光线好的条件。学校门口的道闸口边是每一个孩子上学的必经之路,是本次展陈的理想之处。不管是急着上学的,还是时间充裕的,孩子们总会在这儿停留一会儿。午饭后的散步时间亦有老师带着班级学生成群结队地前来欣赏、翻阅。放学时也总能看到有学生趴在小蝌蚪的边上观望……展陈点成了学校一道独特的风景线。在这样一个充满魅力的展陈点聚集、交流,无疑能提升学生的读写能力。

二、展陈的效果与反思

钟启泉教授指出,今日的学校必须为明日的社会造就拥有"主体性觉悟"的"探究者",而不是"记忆者"。基于此,我们要建构学习者作为学习主体能够彼此作出回应的环境,正如日本读写专家加藤幸次所提到的"应答型环境"。一个充满魅力的展陈往往具有自然的吸引力,能促使学生努力成为一个主动的、会独立思考的阅读者。

实践证明,不同区域的主题展陈因为从孩子出发,并与课程真正地衔接,实现了让阅读不仅仅只在课堂中发生。展陈成了一座好玩的桥,吸引着孩子们慢慢走在与人、与自然更为亲近的路上。

不过,在实践过程中,也有一些点值得我们完善和优化,以期达到更好的效果。

1. 维护展陈是一件费力的事,尤其是维护公共区域的展陈,除了会受到人为的破坏,还会受自然因素的影响。一方面,我们还需要对学生进行不断的教育,提高学生的基本素质;另一方面,在保证美观的前提下,也可以对展陈中的物品进行更科学的保护。

2. 尽管展陈本身因为色彩丰富的图像或优质的读写成果能吸引很多同学,但要想进一步扩大影响力,还需要思考如何让更多孩子参与其中。只有这样,才能让整个学习场向着更好的模式循环起来。

3. 在每一次展陈中,也应进一步思考展陈主题与内容的普适性,若能将全学科的思想进行融合,也许展陈可拓展的维度会更多,对于学生的思维发展更有利。

另外,提高全体教师的意识也不是一件那么容易的事。受多年的传统教育影响,一部分教师自身还没有真正认同"读写教室"的理念,这对展陈的打造造成了一定的阻力。

综上,我们还需要通过多方合力以及自身的不断学习与思考,让展陈的魅力发挥得更充分,向着培养更多更优秀的独立阅读者的目标而努力。

(浙江省宁波市鄞州蓝青小学)

为儿童构建"未来阅读场域"的创新实践

刘　充

未来阅读是基于儿童本位的,它的本质是让学习者在多样化、信息化、智慧化的学习场域中实现由单一的"读书"向多元的"阅读"转变,从单一接受式阅读向多样化阅读活动转变,从单一指向知识的阅读转向指向社会能力的、文化性情的阅读。

阅读是儿童终身成长的需求,在面对未来发展的挑战时,儿童需要多元成长,这就促成了阅读场域的重构。

一、儿童本位的未来阅读场域形态

向着"未来阅读"的最终指向,需要我们去建构学习者作为学习主体能够彼此作出回应的环境,这种环境就如日本读写专家加藤幸次所提到的"应答型环境"。学习活动本质上是一个"学习场"的设计,应该思考儿童本位的未来阅读场域形态。"场域"是布迪厄提出的一个重要概念,在他看来,"从分析的角度,一个场域可以被定义为在各种位置之间存在的客观关系的一个网络(Network),或一个构型(Configuration)"。钟启泉教授认为:"学习环境设计在我国基础教育界是一个陌生的领域,然而,如果没有它,有效教学不过是一种奢望而已……"因为"有效学习环境"承认学习者是构成学习环境的核心参与者,赋予学习重要价值。未来阅读场域的打造就是学习环境设计的一种探索,一种革新,包含物理场域形态、情境场域形态、文化场域形态三部分。

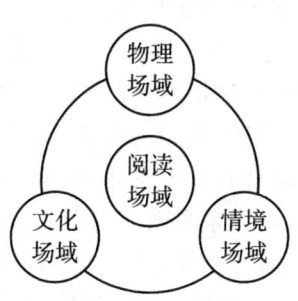

二、儿童本位的未来阅读场域建构

（一）物理场域的变革

1. 图书馆场域的变革

做好未来阅读场域的变革，首先在物理场域上要"被看见"。浙江师范大学附属衢州白云学校在王国均教授团队的引领下，打造了"读写教室"的"1.0版"，有效地推动了该校读写氛围的营造。浙江省宁波市鄞州蓝青小学在"读写教室"环境建设初期就在"1.0版"的基础上做了升级，打破传统学校集中式的、单一图书馆思维，在各单元体的每个楼层中设置了12个开放式的阅读区，每个阅读区使用面积大约为230平方米，并根据不同年龄段学生的特点进行不同主题的布置。

在低年段楼，设置适合低年段学生认知特点的绘本馆、科技馆、综合馆。在中年段楼，历史馆是特色馆。学校按照中国历史、世界历史两个角度进行分类，放置经典文集、文言著作，以及关于汉字的故事、二十四节气等传统文化的书籍。文学馆内放置了适合三四年级学生阅读的儿童文学书籍。综合馆内放置了适合中年段学生阅读的童话、小说、传记等书籍。在高年段楼，文学馆内放置了中外有名的儿童文学书籍。课程馆会以专柜的形式，专门为学生提供课程学习的相关书籍。

这种化整为零的建构模式，目的就是让孩子在物理空间上享受随时、随地、随手取阅的便利。

2. 常规教室场域的变革

每间教室使用面积大约为100平方米，这样做的目的是集"快乐学习空间""静心阅读空间""自由活动空间"为一体，满足学生综合性读写学习的需要，充分体现"选择、差异、分享"的理念。这样的空间设计也为不同学习方式提供了桌椅摆放的可能性。

除此之外，每个常规教室都体现了"读写教室的语言观"，有丰富的空间满足学生展示读写成果的需要。比如，有读写单的成果呈现，主题读写板报区、阅读挑战记录等直观的展示。各教室还设置了海报架，海报架直观展示了每一次"读写教室"的学习要点，最大限度地支持学生的读写。

（二）情境场域的探索

情境场域是指情境类别的特殊拓展。未来阅读重视学习者的主动体验，在主题式的情境中能够更好地进行阅读，从而有利于对综合阅读能力的培养。

在一年级"遇见春天"主题课程月中，我们精心挑选与"春"主题相关的书籍放入展陈区。同时，我们让书中的元素来到了现实中，如油菜花、小蝌蚪等。这样就形成了一个立体的展陈，将生活与书本完美融合。同时随着课程内容的深入，孩子们在课堂中的读写出成果了，他们感知自然的感官打开了。老师鼓励孩子们走出家门去寻找春天。他们捡来了小石头，在小石头上画上"春天"，并把即将要用上的太阳帽,周末和家人一起放飞的风筝,甚至是刚享用过的春天里特有的美食等都带到了展陈中。展陈随着课程内容的生发也在不断地"生长",并且不断地融入了与"我"有关的读写内容。

在三年级的"走读城市"项目活动中,我们除了将与各个城市相关的书籍作展陈,还鼓励孩子们将旅途中的城市纪念品、代表城市的特殊服饰等进行分享。一个个小物件中饱含了孩子们对于这座城市的记忆与认识。他们走进图书馆,就像来到了一座座迷你城市。这是别样的交流与分享,也为孩子们最终上台分享"走读城市"的成果作了充分的铺垫。

波兰尼有关"默会知识"的研究告诉我们,通常课堂教学传递的知识只是显性知识。将空间与课程融合,通过立体的情景式展陈,创设真实的阅读情境,打造与课程相关的空间延展区,可以进一步激发学生的阅读兴趣以及培养他们深入运用知识的能力。

(三)文化场域的开发

未来的阅读注重对文化资源的利用。从文化学的角度审视,学生的学习方式孕育于一定的文化环境中,总带有文化的痕迹,并且会对原有的文化痕迹进行适当改造,以便适应当下的境遇。我们通过"读写课程""读写活动""读写教练"等多个项目推进,力求营造一种"阅读文化",从而影响每一个人。

1. 读写课程

蓝青小学在学校创办之初就将"阅读"作为办学特色来打造。在课程的设置上,我们引进"读写教室"的理念,在日常的阅读课上努力凸显儿童本位,把学生放在核心位置。我们还把"阅读课"安排进课表。在每周一节指向阅读策略习得的整本书阅读教学课中,我们开发阅读工具,引导学生在话题思辨与交流中形成一定的高阶思维,为终身阅读奠基,并以此形成校本化实施的样本。

要有效推进课程,阅读时间是前提保证。为此,我们把"阅读时间"排进时间表,让孩子明白每天都要阅读,让阅读成为习惯。而且,我们鼓励学生只要有时间,随时都可进入阅览室进行阅读,想看的书籍还可通过自助借阅机借出来带回家看。

2. 读写活动

在读写活动的推进上,我们充分利用不同主题的阅读区,以全学科阅读为理念,举办各种以学生为主导的阅读分享。如音乐老师会将音乐元素运用于阅读中,领着孩子们读《犟龟》;戏剧老师将戏剧方式渗透在阅读中,带着孩子们读《和爸爸一起玩》;美术老师和语文老师会用不同的视角去看同一本绘本,跨学科融合,碰撞思想后带学生读《好饿的毛毛虫》。这样的读写活动对学生来说,无疑是一笔珍贵的财富。

在教师层面,无论是管理团队,还是教职员工,每学期都要进行两次集中主题式的读书会。在家长层面,每个班级的家长每学期举行两次读书会,定期相互介绍几本好书等,同时还利用社会资源进行助推。

3. 读写教练

在教师层面上,我们力图培养专门的、独立的阅读教师来推动阅读教学。通过"读写教室"联盟不断培养专业读写教练的见识与能力,再通过读写教练影响所有的任课教师,让每一位教师都具备相应的能力。

以上这些举措的目的就是形成一个"阅读的文化场域"。通过课程、师资助力,让教师、学生、家长形成一个阅读的"磁场",从而提升学生的读写能力。

无论是物理场域形态、情境场域形态,还是文化场域形态,三种场域是相互关联、相互影响、相互推进的。宽敞、开放、丰富的物理场域是一切的基础,为情境场域创设、文化场域打造提供了丰富的可能性。反过来,丰富的情境场域的打造让物理场域"活"了起来。读写教室做得好不好,并不在于书的数量或者是图书馆有多少,而在于读书的人有多少。情境场域和文化场域需要借助物理场域实现"读好书""好读书"的愿景。唯有如此,才能够真正培养独立而成熟的读写者。

三、未来阅读场域的持续更新

随着社会的发展和进步,面对未来社会的挑战,未来阅读场域还需要不断更新。一是未来阅读物理场域需要技术融入。随着信息技术的飞速发展,纸质阅读越来越受到挑战,我们不能一味地固守传统,而是要充分利用技术赋能"阅读",以"数字化、智能化、全媒体"的多样化样态呈现,让学生也能够得到多元发展。二是未来阅读情境场域需要优化样态。我们需要不断建立空间即课程的概念,不断优化情境场域样态,让不同的情境为读写服务。三是未来阅读文化场域需要不断加强。这还需要社会、学校、家庭不断努力构建学校文化场域以及校外文化场域。

我们只有对儿童未来阅读场域形态及其建构进行系统研究,才能为儿童未来阅读提供实际意义上的素材与信息,才能将其培养成终身阅读者。

(浙江省宁波市鄞州蓝青小学)

基于人工智能,进行"空中读写教室"的可视化探索

姜 丰

新冠疫情席卷全球,倒逼学习走向"云端","空中读写教室"探索应运而生。后疫情时代,"在线与在校"成就了面向未来的混合式教学,从而整体推进读写智能教学。在"云端"学习中,学生的学习空间处于"准分离"状态,如何打造有利于学生读写的"空中读写教室"环境,为儿童构建阅读场域是当下需要突破的难点。"空中读写教室"为学生搭建了"云端"学习的网络交互平台,实现了数字"读写教室"的可视化布局。

一、"空中读写教室"内涵解读

"空中读写教室"是依靠人工智能技术开发的一个在线学习网络交互平台,该平台已获得国家版权局计算机软件著作权,由"空中阅读教室"和"空中写作教室"两部分组成。"空中阅读教室"即"文学圈",包括"推荐书目""经典美文""阅读打卡""读书讨论"栏目,是空中读写的基础,为"写作圈"提供读写支持。"空中写作教室"即"写作圈",包括"写作专区""写作明星""精彩活动""电子书出版"栏目,是基于"文学圈"阅读后的拓展、延伸、创造。"文学圈"和"写作圈"是"空中读写教室"的两大组成部分,两者自成体系又相互连接。

"空中读写教室"除了具备传统"读写教室"的特质外,还有以下特点:

1. 虚实相生

"空中读写教室"是利用人工智能技术搭建的一个虚拟网络交互平台系统。它能在虚拟网络空间中打造出实体图书馆的浓厚书香氛围,通过虚拟化网络教室突破时空上的约束。

2. 读写融合

在"空中读写教室"中可指导学生学会选择书籍并全心投入阅读,最大限度地尊重学生的读写个性,灵活满足学生读写兴趣和能力的差异,指导学生依据文体特征娴熟地开展深度的讨论和交流。

3. 去中心化

它的多中心课堂样态能辅助读写能力较弱的学生学习,通过分级阅读和"异

质"小组等学习形式组成"文学圈"。在"文学圈"中,学生可根据自己的角色为讨论作准备。开放、灵活的"文学圈"让每位学生都有展现自我、提升自我的机会。

二、建立分级阅读书库

"分级阅读"指按照不同年龄段的智力水平、心理发育程度为儿童提供科学的阅读计划,为不同孩子提供有针对性的阅读图书。

1. 紧扣课标有的放矢

确定分级阅读标准是分级阅读的核心。《义务教育语文课程标准(2011年版)》各学段阅读教学目标指出:第一学段阅读浅近的童话、寓言、故事,诵读儿歌、儿童诗和浅近的古诗;第二学段能复述叙事性作品的大意,诵读优秀诗文;第三学段阅读叙事性作品、诗歌、说明性文章,诵读优秀诗文。附录的字表来源于教材中的"会认会读""词语盘点"及"读读写写""读读记记"板块。因某些词语重复出现,故进行整理,得到字3146个,词语3037个(见表1)。

表1 汉字、词语数分年级统计表

	一年级	二年级	三年级	四年级	五年级	六年级	总计
汉字数	948	851	397	391	400	159	3146
词语数	320	316	622	752	620	407	3037

2. 立足学情分级评测

立足课标和统编教材,一边对学生情况摸底,了解学生的识字量和阅读水平,一边研究书目的难易程度、词汇量等,考虑学生个体差异,形成分级阅读推荐书目。可针对分级阅读主体整理出相应的分级阅读一览表(见表2)。

表2 "读写教室"分级阅读一览表

级别	阅读目标	测评标准
低年级	喜欢阅读,感受阅读的乐趣; 借助读物中的图画阅读; 养成爱护图书的习惯	学会汉语拼音,学习独立识字; 认识常用汉字1600个左右,会写800个左右; 完成指定共读书目,课外阅读总量不少于5万字。
中年级	初步学会默读,学习略读; 初步把握文章的主要内容,体会文章表达的思想感情; 养成读书看报的习惯,收藏图书资料,乐于与同学交流	累计认识常用汉字2500个左右,会写1600个左右; 积累优美词语、精彩句段,以及在课外阅读和生活中获得的语言材料,背诵优秀诗文50篇(段); 完成指定共读书目,课外阅读总量不少于40万字。

(续表)

级别	阅读目标	测评标准
高年级	默读有一定速度,学习浏览;掌握朗读、写读书笔记等阅读技巧;主动思考作者写作的目的和中心思想等。	累计认识常用汉字3000个左右,会写2500个左右;背诵优秀诗文60篇(段);写读书笔记和常见的应用文;完成指定共读书目,阅读总量不少于100万字。

3. 建立经典阅读书库

依表2和阅读书目的推荐原则,立足教材延伸阅读,提高学生的阅读水平,筛选出阅读推荐书目(见表3)。

表3 "读写教室"阅读推荐书目

年级	推荐书目
一年级上册	《笠翁对韵》《中国最美的童诗》《妹妹的红雨鞋》《伊索寓言》
一年级下册	《金波童话》《蝴蝶·豌豆花》《三字经》《中国原创科学童话大系:七星瓢虫棉田大战》
二年级上册	《小巴掌童话》《中国古代寓言故事》《企鹅寄冰》《中国成语故事》
二年级下册	《陈伯吹童话》《小河弯弯》《冰波童话》《中国神话故事》
三年级上册	《新月集》《安徒生童话》《尼尔斯骑鹅旅行记》《鼹鼠的月亮河》
三年级下册	《论语》《昆虫记》《寄小读者》《呼兰河传》
四年级上册	《小学生叶圣陶读本》《古希腊神话》《小兵张嘎》《读典故,学古文》
四年级下册	《茅盾散文:沙滩上的脚迹》《丰子恺散文精读》《青铜葵花》《宝葫芦的秘密》
五年级上册	《琦君散文精选》《冯骥才散文》《新中国未来记》《小学生巴金读本》
五年级下册	《水浒传》《西游记》《俗世奇人》《世说新语(学生版)》
六年级上册	《二十四番花信风》《三国演义》《毛泽东诗词欣赏》《列夫·托尔斯泰专集:穷人》《故乡》
六年级下册	《老舍文集》《边城》《鲁滨逊漂流记》《荷塘月色》《红岩》

为体现学生的主体地位,师生除了可阅读已有书目外,还可根据阅读喜好自主选择上传阅读书目,自定阅读内容。

三、布局可视的阅读打卡栏

1. 让阅读可视化

"空中读写教室"开设"阅读打卡"栏,分为教师端和学生端。"实现阅读可见,以真实有效地培养学生的阅读习惯"是栏目的最大亮点。

在学生端会呈现阅读打卡界面,学生可点击"阅读打卡"栏,找到阅读书籍,根据阅读日期填写"阅读页码""阅读时长""学到好词""精彩语句""读后感悟""读后心情"等内容,完成相应的阅读打卡。

界面中会呈现阅读天数和排行榜,让学生了解自己的阅读进度和阅读量。阅读量的累计字数原则:只要完成"阅读页面"的填写,该书籍字数就会自动计算并累加。该设计可激励学生持续阅读。

2. 让关注持续化

在教师端,教师可发布阅读书籍和阅读任务。教师可随时查看班级阅读任务总进度和班级阅读总榜单排名,也可点击任一姓名,查看该生的每日阅读记录卡和阅读进度,以及单本书榜单与进度条、小组合作阅读的总进度。教师还可将学生数据导出,发送至电脑,用作班级阅读数据分析。它的设计可帮助教师对学生进行有针对性的阅读指导。

3. 让习惯日常化

"阅读打卡"栏的五大功能可助教师搭建"文学圈",帮助学生养成阅读习惯。通过阅读打卡,教师可发起共读一本或若干本书籍的任务,学生端可针对教师发布的书籍设置若干天的打卡小任务。打卡让学生把书读薄、读透。阅读记录卡:书目按日打卡,学生填写打卡任务,让阅读变得有效。反馈:每日打卡后可在两端呈现,实现及时反馈,教师发放"阅芽"激励,让学生坚持阅读。榜单:教师可随时查看学生的阅读进度和排名,学生也可看自己的阅读进度排名,让阅读氛围更好。统计:记录学生的阅读总字数,让成长看得见。

四、讨论读写的实时发布栏

1. 在线探讨零距离

"空中读写教室"提供读写交流平台,师生可在平台上在线探讨互动,将阅读中产生的疑问、心得体会等通过语音或文字形式上传至"读书讨论"栏。大家可在"读书讨论"栏中实时查阅,也可发表回复互动,实现在线探讨交流零距离。

根据"组间同质,组内异质"原则在班内开展分级阅读,建立"共读—漂流—赛读"三个"文学圈",保证基础阅读量的同时实现分级阅读。

教师布置阅读书目,让学生颇有仪式感地走进"共读班",相约共读同一本书。班上率先完成阅读的学生可重组为"漂流班",开展小组共读。最后让阅读领军者奔向"赛读班",提高阅读兴趣和速度。

教师安排阅读任务,要求每日阅读打卡,开展每月"阅读小导师"评比活动。让每周阅读闯关速度前5的学生加入"漂流班",进行"阅读小导师"选拔,由得票最高的学生担任本月"阅读小导师"。小导师可在"漂流班"中向组员推荐一本书,还可和老师共同管理"共读班"。通过小组合作，组织阅读讨论，打造阅读氛围，激励学生阅读。

2. 在线分享多维度

"读书讨论"栏可开展线上"伴读分享会"活动。教师可以让学生在"读书讨论"栏的"话说人物""热点研讨""阅读心得"等板块中畅写阅读感受和收获；再鼓励学生"发表回复"，对疑难问题进行解答，对热点问题进行探讨，分享读后感；最后教师精选有价值的问题组织在线探讨，大家各抒己见，教师引导点拨，把成果整理成文在"读书讨论"栏展示。"读书讨论"栏的开设，为学生打造了一方自由交流的小天地，让交流可视化。

3. 在线讨论激思辨

学贵有疑。教师可开展线上分享会，激发学生的读写兴趣，挖掘其写作潜能，培养其思辨能力。教师可从人物形象、主题思想等方面确定主题，在线上分享会开始前作适当启发引导，让学生提前搜集材料、发表观点。教师鼓励学生从阅读中寻找疑问，提出自我见解，展示思维的创造性。线上分享结束时，教师进行总结，给出知识延伸性评价和奖励，提高学生的思辨能力。线上分享会为学生创设了民主和谐的阅读氛围，为写作打下基础。

"空中读写教室"通过分级阅读书库、小组阅读展现历程、读书讨论实时发布，打造出利于学生读写的数字读写环境，为今后语文读写空间提供了一个全新场域，让学生成为热爱语文的终身学习者。

（浙江省杭州市钱塘新区月雅河小学）

读写课程开发

区域推进"读写教室"建设的实践探索

施燕红

20世纪60年代,以美国亚利桑那大学古德曼教授为首的语言教育家发起全语言运动。该运动主张不管是阅读还是写作,都要有真实的目的,让学生在真实的情景中进行读写,以激发他们学习的欲望。1987年,南希·阿特维尔在《在初中》一书中提出了"阅读教室"和"写作教室"的概念。基于"读"与"写"之间的紧密联系,阿特维尔又提出了"读写教室"的概念,并从学习环境、学习方式、教学方式等方面对此概念作了延伸与拓展。鉴于"读写教室"独特的教学理念、系统的教学方法、显著的读写成果,衢州市近年来在浙江师范大学王国均教授的指导下,开展了区域性"读写教室"建设的实践探索。

我们理解的是,"读写教室"中的"读"是指所有阅读的活动,既包括语文教材的阅读学习,也包含课外阅读。"写"不仅指教材中的习作练习,也包括阅读过程中所有写作的活动,比如作批注、图示、笔记、摘录等。"读写教室"建设可以从两个维度来理解:从环境层面看,学校和班级在阅读"硬环境"(配备阅读书目、建设读写功能区)和"软环境"(设置读写课、教读写策略、开展丰富的读写活动)建设上必须要花力气、出效果;从课程层面看,学校和班级有自行开发的读写内容、读写载体、实施方式、评价手段等,形成相对稳定的读写课程体系,促进学生读写素养的有效提升。

我们的探索实践大致经历了以下几个阶段。

一、读写结合练笔阶段(2012年9月—2014年8月)

在这一阶段,衢州小学语文学科以丁有宽的"读写结合"理论为依据,依托语文教材上的课文,在阅读教学中开展"小练笔"实践,学习作者遣词造句、谋篇布局、表情达意的艺术,在阅读训练的同时提升学生的书面表达能力。这一阶段的典型成果是衢州市小语会会长、浙江省特级教师赖正清老师出版的《小学语文练笔策略谈》一书。赖老师提出了扩展、补充、反照、临摹、变角、借用等多种练笔策略,对人教版小学语文教材三至六年级所有课文进行了练笔设计,为一线教师提供了实用的、可操作性很强的教学案例,丰富了读写结合教学实践,推动了读写结合的深入研究。

二、读写一体课程开发阶段(2014年9月—2017年8月)

在这一阶段,我们发现了在原有教材基础上进行读写结合的局限性。随着班级读书会、阅读交流课的推进,大量优秀的儿童读物成为语文教师推荐给学生阅读的材料。孩子们读的书多了,但是写作能力却没有明显提升。究其原因,是读写活动之间存在脱节。怎样充分挖掘课外读物中的读写联结点,让读写浑然一体?怎样开展更为丰富多样的读写实践,让学生的读写能力共同得到提高?这些成为我们新的研究课题。我们依据课标提出的中高年段读写目标与要求,精选经典儿童读物,开发了指向内容、形式、情感等的多种读写一体课型。这一阶段的典型成果是衢州市小学语文教研员、浙江省特级教师施燕红编著的《读写碰碰车》系列丛书。该丛书的每册都开发了十多个读写一体课例,与基于教材的读写结合形成一个整体,极大地丰富了读写结合的内容与形式。

三、"快乐读书吧"实施探索阶段(2018年9月—2020年6月)

在这一阶段,统编教材开始全面使用,"快乐读书吧"这一新栏目如何实施?如何进行目标管理和过程指导?这些成为我们新的关注点。通过研究,我们发现读写一体是最好的抓手。我们按照阅读前、阅读中、阅读后三个阶段设计学习单,开发微课,对学生进行阅读指导;设计海报,帮助学生掌握读写策略;以卡牌的使用为媒介,引导学生留下读写痕迹。通过这一阶段的探索实践,我们发现读写需要支架,读写需要载体,读写策略需要教,读写形式可以无限丰富,读写成果可以千姿百态,读写能激发学生主动学习的内驱力,促进学生思考力的提升。这一阶段的典型成果是施燕红、廖丽萍、陈红梅、陈小红共同编写的《小学生新阅读》系列丛书。该丛书依托统编教材"快乐读书吧"推荐书目,设计了整本书阅读笔记,帮助学生在读写实践中掌握读写的策略。

四、主题读写课程推进阶段(2019年9月至今)

美国的莫提莫·J.艾德勒和查尔斯·范多伦所著的《如何阅读一本书》,将阅读分成四个层次:基础阅读、检视阅读、分析阅读、主题阅读,主题阅读是最高层次和最终目标。我们引进了主题阅读的理念,开始尝试主题读写课程实践。2019年9月起,第一批"读写教室"实验学校进行了主题读写课程的初步尝试。例如,浙江师范大学附属衢州白云学校低年级开展了"生命教育"的主题读写课程,中年级结合中秋传统节日开展了"月亮"主题的读写课程,高年级以中华人民共和国成立70周年为契机开展了"爱国"主题的读写课程。围绕阅读主题,我们推荐了核心阅读文本、小组共读文本以及个人自选独立阅读文本,运用相应的阅读方法和策略,科学选定主题读写总目标、各课时的分目标。通过主题阅读,筛选、分析、整合、判断、重构,提升学生的核心素养。这一阶段的典型成果是项目指导专家、浙江师范大学的王国均教授以及浙江师范大学附属衢州白云学校的陈红梅、方萍老师等在《教育研究与评论》上发表的《"读写教室":小学读写教学的一种演进》《"读写教室"的环境打造》《"主题读写中心"的设置与读写活动开展》等系列文章。

五、全科读写尝试阶段(2019年9月至今)

在推进主题读写课程的同时,部分实验学校还开展了全科读写的尝试。读写的功能,不仅表现在语言能力、思维能力、审美情感、健康人格的培养上,还表现在语文与科学、艺术等学科的相互融合上。必须打破学科界限,开展跨学科阅读活动,让学生全方位接受多种知识信息,汲取丰富的营养,形成互动的知识信息网络,让各学科知识建立起共通共融的关系。常山县育才小学的全科阅读指向全领域、全时空、全形式,从科目、科学、科创三个维度探索,构建了学科内整合读写、学科间整合读写以及超学科整合读写三种实施模式,利用项目学习,打造无边界课堂,重塑学习时空,提升学生的综合素养。

经过以上几个阶段的探索性实践,我们发现全新的读写教学理念促使我们实现了由课内到课外、由老教材到新教材、由单一读写到多元整合的转型。我们认为,"读写教室"作为一种面向未来的读写教学模式,在教学环境创设上为学生带来全新的学习体验,在教学模式突破上给学生更多自主学习的空间,在读写课程设计上更趋向于差异化、个性化,在教学评价上化检测评价为诊断和干预。更重要的是,我们的探索经验证明,它有可能在经济发展并不领先的区域内顺利推动教师从"教课文"向"教读写"转变,更好地提升教师的教学成就感和学生的读写幸福感。

参考文献:

[1] 王国均,方美青."读写教室":小学读写教学的一种演进[J].教育研究与评论(小学教育教学),2019(06):7-11.

[2] 赖正清.小学语文练笔策略谈[M].杭州:浙江教育出版社,2012.

[3] 施燕红.读写碰碰车[M].杭州:浙江教育出版社,2018.

[4] 施燕红,廖丽萍.小学生新阅读[M].济南:济南出版社,2019.

(浙江省衢州市教育局教研室)

变革与融合:"雅读"培育工程的区域探索
——以统编教材五、六年级"快乐读书吧"为例

姚惠平　盛新凤

"雅读"培育工程是和美语文重点打造的整本书阅读品牌,旨在让"快乐读书吧"里的课外书成为学生喜欢的"手边书"。该工程融合不同的阅读实践活动,提升学生的阅读毅力,让学生在相对完整的阅读世界中建构开阔的阅读视野。以统编教材五、六年级的"快乐读书吧"为例,"雅读"培育工程改变常规的阅读方式,在活动中渗透阅读策略,通过"剧本演读"聚焦民间故事,通过"项目融读"聚焦古典名著,通过"文影对读"聚焦儿童小说,通过"译本比读"聚焦世界名著,让学生能够有兴趣地读起来、有方法地读进去、有计划地读下去。

一、剧本演读:沉浸式学习

剧本演读,旨在通过演绎课本剧的方式丰富学生的读书体验,实现"读者在场"的沉浸状态。统编教材五年级上册"快乐读书吧"推荐的书目有《中国民间故事》《欧洲民间故事》《非洲民间故事》。剧本演读基于民间故事情节生动、编排独立、段落结构重复等特点,发挥学生的创造力,让学生在以对话为核心的读演活动中,发挥想象建构故事发生的生活场景和人物形象。以《中国民间故事》为例,剧本演读的方式让学生在符合故事情境的物理时空中把书读深。具体操作如下:

板块一:故事大舞台

小组合作,选读最喜欢的一个民间故事,并将相关信息补充完整。

故事大舞台:课本剧(　　　　）		
时间	地点	人物
第一幕		
第二幕		
第三幕		
……		

板块二:预测放大镜
一边读一边预测,顺着故事情节大胆预测,并说说预测理由。
板块三:人物奥斯卡
如果要给民间故事中的人物颁奖,你想给他(她)颁发什么奖项?说说理由。

人物奥斯卡	
奖项	理由
最善良的人(田螺姑娘)	田螺姑娘趁年轻人出去干活的时候,默默地将家里收拾得干干净净、整整齐齐。
最有智慧的人( )	
最有毅力的人( )	
……	

语文学科的核心素养是学生在积极的言语实践活动中积累与建构,并在真实的语言运用情境中表现出来的语言能力及品质。剧本演读是一种以学生为主的言语实践活动。"故事大舞台"让故事的整体脉络生动地呈现;"预测放大镜"让预测随着阅读的进行而不断生成;"人物奥斯卡"让学生与民间故事中的人物同呼吸、共命运。情境式、场景化的演读让学生的身心向生活打开。浸润式的阅读满足了学生对艺术活动的需求。

二、项目融读:"雅读"培育工程的创生性学习

项目融读是"雅读"培育工程创生性学习的重要形式,旨在通过驱动性项目聚焦核心材料,带动学生深入思考与阅读。在多维的融读空间中,让学生的高阶思维得以发展。如统编教材五年级下册"快乐读书吧"推荐阅读四大古典名著。由于古典名著属于大部头作品,学生缺乏阅读毅力,容易出现半途而废的现象。而项目融读能让学生在具体的阅读项目中感受古典名著的魅力。如四大名著中都出现了"虎",盛新凤名师工作室的高静秋老师聚焦"说虎"这一阅读项目,让学生感受古典名著中的"虎文化",具体操作如下:

项目一:融读精彩片段
阅读《水浒传》第二十三回《横海郡柴进留宾 景阳冈武松打虎》中的武松打虎片段和第四十三回《假李逵剪径劫单人 黑旋风沂岭杀四虎》中的李逵杀虎片段,引导学生比较发现不同之处。如打虎工具不同、打虎数量不同、打虎原因不同等。

项目二:融读小说回目
借助回目信息猜测大致内容,拓展阅读《西游记》第十四回《心猿归正 六贼无

踪》中的孙悟空打虎片段和《三国演义》第十回《勤王室马腾举义　报父仇曹操兴师》中的典韦打虎片段。

项目三：融读渗透文化

阅读《水浒传》《西游记》《三国演义》中的打虎片段，讨论谁是老虎最怕的人，教师相机讲述老虎的文化内涵，即虎是权力、威严、地位的象征。

项目四：融读人物评注

出示《红楼梦》中的人物评注，猜测《红楼梦》中的"胭脂虎"指谁？读书中主子和仆人对王熙凤的评价，说说王熙凤为什么被称为"胭脂虎"。

这样的项目，让学生在阅读中确认重要信息并建立联系。除此之外，四大名著中的奇石、茶文化等元素也可以用于设计其他阅读项目，让学生在延伸阅读中继续推进。

三、文影对读："雅读"培育工程的联动性样态

苏霍姆林斯基认为："儿童是用色彩、形象和声音来思维的。"鲁迅对影视的意义也有精辟论述："用活动影像来教学生，一定比教员的讲义好。"文影对读是"雅读"培育工程的联动性学习，旨在把文本作品和影视作品放在一起，两者相辅相成，提高学习成效。统编教材六年级上册"快乐读书吧"推荐阅读儿童小说《童年》《小英雄雨来》《爱的教育》。以《小英雄雨来》为例，该作品讲述了少年英雄雨来智斗鬼子的故事。由于书本的历史背景距离今日较远，学生很难有代入感。文影对读可以重现历史场景，让学生如临其境。具体操作如下：

活动一：粗读简介，补充电影信息

如果要把《小英雄雨来》拍成一部电影，你想在哪里拍？主角有谁？你又想突出哪些关键场景？请快速浏览《小英雄雨来》的文字简介，完成信息卡。

《小英雄雨来》信息卡	
地点	
主要人物	
主要场景	场景1
	场景2
	场景3

活动二：选读片段，聚焦特写镜头

选读《小英雄雨来》中雨来智斗鬼子的文字片段，补充相关电影片段，在文影对读中感受人物魅力。

活动三：配画外音，定格无声镜头

播放去掉了声音的《小英雄雨来》的电影片段，想象雨来的心理活动并配画外音。

影视资源包含生动的表现形式，具有很强的综合性，可以有效拉近读者与作品的距离。教师可通过影视作品和文字作品的交替展示、对比解读等途径，引导学生关注特定历史背景下儿童小说的独特表达。无论是课文的描述还是电影的演绎，都让我们感受到了雨来的机智、勇敢。原著选文中的动作、神态等细节描写很细腻，激发了读者无限的想象；电影片段中的人物表情、内心独白、音效色彩等直观逼真，让人有身临其境之感。文影对读，让文字作品与影视作品实现了"你中有我""我中有你"，两者互相补充、共同推进。除了《小英雄雨来》，还有不少优秀的儿童小说都被搬上了银幕，这给整本书阅读提供了宝贵的课程资源，有助于学生走近特定历史时代的故事。

四、译本比读："雅读"培育工程的建构性学习

"雅读"培育工程的建构性学习基于大语文、大情境视角，既顾及不同译本的个性风格，又串联不同译本的共性特点。统编教材六年级下册"快乐读书吧"推荐了一组外国经典名著。这单元的《语文园地二》以《汤姆·索亚历险记》为示范，带领学生比较三种不同译本。同样，丹尼尔·笛福的《鲁滨逊漂流记》也被翻译成不同版本，以鹿金和叁壹翻译的"好坏清单"为例（如下图），教师可以引导学生深入对比阅读。

坏处	好处
我被抛弃在一座可怕的荒岛上，没有重见天日的希望。	但是我还活着，没有像我的伙伴们一样被淹死。
我被单独剔出来，与世隔绝，受尽苦难。	但是，我也免于死亡，而船上其他人员都已丧命。
我被从人类中分离出来，成为一个孤独的人。	但是，我在这片荒芜的土地上既没有挨饿，也没奄奄待毙。
我没有衣服穿。	但是，我身处热带，即使有衣服也不用穿。
我没有任何防御力量或者手段来抵抗人或野兽的侵袭。	但是，在这里我看不见会伤害我的野兽，在非洲海岸上，我却看见过。要是我的船在那儿倾覆，该怎么办呢？
没有人可以同我说话，或者宽慰我。	但是，船漂到了离岸很近的地方，我取出了很多必需品，有些甚至够我用一辈子。

（鹿金　译）

祸　与　害

流落荒岛，摆脱困境已无希望；
仅我独存，孤苦伶仃，困苦万状；
与世隔绝，犹如一个隐士、一个流放者；
没有衣服；
无法抵抗人类或野兽的袭击；
无人可交谈，也没人能解救我。

福　与　利

仅我独生，船上同伴全都葬身海底；
在全体船员中，我独免一死；
既然上帝用其神力救我一命，也一定会救我脱离目前的困境；
小岛虽荒凉，但我还有粮食，不至于饿死；
地处热带，即使有衣服也穿不上；
在所流落的荒岛上，没有我在非洲看到的那些猛兽。如果我在非洲沿岸覆舟，那又会怎样呢；但上帝魔术般把船送到海岸附近，可以从船上取下许多有用的物品，终身受用不尽。

（叁壹　译）

相同的是：两个译本都采用罗列的方法，都用了内心独白式语言，都体现了鲁滨逊的乐观幽默等。不同的是，鹿金的译本是将好处与坏处对应着写；叁壹的译本是先集中罗列坏处，再集中罗列好处。此外，两个译本的所使用的连接词也有很大差异。在不同译本的比读中，学生既感受和体验，又审视和鉴赏。开放的比读系统为学生带来了建构性视角，使其深度思考不同译本的语言风格，从而在阅读过程的监控中形成自己的阅读判断。

总之，"雅读"培育工程量身定制阅读方案，让"快乐读书吧"里的每一本书成为学生喜欢的"手边书"。

（姚惠平　浙江省湖州市吴兴区太湖小学；
盛新凤　浙江省湖州市吴兴区研训中心）

创造言语生活:"读写教室"主题课程设计

——以"校园寻美"主题课程开发为例

倪建斌

一、背景说明

"读写教室"致力于打造良好的读写环境,有效提升读写实效,促进学生语文素养的发展。然而,无论是教材编排还是能力训练,语文的读与写总是相对独立,缺少融合。如何进一步促进读写融合,为学生构建"读写教室"的言语生活呢?笔者为五六年级学生开发了读写融合的主题课程——"校园寻美"。

校园里的一草一木构成了学生最初的审美画面,校风校训无声地触动学生内心的价值之弦,展示橱窗、评比栏、标语镌刻着学习经验……

熟悉的地方也有风景。针对即将毕业的学生,结合语文教材中写景单元的学习,组织他们欣赏校园,深入了解学校的风貌和校史校训,既培养写景能力、激活思维,又丰富学习生活,加深他们对母校的热爱,实现整体发展语文素养的课程目的。

二、情境描述

1. 读文:指向写作,引向生活

(1) 学习第一次描写"鸟的天堂"的方法

教学统编教材五年级上册《鸟的天堂》第二课时,我引导学生体悟两次描写"鸟的天堂"的写法。我请学生朗读第一次描写"鸟的天堂"的片段,交流印象。我提示:"平时描写一棵树大多写一段,这里作者写了七段!前后联系,说说作者描写时运用了哪些方法?"

很快,学生发现:"作者按照从远到近的顺序描写。先写远看榕树的景象,再写渐渐逼近榕树时看到的景象。"我板书"顺序"。学生还发现作者先整体描写,再抓住根、枝干、树叶等部分描写。我再板书"部位"。还有学生补充:"作者写了它们的形状、大小和颜色。"大家总结发现:"作者第一次描写'鸟的天堂',按照从远到近的顺序,从形状、颜色、大小等角度具体描写了榕树的枝干、树叶等部分。"

(2) 学习第二次描写"鸟的天堂"的方法

学生默读第二次描写"鸟的天堂"的片段。在学生感到"热闹"的特点后，我故意删去了第一句话"起初周围是静寂的"，然后组织学生讨论："删去第一句话，整段都写热闹，意思更集中，上下文衔接也不受影响。我这样改，你们同意吗？"有的学生反对："本来是寂静的，后来鸟群热闹起来，写出了变化。""第一句话是静态的，和后面动态描写形成了对比，更让我们感到热闹。"

最后大家总结："第一次写'鸟的天堂'是静态描写，要读出宁静和美丽的特点；第二次写'鸟的天堂'用了动态描写，要读出热闹的特点。"

(3) 联系生活，学习描写真实场景

"如果要拍一张照片，取名为'鸟的天堂'，你希望画面是怎样的？"学生想象的画面中到处是鸟。我问："要介绍'鸟的天堂'，直接写后面鸟多的部分就行，为什么还要写没有鸟的大榕树？作者是多此一举吗？"

"只写后面的内容，作文就太短了！"不知是谁在嘀咕，大伙都笑了。

有的学生说："傍晚没有鸟，那棵榕树还是被称为'鸟的天堂'。先写没看到鸟，再写看到鸟的景象，更全面。"

"对！同一景点，时间不同，景象也不一样。去黄山观云海，不一定每次都能看到。去泰山看日出，遇到下雨肯定也看不到。校门口的梧桐树春、夏、秋、冬各不一样。把自己的所见所闻记录下来，才能写出最真实的'鸟的天堂'。"

2. 写文：学用结合，因需定教

(1) 选择写作景观

习作之前，我给学生布置了一个任务："选取学校最美的一处景观介绍给大家。"他们兴致勃勃，带着导学单观察，用简笔画描绘选中的画面。有的盯着灵秀院前一排水杉，双手比画出"取景框"；有的登上艺术楼眺望整个校园；有的在校门口驻足细看；有的来到僻静的小菜园……

回到教室，交流最美景观时，学生大多选了"青苹果广场""灵水池"两处标志性建筑，有位同学推荐了"校史墙"。同学们意识到：最美景观可以是美丽的，也可以是有意义的。校史墙是另一种美。

(2) 学习怎么把这一处景观写具体

我让学生回想《鸟的天堂》：写一处景，按照一定顺序描写，既有条理，又不漏掉各部分的细小景物。

于是，我让学生以窗为画框，观察教学楼前的景物，选定写作顺序。

"选景物、定顺序、抓特点，写自己选定的校园景观，难吗？"我笑着问。"不难！"学生心领神会，马上练习起来。

(3) 评价交流

我请一位同学读她写的"青苹果广场"片段，然后对照板书进行评分："有序，80

分;写清苹果树的特点,50分;运用比喻,20分;最后一句话,'景物+感受'的写法很棒,再加20分。"同学们惊呆了,她居然得了170分!

我出示一张"青苹果广场"的图片,问:"直接对着图片写,行不行?"

"不行,观察除了看,还要闻香味、听声音。"

"不行,图片和现在的青苹果广场不一样。"

"照片上是春天,苹果树旁的花坛里开满了各种颜色的蝴蝶花。今天看到的是一片红枫。"

学生纷纷交流。

我指着黑板上"校园即景"四个字问:"即景,就是当前的景色。'鸟的天堂'傍晚安静,早晨热闹。一天之中,同一处景观一样吗?"学生顿悟:"巴金写了'鸟的天堂'早晨和傍晚的景色。"

"写校园即景,要写它现在的样子,而现在的样子和我们记忆里的、照片上的不完全一样。这要求我们要更加细致地观察,写出景物当前的特点。"

3."创"文:生活实践,学科融合

写完《校园即景》《游览学校》,我又布置了一个任务:以六人小组为单位,设计一份《校园十景导览手册》。手册要图文结合,为外校师生提供导游服务。学生们议论纷纷又兴致盎然。

征得家长同意,每个小组带一个手机拍照取景。我请信息技术老师开放未来教室,给同学们培训拍照技术,组织小组外出拍摄。完成以后,推选信息技术能力强的同学整理照片,归档上传。

照片选定后,配文字是难点。我利用综合实践课给学生介绍苏州十中的瑞云峰,让他们学写景观介绍。通过指导,大家明白景观描写要优美、突出特点,还可加入历史简介。我又提供《太仓游览手册》《南园》等画册作参考,各小组分头确定手册图文设计、排版任务。

4."美"文:创意表达,任务驱动

一周后,同学们的"手册"成型,有的小组将手册设计成一本书,封面是实验小学的校门,还用美术字体填上了"坚韧、质朴、灵动、舒展"的校训。逐一翻阅,每一张景观照片旁都配上了简短的、字迹工整的文字。有的小组设计了地图式导览手册,把景点画在学校平面图上,把景点照片剪成心形、椭圆形,配上花边,整体感特别强,令人耳目一新。

各小组带着手册上台展示,分工有序:有的主讲,有的翻页,有的补充设计意图。小组逐一展示后,由各组代表分别投票。孩子们激动不已。

我要求大家发挥创意,在更多地方展示自己的成果。后来,学生把照片和文字作为素材提供给信息老师。信息老师制作了微信文章《实小,我想你了》在学校公众号上推送,受到多人转发。同学们还向德育处老师推荐图文素材。2021年学校印制台历《校园拾景》，采用了学生拍摄的许多照片。

三、分析讨论

开发"校园寻美"主题单元，利用五年级教材内容，整合学生生活资源，建构了一个以阅读、写作、创意设计为主要学习形式，包含两次习作训练，且间隔时间较短的综合性主题课程。

读文阶段，学习课文《鸟的天堂》的写作方法，接着联系学生自身写作经验，引导学生体悟这种写作方法的表达效用。在学习课文的积累过程中，促使学生领悟写作的手法。

写文阶段，借助校园环境对学生成长的独特意义，利用学生毕业的独特情感需求，设计《校园即景》和《游览学校》两次习作，"激发他们较高层次的社会性需要，唤醒学生真实的言语生命动机"。

两次习作指导，一是引导学生对照课文《鸟的天堂》《四季之美》的写法，学以致用；二是利用学生习作中的优秀片段和典型问题，开展讲评讨论。习作教学因需定教，学用结合，取得了良好实效。

"创"文阶段，注重回归生活情境，内化运用所学。组织"校园寻美"实践性活动，制作《校园十景导览手册》，采用"照片＋文字"或"录像＋解说"的形式，介绍学校景观。实践活动聚焦语文核心能力，学生在拍摄、编排、文字编辑等方面综合运用美术、劳技、信息技术等学科知识，发展了创造性思维。

"美"文阶段，采用任务驱动的方式让学生展示自己的学习成果，充分发挥了学生的主动性和创造性。采用展评"手册"、视频欣赏、全员介绍等形式让学生介绍"导览手册"，既展示了学生的语文、美术、信息技术等学科能力，又培养了他们的团队合作精神。小组代表的互评，调动了学生的积极性，激发了学生成果表达的创造性和主动性。

"校园寻美"主题课程内容和课时安排

学科类别	课程内容	课时	教学要点
阅读	五年级上册《鸟的天堂》	2	了解动态描写及静态描写的方法
习作	《校园即景》作文指导	2	抓住不同情境下的同一景物进行描写
习作	《游览学校》讲评（补学）	2	学习按游览的顺序描写一个地方
综合实践	校园寻美　摄录活动	3	选取校园景点，拍照或录像，配以解说
	制作《校园十景导览手册》		制作一份校园景点介绍手册并展评

四、总结提炼

"读写教室"理念指导下的主题课程设计，旨在创造一种学生乐于接受的言语生活，实现语文学科核心素养的整体发展。结合本案例，可提炼主题课程开发的相关策略：

1. 活动化设计，实现主题课程的读写演进

建构主义课程理论认为，"学习是学习者主动与客观世界对话的过程，是一个融合了认知性实践、社会性实践、伦理性实践三类实践活动的三位一体的过程"。可见，有效的学习在实践活动中发生。首先，主题课程设计应以学生的学为中心，以服务学生的学习、促进学生获得发展为宗旨。在确定课程目标以后，设计适合学生的学习活动，并把学科知识融入活动中。读与写本具有交际的功能，充分利用语文学科实践性特点，结合教材及资源设计读的活动（诵读、朗诵、解说、演讲、辩论、讲故事等）、写的活动（习作、日记、调查报告、游记、读后感、诗歌等）、综合性活动（手抄报、文集汇编、情景剧表演、相声、问卷调查、新闻通讯等）。其次，课程设计强调学以致用，借助言语实践将知识学习转化为学习活动，让学生在言语运用中内化学科知识，转化为学科能力。最后，要通过活动化设计，增加主题课程学习内容的趣味性，避免知识灌输的枯燥。

2. 回归生活，实现读写情境中的生命成长

学生厌恶语文学习，是因为他们缺乏对所学知识的内在需求，"要让学生将这些知识变成自己的东西，并领会它们在当下实际的生活情境中如何应用……对教育而言，唯有一个主题——丰富多彩的生活"。"读写教室"的主题课程设计要回归生活。把每个主题单元的教学活动和生活结合起来，引入真实情境，在生活中体验、运用知识，让学生深度学习、深度思考。

以"校园寻美"主题课程为例，为了培养学生的写景能力，设计了两个回归生活情境的学习任务——"校园寻美"和"实验小学导览图"。第一个任务引入了真实写作情境，这能调动学生写好习作的内在愿望。第二个任务引入交际情境，促进学生多项技能和知识的内化巩固，真正帮助学生理解和领悟生活中经历的大事小事。

3. 资源统整，实现空间与课程的同构共生

"读写教室"为学生提供了一个有别于传统教室的学习空间。除了设计阅读区、作品展示区、合作学习区等基本空间资源外，还充分挖掘其他课程资源。通过资源统整，设计主题课程，使学生在"读写教室"中有内容可学。

可将"教室"的空间范围扩展至"校园"，利用学校场地设施、景观环境、校内活动、专用教室（图书馆、实验室）、学习材料等，开发出贴近学生生活的"读写教室"主题课程。还可充分利用信息手段从线上、线下搜集信息，结合学情引入校外资源，因地制宜开发主题课程。

依照"阅读积累—写作体验—回归生活"的基本模式，从学生成长中选定主题，开发语文学科主题课程，是丰富学生言语生活、构建"读写教室"的有效途径之一。

（江苏省太仓市实验小学）

读写策略运用

阅读策略单元的课堂教学方式初探

王国均

很多老师反映,阅读策略进入统编教材以来,学生的阅读主动性和投入程度显著增加,阅读的获得感也明显增强,这是一个非常可喜的变化。然而阅读策略的教学方式似乎没有产生很大的变化。国外大量的实践表明,阅读策略教学需要采用"直接而简明"的"教学加指导"的教学模式,因而值得深入研究。我们在衢州、金华和宁波的一些学校做了一些初步的尝试,收到了明显而喜人的效果,也遇到了一些令人困惑的情况。本文试图在此基础上进一步思考和阐述阅读策略教学的最佳理念和路径,期待有朝一日它能成为一种普适的教学范式。

首先需要声明的是,阅读策略的教学完全可以采用传统的启发式教学,但是如果教师需要在尽量短的时间内让尽量多的学生熟练掌握阅读策略,那就可以考虑采用这种"直接而简明"的"教学加指导"的教学模式。

在美国,直接教学课程出现于20世纪60年代,其主要理论基础是布鲁姆的掌握学习。到了21世纪初,扶放有度的教学设计理念开始进入课堂,于是直接教学迅速发展成为"直接而简明"的教学模式,成为一种经过专家实践论证与学者理论解释的最佳教学模式。俄勒冈大学教授简·斯托卡德率领的团队经过半个世纪的研究,公开发表了328个有关直接教学的研究报告。这些报告共涉及413个教学设计案例与近4000个影响因素,结果表明,除了涉及情感成果的综合回归方法得出的结果外,直接教学设计的所有预期效果都是积极而令人满意的,且直接教学的有效性在后续的维持过程中只是略微下降。学生受到的直接教学越多,教学收获越大。

我们在阅读策略的教学与指导中越来越清晰地认识到,阅读策略具有可操作、可增强、可复制、可推广以及可传授等重要特征。如果我们还继续走以内容理解、情感体验为主的教学老路,就始终走不出两极分化越来越严重的怪圈,更不能把学生培养成独立而成熟的阅读者。要实现从"教课文"向"教阅读"转变,不仅在课本上要体现阅读策略的理念,而且在课堂上也要探索与之相适应的高效教学方式;不仅要走老路,也要走新路,实现平衡教学。

一、直接而简明的教学方式的内涵与特征

根据《直接而简明教学法》一书的定义,直接而简明教学法是教学实践的一个策略集合体,其目的是联结设计,把经过精心制作的教学内容传授给对应年龄的所有学生。我们认为,该定义没有很好地突出"直接而简明"这一特征。所谓"直接"就是不采用试误式或启发式教学,不采用先生后师、先学后教的方式,而是教师借助出声思考直接示范阅读策略的操作过程,并确认学生的观察、关注和理解,为接下来的学生模仿和尝试做好准备;所谓"简明"即用简单明白的辅助材料和简洁明了的教学语言让学生轻易明白并掌握阅读技能(也包括方法和策略)的操作过程,为后续技能迁移并理解课文(即目标文本)做好准备。"直接而简明"的教学就是用扶放有度的教学原理实现从"教师能"向最大多数和最大程度的"学生能"转变的赋能式教学模式。下面是"直接而简明"的教学与常用的试误式或启发式教学之间的区别:

	直接而简明的教学	试误式或启发式教学
教学目标	培养独立而成熟的阅读者	理解课文内容,掌握语文要素
教学内容	阅读策略	课文内容和语文要素大拼盘
教学方式	先师后生,先教后学	先生后师,先学后教
教学时效	费时,近低效,远高效	省时,近高效,远低效

从表格可知,在教学目标方面,直接而简明的教学的目标是培养独立而成熟的阅读者,让学生成为能熟练而灵活运用方法和策略的阅读者;试误式或启发式教学则以理解课文内容以及掌握语文要素为主要目标。

教学内容方面,前者主要以系列、连续以及螺旋式上升的子策略为主,每一项技能、每一类方法或每一个策略都既自成系列,又相互促进,形成一个系列的技能、方法或策略的发展连续体;后者则是课文内容和语文要素的杂糅与拼接,主题之间、要素之间的序列不明显,很难形成合力,也很难举一反三,因此阅读能力提升的路径不够清晰。

教学方式方面,前者倾向于在学生学习一项全新的技能、一个全新的方法或策略时先师后生,先教后学,即"我做,你们看""我们一起做""你们做,我看""你做,我看"这一扶放有度、循序渐进的传递方式,同时不断检查学生的理解、接受和掌握程度;如果学生已有同类子策略的学习经历,就从"我们一起做"这个环节点开始教

起;只有在学生掌握该技能、方法或策略且需要巩固和维持时,才会采用先生后师、先学后教的方式。而试误式和启发式教学则采用比较单一的先生后师、先学后教的方式。

教学成效方面,前者比较费时,环节较多,但可以确保绝大多数学生都能较好掌握,从一节课或一篇课文的教学效益来看,明显低效,但是如果从一个单元或一个学期的中长期以及从班级整体来看,阅读策略将以滚雪球的方式得到发展,因而从长远来看,后发优势比较明显;后者过程简便,费时不多,但掌握率不高,巩固率也没有得到重视,长此以往,学生阅读能力的两极分化现象会越来越明显。

二、直接而简明的教学方式的实施过程

直接而简明的教学方式包括了一系列环节,形成了一个完整、连贯、可控、可不断前推亦可退后重来的便利化教学流程。

直接而简明的教学方式的环节与过程表

阶段	教学环节	教学行为	读写工具	支持水平
学前 (介绍、预告)	介绍、解释并预告 (约2分钟)	1. 告知 2. 解释 3. 提醒并预告	1. 教学海报 2. 预习单	1. 高支持 2. 高控制
学中 (传递、巩固)	"我做,你们看" (3~5分钟)	1. 示范 2. 出声思考 3. 提醒并预告 4. 指定检查性复述	1. 范文1 2. 教学海报、书签 3. 微课视频	1. 高支持 2. 高控制
	"我们一起做" (5~8分钟)	1. 小组指导 2. 小组交流反馈 3. 再次确认巩固 4. 提醒并预告	1. 范文2 2. 教学海报、书签 3. 学习单 4. 量表/检查表	1. 中支持 2. 中控制
学后 (迁移、会用)	"你们做,我看"	1. 再次回顾 2. 再次应用	1. 课文 2. 教学海报、书签 3. 量表/检查表 4. 反思单	1. 低支持 2. 低控制
	"你做,我看"	个别补救(课后)	1. 课文 2. 教学海报、书签 3. 量表/检查表	特殊辅导

第一阶段:学前起始课。该阶段只有一个教学环节即直接告知与解释,教师开课即告知学生将会用一种新的阅读策略来理解课文,并结合该阅读策略系统(内含

某阅读策略及其子策略的名称、理解意义方面的功用等)的知识性教学海报,向学生介绍该阅读策略包含哪些子策略,明确本篇课文将会学习的阅读子策略;接着结合海报解释该子策略在理解课文意义方面有什么功用,并结合预习单所反映出来的类似阅读经验的有无和强弱,预告教师将会进行示范,提醒学生要认真听老师如何"说"(即"出声思考"),更要注意观察老师如何"做";最后预告老师示范结束后会请学生简要复述老师的说的和做的。

第二阶段:学中用微课。该微课阶段一共由两个环节构成,即"我做,你们看"和"我们一起做"。

所谓"我做,你们看",即教师以一个课外的简明有趣的范文为例(美国的老师经常采用绘本来做微课范文),结合阅读策略的程序性知识海报,用出声思考法向学生示范策略的使用步骤与过程;对运用过程中的重点或易错之处,老师可以用慢动作或者重复的办法进行强调和提醒。教师示范完毕,让中等阅读能力或者能力较弱的学生分步骤简要复述刚才的示范过程,以确认大部分学生理解正确。如果连续有两位学生无法正确复述,教师还可以根据掌握情况再次进行针对性的局部或全过程的示范,并再次预告和提醒下面的环节,确保学生高度关注并做好下一环节的学习准备。当然,这个环节也可用教师或学生的示范性操作微视频替代现场示范教学,但教学效果比不上后者。如果教师有这个示范能力,就没有必要做这样的选择。

所谓"我们一起做",即教师再提供另一篇学生已经熟悉的范文,一般可以从前面学过的课文中找出相关的句段,让学生结合程序性知识海报或课前下发的人手一份的小书签,先自己独立运用教师示范过的阅读子策略,然后根据学习单里提供的"话柄"提示语填写阅读成果,再在小组内利用互惠式学习原理分享阅读经验,并整理出新的成功经验、补充性的操作步骤或者容易出错之处,最后在班内进行无重复的补充交流和完善。教师可以利用阅读策略掌握量表或检查表,检查或核对全班学生的策略学习成效。

由以上两个阶段所构成的微课结束后,教师可以预告接下来课文学习的某个环节还会用到刚才学到的这个阅读策略。

这里还需要补充说明的是,微课的整个过程比较费时,因此它最适合在某个阅读策略的第一个子策略的起始课时使用,此后的子策略教学就可以根据策略的难度以及学生的能力水平直接从第二个甚至第三个环节导入。如果教学不顺利,教师还可以退回到第一个环节重新开始。

第三阶段:学后迁移课。此前的微课为师生在后面正常教学流程中的迁移做好了充分准备,当课堂进行到要运用阅读策略的环节时,教师可以回顾微课阶段已经储备好的阅读子策略,并让学生分小组继续借助策略海报、书签以及学习单,用该子策略来解读课文并获得意义。教师可以再次借助量表或检查表确认学生掌握该子策略的精准度和熟练度,必要时还可以利用元认知策略,让学生填写策略应用反思单,再次强化阅读能力中下的学生对策略的运用效果。

至此,班级内绝大多数学生应该较好地掌握了该阅读子策略,对那些还无法掌握的学生,教师可以采取课后当面指导的方式进行补救教学,确保每一位学生都能精准而熟练地运用每个阅读子策略。

三、阅读策略单元的教学框架

我们已有的研究和实践表明,每一个阅读策略都由一系列的子策略构成。我们把每一个完整阅读策略的学与教看成一个阅读子策略按年级序列螺旋上升地掌握并灵活运用的发展轨道。美国哈佛大学珍妮·查尔教授提出的儿童阅读发展阶段理论认为,三年级(9岁)之前的儿童处于"学会阅读"阶段,四年级之后属于"以读促学"。不过,我们认为学生在整个中小学阶段都处于"学会阅读"并"以读促学"的阶段,换言之,一方面教师提供的阅读教学与指导使学生的阅读能力越来越精细与强大,另一方面学生也在用日益精细与强大的阅读能力解决语文乃至不同学科领域内越来越复杂的高难度的阅读理解问题。"学会阅读"与"以读促学"确实存在先后关系,但学生一旦学会初始阅读子策略,就会立刻把这个子策略投入阅读应用并得到巩固和强化,二者相互促进,最终形成复合型的阅读能力发展连续体。

基于这一原理,我们可以很容易理解统编教材四大阅读策略的单元教学编排模式,并且在此基础上探索更加贴近学生、更加完善的策略教学单元设计。以四年级上册提问策略为例,我们在教学该阅读策略单元的第一篇课文《一个豆荚里的五粒豆》时,发现部分学生连提问的基本概念都没有建立起来,有的学生提问时没有使用规范的问号,有的学生不会使用疑问词,而是用了陈述句式。这时要让这些学生提出针对"部分内容"或"全文"的问题,就会远远超过他们的"最近发展区"。要让学生提升这方面的能力,我们就需要把提问策略再细化,从最基本的一系列提问子策略做起,开发出两个单元的微课,具体如下:

单元一	微课1	会用疑问词和问号提出完整而规范的问题(基础)	二年级上册
	微课2	提出词语方面的问题(部分)	
	微课3	提出人物、细节方面的问题(部分)	二年级下册
	微课4	提出句子方面的问题(部分)	
单元二	微课5	提出修辞、写法方面的问题(部分)	三年级上册
	微课6	提出段落方面的问题(部分)	
	微课7	提出主题方面的问题(全文)	三年级下册
	微课8	提出整体结构方面的问题(全文)	

只有经过以上链条式的提问策略训练,学生才算是准备好了"区分针对课文部分内容与全文的问题"这一阅读子策略的学习。此外,即使课本编入了两个单元的提问策略,事实上学生也只具备了部分提问的能力。我们还可以在此基础上开发后续提问策略训练单元,例如,可以根据布鲁姆的知识分类学进行提问,可以根据提问的关联和复杂度进行单点式、两点的线式、三点的面式甚至四点的立体式提问训练等。这时,提问不再仅仅停留在阅读策略上,而是成了探究性、研究性以及跨学科阅读与写作的基础。至此,由系列提问子策略构成的若干连续的单元提问策略贯穿了整个小学阶段。

基于以上单个阅读策略的单元设计思路,我们初步探索出了小学阶段阅读策略系统的整体路径,具体如下:

学期	推测		积累	提问	提速	图示	推敲	批注	联结	复述	概括	元认知	多目的
	预测	推论											
一上	√		√										
一下	√○		○										
二上	√○		√○	√	√	√	√						
二下	√○	○	○	√○	√	√○	√	√	√	√			
三上	√○		○	○	√	○	√	√	√○	√	√		
三下	√○	√	○	√	√	√	√	√	√○	○	√		
四上	√○	√○	○	○	○	○	○	○	○	○	√○		
四下	√○	√	○	○	○	○	○	○	○	○	○		
五上	○	√○	○	○	○	○	○	○	○	○	○	√○	
五下	○	○	○	√	√	√	○	√	○	○	○	○	√○
六上	○	○	○	○	○	○	√	√	○	○	○	○	○
六下	○	○	○	○	○	○	○	○	○	○	○	○	○

说明:以上是我们在浙江师范大学附属衢州白云学校以及浙江师范大学附属小学实践的基础上摸索出来的阅读子策略年级分配表,表格内打"√"的是新阅读子策略的学习,打"○"的是已经学过或掌握的那些子策略的反复应用和维持。

需要特别补充说明的是:

1. 我们对阅读策略的起始年级作了提前,其依据主要来自珍妮·查尔教授的阅读发展阶段理论,同时参考了美国麦克米兰公司出版的一年级英语课本的配套资料《读写伴侣》,该教材的第二单元就设计了图示、批注、推论以及联结等阅读策略的学习内容,此外,还有培尔逊·司各特·福尔斯曼出版公司K-6年级的"独立阅读者"系列,该系列图书从幼儿园开始就有图示、联结、提问等阅读策略的教学与指导。

2. 我们根据初步尝试的经验,将每一个阅读策略按由易到难的原则与年级序列进行匹配,体现纵向发展每一阅读策略的深度、横向扩展多阅读策略的运用广度,由此实现培养独立阅读者的终极目标。

3. 阅读策略的繁简程度不同,有的阅读策略比较复杂,需要长时间的学习,有的则可以很快掌握,但无论哪种情况,阅读策略都需要后续反复运用,变成类似"肌肉记忆"的阅读心理和行为。

4. 当每个已经掌握的子策略进入反复应用和维持阶段时,就必须考虑所有这些子策略在每个学期不同单元最合适的课文中的平衡分布与实施,这就涉及这些阅读子策略在该学期所有单元中的整体规划,由此小学语文将会进入多阅读策略课堂的时代。

四、走向多阅读策略的课堂

关于"多阅读策略教学"的研究,美国在 21 世纪初也开始有比较明确而可靠的结论。玛格丽特·麦基翁等在"国际阅读学会"主办的《阅读研究季刊》上发表的《阅读理解教学再思考——策略与内容方式的教学比较》一文指出,"最近的阅读策略研究成果提倡多(阅读)策略的教学以及对这些(阅读)策略的灵活协调的应用"。雷·鲁泽尔与小罗伯特·库特合著的《教儿童阅读——教师有重大影响》一书中也指出,"虽然在教阅读策略时,每次教一个是一种有效的实践,但是当学生阅读多个文本时,他们也需要学会如何同时运用若干个阅读策略"。他们还进一步指出,"多阅读理解策略的教学需要为一个有讨论价值的文本营造一个互动而协同的交际背景。教师需要向学生简洁明了地展示如何选择并应用多策略系统里的每一个和每一类阅读理解策略,以推动学生独立阅读能力的进步和完善"。其实,在我们看来,多阅读策略的课堂离我们并不遥远,我们平时的语文课堂实际上就是在无意识地应用这个阅读策略,只是教师没有明确意识到,更没有让学生也能明白地掌握而已。还是以提问为例,很多老师经常会问学生"看到这个课文标题,你会产生什么疑问",这实际上就是在运用预测和提问策略,只是我们没有让学生知道提问应该有主动性,不需要等到老师上课时才对题目进行预测和提问,而是在上课前的第一次见到这个题目时就应该主动运用这两个策略。前者只是一种能力教学,而后者就是一种素养培育!

由于我国目前小学语文阅读策略的应用尚处于单个策略的单元化编制与孤立而零散的教学实施阶段,采用简洁而直接的阅读策略教学方式,规划和制定系统阅读策略的路标与地图,最终走向多阅读策略的课堂,将是今后的一个重要研究课题。

(浙江师范大学教师教育学院)

构建阅读策略体系,助推整本书阅读

张晨晖

随着整本书阅读的全面推行,整本书阅读策略成为语文学科的研究内容。实践证明,学生对阅读策略的掌握程度直接影响其阅读的成效,但阅读策略不是与生俱来的。因此,教师应重视整本书阅读中策略的指导,为学生构建一个螺旋上升的阅读策略体系,引导学生认识并使用策略,最终使学生成为策略的拥有者,有技巧、有能力地完成整本书阅读。

一、整本书阅读中策略运用的意义

狭义的阅读策略,属于阅读心理学范畴,特指学习策略、阅读理解策略以及学习或阅读过程中的自我监控与调节。笔者理解的阅读策略是针对小学生整本书阅读而言,是一个泛化的概念,也可称之为技能,指的是学生在整本书阅读中为读出文本意义、获得独特感悟、解决阅读困惑而运用的阅读技巧、方法、路径等。阅读是用眼睛"看"连贯的文字,并从文字中获取意义和加工信息的过程。在这一过程中,读者不仅需要从读物的最小文字单位开始,通过解码获得文字的意义,而且需要根据自己脑海中已有的知识图式,对所读材料进行推测和假设,并凭借文字内容的层层推进,对原有的预测或假设加以确认。因此,阅读是一种特殊的交流活动,是读者和作者的思想进行交流、碰撞的过程。这一过程,必须运用一定的方法和技巧,推进读者对所读内容的内化、存储、提取和使用,如此方能提高阅读效率,有效达成阅读目标。在整本书阅读中,只有引导学生经历了认识策略、掌握策略、运用策略的路径,才能让学生明确地知道自己的思维特征,感知思维的过程,并有意识地动用感官来进行阅读。这种"元认知"的思维训练过程,可以促使学生在阅读中渐渐成为熟练的阅读者,进而发展为"自主阅读者"。阅读策略,是促进学生持续阅读的"助力器"。

二、儿童整本书阅读策略体系的具体内容

我们针对"整本"的特点,着眼学生阅读的全过程,积极进行阅读策略的开发,现已形成儿童整本书阅读策略体系,分别是:针对所有整本书的基本阅读策略、针对不同文体的"篇本类"联读策略、针对不同个体的个性化阅读策略。

1. 基本阅读策略

基本阅读策略，又称"一般阅读策略"，是伴随着学生"读起来、读下去、读进去"的常用助读系统，是学生开展整本书阅读时的重要"支架"。在整本书阅读中，它们将推动学生的思维向纵深行进，使积极的思维活动贯穿阅读的整个过程，从而提高学生的阅读质量，提升学生的阅读能力。基于大量的整本书阅读课堂实证调研，通过分析、比较、提炼，我们归纳出指向培养自主阅读者的"十大基本阅读策略"，分别是：其一，预测，即调动学生的已有经验，基于书的封面、目录等处的相关信息，对整本书的情节发展、人物命运、故事结局等多方面进行假设，并在阅读过程中验证假设，不断推进阅读。其二，提问，即在阅读中提出问题、筛选问题、归纳问题，聚焦主要问题进行探究。其三，批注，即通过点、画、圈、写，将自己的所得、所惑、所感直接圈评在书中，包括符号批注、文字批注、提纲式批注等形式。其四，比较，即把有一定关联的人物、事物或事件组合在一起进行阅读，通过分析判断，读出新感悟、获得新体验、产生新认识，使阅读向纵深推进。其五，联结，即挖掘文本所蕴含的各种信息因素，关联学生已有的生活、经历和思想，形成新的认知结构与情感体验，以更好地理解文本意义。其六，视觉化，即将文本意义转化为图像，使作品内容图像化、情境化，推进理解与感悟。其七，思维导图，即对书中的写作背景、情节发展、人物关系等进行"提纲挈领式"的把握，用关键词的形式排布在一张图上，帮助梳理内容与结构。其八，确定重点，即通过细节筛选，找到文本中的主要观点和重要信息进行研读，以提升阅读品质。其九，提高阅读速度，即从阅读需要出发，集中注意力，用较快的速度默读、浏览、跳读，并能捕捉关键信息、准确理解阅读内容。其十，有目的地阅读，即根据阅读目的，选择相应内容，运用适当方法，以达成设定的目标任务，实现深度阅读。

2. "篇本类"联读策略

"篇本类"联读策略，是着眼统编教材"快乐读书吧"推荐书目，针对不同文体的整本书提炼出的一种融合式的整本书阅读策略。具体来说，是在单元整体框架下，以单元语文要素为抓手，以"快乐读书吧"推荐的各类型的书目为素材，引导学生把从教材单元的"单篇"中学到的策略与方法迁移运用到"整本书"的阅读实践中，再从"整本书"延展至"同一类书"的读书方法。基于这一思考，我们立足"快乐读书吧"，将教材中的单篇课文教学与整本书、同一类书的阅读联系并融合起来，通过"篇本类"联读，引导学生展开整本书的自主阅读，并开发了针对童话、寓言、神话、知识读物等不同文体的十条"篇本类"联读路径（见下表）。通过引导学生反复尝试这样的阅读路径，最终让学生成为自主阅读者，实现终身阅读。我们相信，"篇本类"联读这一整体化的思维范式，将为我们寻找到整本书阅读的正确打开方式，更有效地推进整本书阅读。

指向十种文体的"篇本类"联读路径表

文体	"篇"中学习阅读方法	"本"中运用阅读方法	"类"中内化获得策略
童谣、儿歌	读读、唱唱	进入情境读一读 自选旋律唱一唱	开启整本书阅读
儿童故事	读读、讲讲、演演	连环画式讲故事 自选角色演故事	学会看目录
童话	感受丰富想象	依据封面、题目、插图、角色、情节等预测	想象预测 创编童话
寓言	读故事、明道理	相似情节、相关角色、相同寓意等联结	联结生活 体悟道理
神话	了解故事,感受神奇之处	了解故事起因、经过、结果 感悟神奇的人、物、事	发挥想象 感受神奇
知识读物	提出问题,尝试解决	读前提问,获取信息 读中释疑,分析想象	提问释疑 发展思维
民间故事	创造性地复述	寻找重复、解密结构 把握特色、读懂愿望	提高阅读速度 创造性复述
古典名著	走进人物品读故事 初步阅读古典名著	读回目,发现章回特点 连故事,厘清经典情节 品人物,体会典型形象	比对回目 品味经典 编写、表演课本剧
成长小说	关注情节、环境 感受人物形象	梳理故事情节 厘清人物关系 勾勒环境变化	有目的地阅读 联结生活与经历
历险奇遇	借助梗概 关注人物和情节	梳理活动轨迹,把握内容 品析人物表现,感受成长 链接写作背景,理解主题	写读书笔记 画人物图谱 写全书结构

3. 个性化阅读策略

面对整本书阅读的复杂情境与艰巨任务,教师作为学生整本书阅读的支持者、陪伴者、引导者,要为学生搭建多种平台,带领学生进行多种阅读策略的尝试,鼓励学生在自主阅读、自省自悟的过程中学会个性化阅读方法。但个性化的阅读方法不是无中生有,是得益于对基本阅读策略的深入理解和把握,是得益于"篇本类"联读的反复尝试与思考,是建立在对整本书阅读应有样态的理解基础上的。我们开发了十大个性化阅读方法,分别是:直观阅读、有声阅读、具象阅读、提取阅读、跨界阅读、沉浸阅读、共享阅读、重组阅读、互动阅读和挑战阅读(见下图)。

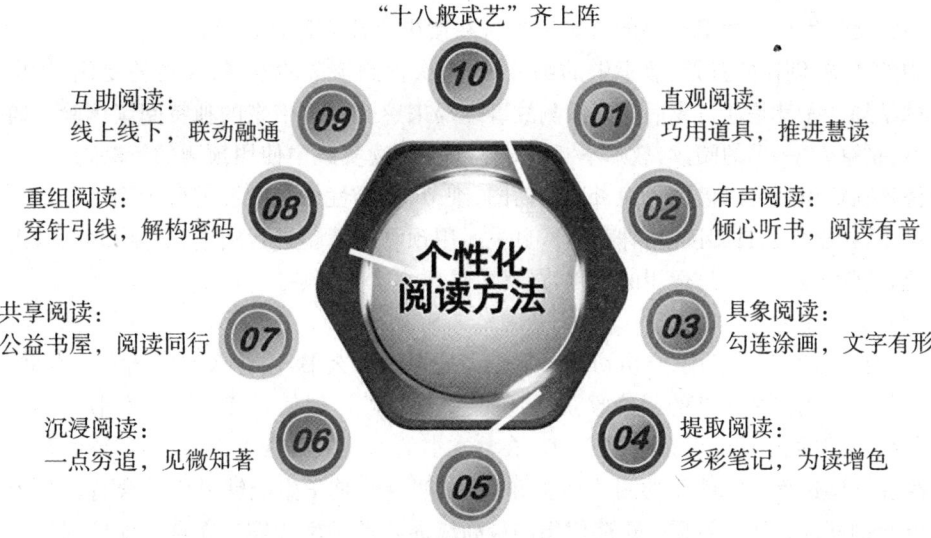

三、培养学生成为策略拥有者的基本路径

策略是一种方法,更是一种能力。但策略的掌握并非一蹴而就,而是需要经历一个缓慢的螺旋上升的习得过程。在这个过程中,教师需要长时间地对学生进行过渡性引导。我们认为这个引导过程,需要经历"自知""自习"阶段,最终达成"自能"的目标。

1. 引导学生"自知"

自知,即自我知晓。想让学生成为策略的拥有者,首先要让学生知晓阅读策略。教师要让学生知晓阅读策略"是什么""有哪些",并通过阅读实践活动,让学生充分感受阅读策略在阅读中的助读功能。统编教材四年级下册"快乐读书吧"推荐阅读李四光的《看看我们的地球》一书。书中有很多知识超越了四年级学生的认知水平。为使学生顺利并有效地阅读此书,在学生开启阅读之前,教师就需要引入"确定重点"这一阅读策略,引导学生从复杂、深奥的描述中提取出关键信息,降低阅读的难度。

2. 指导学生"自习"

自习,即自主习得。阅读策略是被大量的实践证明了的能够提升学生整本书阅读成效的有力支架,但这个支架如果没有教师的指导,就很难融入学生的阅读进程并发挥其作用。教师是助力学生习得阅读策略的指导者。"童话类"整本书阅读可运用"预测"的策略来感受童话故事神奇的想象。那么,如何引导学生习得预测这一策略呢?以《稻草人》为例,在阅读起始阶段,教师抓住封面和目录,引导学生兴味盎然地进行预测：稻草人会和哪些人发生故事？是什么故事？故事的结局如何？使学生初步感受预测的奇妙之处。在读中交流阶段，教师可引导学生根据书中的插图、创作的背景、故事中的细节等，再次预测情节的发展、人物的变化、故事的结局。尤其是通过先后两次预测故事结局来感受预测带来的独特阅读体验。通过《稻草人》一书的阅读，教师不断引导学生在阅读实践中使用预测的策略，让学生清晰地认识到可以借助封面、目录、插图、细节、人物性格等内容进行预测。在此基础上，让学生独自阅读《格林童话》，自主运用预测的策略进行阅读、交流和分享，由此，让学生经历学习、运用的过程，最终习得预测这一策略。

3. 鼓励学生"自能"

自能，即自主运用、自由切换。一个人选择读什么书，用什么方式读完一本书，用什么方式记录自己的阅读收获，会受其个性影响。即使是阅读同一本书的不同部分，需要采用的阅读策略也不同。在整本书的阅读实践探索中，我们期待的是学生在阅读过程中个性化的阅读体验和思考，期待的是学生能够形成适合自己的个性化的阅读方法和习惯。策略使用的最高境界就是学生能够独立自主地依据文本特点、文体特点和阅读需要自由切换阅读策略。为能达到这样的境界，教师需要不断给学生提供反复练习的机会，创设自主阅读的空间，创建自由分享的平台，动用各种激励性的评价手段，鼓励学生不断探索、合理规划，在自省自悟中形成具有个人特色的阅读策略。构建整本书阅读策略体系，给学生提供阅读的支架，在阅读实践中教学阅读策略，助力学生成为策略的拥有者，让学生在阅读中自由选择、自主运用、自如切换，从而保障学生在阅读中发现文字的意义，感受整本书的魅力，受到思想的启迪，获得精神的成长，最终成为自主阅读者。

(江苏省镇江市教育科学研究中心)

整本书阅读的目标定位与实践策略

张学青

读整本书早已不是新鲜话题。叶圣陶先生的整本书阅读教学观是20世纪老一辈语文教育家的代表性研究成果。"少做题,多读书,好读书,读好书,读整本的书","课标"提出的要求并不高,然而真正落实到日常教学中却比较难。即便整本书阅读以"快乐读书吧"的形式进入了教材,广大一线教师仍然有许多困惑:整本书阅读与单篇阅读区别在哪里?整本书阅读指导课怎么上?整本书阅读如何处理好"见树木"和"见森林"的关系?怎样评价整本书阅读的成效才能既不扼杀学生的阅读兴趣,又能整体推动学生的阅读活动?

从2004年开始,笔者进行整本书阅读实践探索,2009年发表了《点亮阅读之灯——师生共读儿童文学作品的实践与思考》(《人民教育》第9期)。十多年过去了,一线教师对整本书阅读已不再陌生,相关实践探索也有了明显进步,但仍有一些问题需要认真反思、深入研讨。

一、整本书阅读的目标定位

1. 单篇阅读、整本书阅读与碎片化阅读

统编教材增设了"快乐读书吧",让整本书阅读研讨成为刚需和热点。应该说,作为基础学段的小学,单篇阅读依然是语文课的"主菜单",单篇的优势在于篇幅短小,便于精读。读准字音,理解词语,切割句段,理解与运用,分析篇章布局等,在单篇阅读中都可以进行"工笔细描式"的处理。碎片化阅读是信息时代无可避免的阅读方式,它的优点在于迅捷,用较短的时间获取较多的信息。碎片化阅读不仅仅局限于"用眼睛看",不少App在做"用耳朵听"的服务,利用上学、上班路上的碎片化时间进行。但只"用耳朵听",很难深入地把握、体会与研究,容易"水过地不湿"。

整本书阅读的优势在哪里呢?第一,提升学生的阅读速度。单篇文章篇幅比较短小,而且经常被切割成一小段一小段地读。长此以往,学生的阅读速度提不起来,考试面对较大阅读量时就会做不完题。整本书阅读可以帮助学生把阅读速度提上去。第二,提升阅读的思维品质。虽说单篇阅读和整本书阅读在培养阅读力上有相通之处,但整本书意义建构所注重的前后整合的"系统化思维"、在开放而多角度的话题中锻炼的"批判性思维"、在丰富复杂的情境任务中培养的"创造性思维",在单篇阅读中都相对缺失。

因此,单篇阅读、碎片化阅读、整本书阅读各有侧重,互为补充。

2. 整本书阅读的价值:凸显"整"的文化场域与独特功能

整本书是一个相对完整的文化场域。教材"快乐读书吧"中提到的整本书以经典名著为主,兼具文学价值、思想价值、教育价值,阅读时需要融入学生的经历和经验,关注学生的生命体悟。从这个意义上讲,整本书阅读所对应的不应只是语文听说读写训练这一块小天地。

整本书阅读指导千头万绪,教师到底该抓什么?笔者有一条基本原则:阅读指导的时间是有限的,单篇阅读中重点训练的内容,如字的音形义、词句的理解和运用、修辞知识、构段谋篇、朗读训练等,在整本书阅读中都"隐退到后台",重点应放在阅读的兴趣、习惯、速度、策略以及思维品质提升、作品意义建构上。这不是说单篇阅读中训练的内容不重要,或者说在整本书阅读中不能做,而是要把整本书阅读的独特价值凸显出来。

3. 年段目标呈现阶梯式螺旋上升

整本书阅读的目标,每个年段可以各有侧重,年段间呈阶梯式螺旋上升。

低年段的侧重点在兴趣和习惯,没有具体的数量、质量要求。培养阅读习惯必须从兴趣入手。激发兴趣,首先要在读物的选择上下功夫。写《爱丽丝漫游奇境》的卡罗尔就很懂孩子:"一本书里没有图画和对话,还有什么意思?"这句话点明了低段学生喜欢的读物——有图画,有对话。因此,激发学生的阅读兴趣,可以从读图画书以及文字长短适中的桥梁书开始。桥梁书中的汉字为一二年级常用字,每一跨页都有小图或大图,也有故事情节,尤其是有人物对话的更能吸引学生。这个阶段往往需要大人给孩子读书,即便孩子能通过拼音认识汉字,依然需要成人引导朗读。故事激发兴趣,兴趣培养习惯,低年段整本书阅读按照这两句话去做就会很有效果。

中年段的侧重点在习得策略,海量阅读。三年级是语文能力发展的低潮期,也是阅读能力发展的"分水岭"。之前,学生是在学习阅读;之后,学生是通过阅读学习。习得阅读策略,引导学生建构自己的阅读经验,是整本书阅读的目标之一。阅读策略包括预测、提问、统整、图示、提升阅读速度、自我监控与调整等。尤其是提升阅读速度,在中年级起始阶段极其重要。指字阅读、心诵、逐字注视、频繁回视等,都会影响阅读速度。提升阅读速度,让海量阅读成为可能;海量阅读,让提升阅读速度有了保证。海量阅读中,在不同情境里与生字一次次见面,是巩固生字、预防回生最有效的方式。这个阶段不重视阅读量的积累,就会出现"富者愈富,贫者愈贫"的分化。

高年段的侧重点在发展高阶思维,提升阅读品质。有了中年段"量"的积累,

"质"的提升就成为可能,"量变引起质变"。到了高年段,"量"还是要有的,但比"量"更紧要的是"质"。读一本,懂一本,哪怕一学期只读一本。读懂、读活,发展高阶思维,对学生更有益。高阶思维源于布鲁纳的认知理论,记忆、理解属于低阶思维,而应用、分析、评价和创造就属于高阶思维。高年级学生已能建立假设、检验假设,进行逻辑推理,高阶思维的萌芽此时破土最为适宜。

二、从主题到话题:读好"这一本"与旁通"这一类"

统编教材的"快乐读书吧",从三年级起就依据体裁或题材对每学期阅读的书目提出要求。目的就是读好"这一本",旁通"这一类"。确定整本书阅读的目标,要努力使"这一本"和"这一类"有"点"上的突破。下面以三至六年级阅读书目为例,略作阐释。

1. 相信童话:让天真的力量伴随一生

三年级上学期安排的是童话。童话的价值在于童话的想象力。优秀的童话,不是一个简单的道理能涵盖的,因此不能把童话当寓言来读。童话充满了温暖和希望,能给人生打下亮丽的底色。

在现实的土壤里,一颗大麦粒种在花盆里只能长出麦苗,结出麦粒。而在安徒生的笔下,女人把从巫婆那里要来的大麦粒种在花盆里,却结出了美丽的大红花苞。女人一吻,噼啪一声,花儿开放了,雌蕊上面坐着位拇指姑娘。一块小手绢,一把酒壶,这是再平常不过的两样事物。而在安房直子的笔下,女人一唱歌,壶门垂下了绳梯,从壶里出来小小的人,在手绢上种菊花田,在壶里酿菊花酒。童话的想象力,让最平凡的事物拥有了光辉。所谓"异想天开",在童话里是极为常见的。

发挥童话的独特价值要紧扣两个要素:一是充分打开想象力。一线教师大多知道想象力很重要,但往往不能给予学生想象的空间,仅仅把"边读边展开想象"作为阅读策略贴在黑板上,益处不大。比较理想的做法是把故事阅读和想象的培植融为一体。比如阅读《拇指姑娘》,不妨这样开头:从前,有一个女人想要一个丁点儿小的小孩,可是她不知道从哪里可以得到。想象一下,丁点儿小的小孩怎么个小法,可以怎样得到。一番想象后,再来感受安徒生的想象是如何平中见奇,又是如何逻辑自洽的。二是发展学生的共情力。面对现实的坚硬,让人心柔软的最重要的路径就是发展共情力。童话阅读中不妨这样共情:"假如你就是小美人鱼,此时你有怎样的心情?你会怎么想,又会怎么做?"学生成为故事中的角色,与故事中的人物同悲欢,共喜乐,才能对童话的美好有切己的理解和感受。共情,让童话真正打动人、感染人、改变人。

2. 共同的神话有各自的大神:中国精神与西方文明的交相辉映

如果说童话是让人心柔软的,那神话就是让人惊异、让人崇拜的。神话中的人物往往有着神力,而情节也往往打破常理。神话中,盘古的身体能随着天地的变化而变化；普罗米修斯的肝脏被秃鹫啄食后能奇迹般地复原；后羿能射日；西王母的仙药能让人升天……神奇的人物、神奇的力量、神奇的情节，讨论这样的话题，孩子最感兴趣。

把中国神话与希腊神话放在一起对照阅读，不失为一条理解东西方文明差异的途径。关于世界的起源、人类的诞生、英雄崇拜等，中国神话与希腊神话有不少共通之处，就连惩罚的情节也有相似之处：中国神话里有吴刚月宫伐桂，希腊神话里有西西弗斯将大石推上陡峭的山顶……中国神话与希腊神话确实又有不同。在神与人的关系上，中国神话与希腊神话差别很大：都是神人恋爱，中国发生在人间男子与天界女神之间，而希腊却是发生在天界之王与人间美女之间。哪吒和法厄同都是"闯祸的孩子"，他们得到的惩罚与最终的命运也有所不同……神话塑造出不同的神的形象，影响着后世价值观的形成。

3. 小学生读经典名著：弱水三千，我取一瓢饮

统编教材"快乐读书吧"两次提到经典名著，分别是五年级下学期的中国四大古典名著、六年级下学期的"读读世界名著"。卡尔维诺在《什么是经典》一文中提到："一部经典作品是一本从不会耗尽它要向读者说的一切东西的书。""弱水三千，我取一瓢饮"，小学生读经典名著更是如此，面面俱到，如何可能？一方面，要找到经典名著与学生现有经验、水平、生活的对接点，使他们有能力读，有兴趣读；另一方面，则要利用好经典的丰富、多元以及广阔的阐释空间，发展学生的高阶思维能力，提升阅读的品质。下面以五年级下册的《西游记》为例，简要谈谈如何带学生读名著。

读《西游记》原著，首先要教阅读策略：跳读法。书中大量的韵文、生僻字、难懂的词语，可以跳读，只要不影响理解就不必细究。古典名著的阅读，可以从回目入手，关注立体的人物形象、丰富的意义内涵，体会古白话文的韵味和蕴含的传统文化。笔者带读《西游记》，设计了以下项目任务：

（1）考考谁是"西游通"：学生以《西游记》中的人物、情节、细节为内容出测试题，建设班级的"西游题库"，以小组、个人为单位在电脑上挑战答题，比拼谁是"西游通"。

（2）做一张"西游排行榜"：选出《西游记》中最厉害的法宝前三名，功力最深的人物前三名，经典战役前三名。

（3）组一个"西游取经团"：组建一个西游取经团，说说你打算让《西游记》中哪些人一同前往，为什么这样组团。

（4）写一回你的"西游记"：西游路上遇到了什么精怪？精怪有怎样的法宝和功力？师徒们又是怎样过关的？写一回你的"西游记"，取一个回目标题。

学生普遍喜欢这些项目任务，尤其是"取经团队"这个话题，有儿童视角，内蕴又丰富，可由此窥见经典作品的独有价值。王淑芬老师带学生读《西游记》，提供的

话题极具思辨性:你觉得自己最像《西游记》中的谁?如果你是孙悟空,你要如何不让紧箍咒控制你?余党绪老师带领学生体会人物形象,推动学生深入思考,设计了以下任务:(1)如果让你在唐僧师徒四人中选一个做伙伴,你会选择谁?(2)如果在唐僧师徒四人中选一个做创业伙伴,你会选择谁?(3)如果在"一带一路"沿线的××地区进行××的创业,你会在唐僧师徒中选择谁做你的伙伴?这些任务的情境越来越具体,兼顾的要素也越来越多,学生必须进行全面、综合、系统的分析与论证才能完成。这样的情境任务,对提升学生的思维品质是十分有益的。

4. 从高尔基的《童年》看成长小说的读法

进入高年段,浪漫成分减少,现实成分增加,成长小说无疑成了整本书阅读的主要题材。成长小说怎么读?首先要基于对成长小说的理解。成长小说应该具备以下基本要素:第一,艺术地表现成长中主人公自我意识的建设过程;第二,呈现主人公精神上的磨难和寻路状态,矛盾悬而未决、事情无法圆满是成长故事的常态;第三,具有充满逻辑推动力量的故事情节。从"经历苦难""主人公自我意识的建设"这两个角度看,高尔基的《童年》无疑是成长小说中的典范之作。

阅读高尔基的《童年》,可以从成长小说的要素出发,把握三个关键词:一是成长中的"苦难"。艾布拉姆斯在《文学术语词典》中提出:"苦难在儿童的成长过程中具有仪式化作用,是儿童成长到一个新阶段的'接门'。在苦难危机的催化作用下,成长主体获取成长驱动力,才能形成小说中的'上升式'情节。"《童年》中,主人公阿廖沙遭遇的苦难是深重的。小说从父亲去世开始,到母亲去世结束,阿廖沙在外祖父家遭遇搬家、打骂以及母亲的改嫁……每一次处境的变化都关系到人与外界的联系和互动,以及生命个体内部的调整与重建。二是成长中的"引路人"。引路人及其带给阿廖沙的影响,正如高尔基在书中所写到的"小的时候,我想象自己是一个蜂窝,各式各样普通的粗人全像蜜蜂似的把蜜——生活的知识和思想,送进蜂窝里……"。三是成长中的"反抗与自我觉醒"。小说中阿廖沙锁了邻居酒窖并把钥匙扔到楼顶,铰外祖父的圣像,啐老爷唾沫,直到后来在夏天里为自己建造一个清洁的住所……如何看待、理解成长小说中主人公的反抗?孩子10岁左右就进入了心理学上的"第二反抗期"。这一阶段儿童对独立自主的要求是全面的,体现了"反儿童化"的成长需求。带读成长小说,如何讨论与理解反抗,取决于教师的眼光和立场,也决定着这样的阅读能否获得学生深层次的理解与认同。总而言之,厘清成长线、理解成长力,是阅读成长小说的两大重要策略。

三、培养真正的阅读者:整本书阅读的评价

评价对教学、学习过程会产生回冲效应。整本书阅读的评价,对推进整本书阅读的影响可能是积极的,也可能是消极的。笔者以为,书面考试一定要谨慎使用。书面考试会把学生好不容易培养起来的阅读兴趣扼杀掉,学生只应付考题不读书

的现象并不少见。笔者建议：一至三年级不要将整本书阅读纳入书面考试范围；四至六年级要最大限度地发挥考试的积极作用，避免潜在的不利影响。

目前小学语文考试中出现的整本书阅读考题，大体有这样几种：(1)测试对作者、作品名称、题材以及对作品中地名、人名与主要内容情节的识记；(2)以书中选段或精彩内容为基础，考查学生的理解分析能力；(3)以对内容、人物、情节的阅读体验、感悟为基础，考查学生的评价鉴赏能力。

笔者认为要尽量减少识记型的考题，增加任务情境型的考题，这样可以更好地引导学生把书读懂，把书读活。如下面这则考题，从现实生活的热门话题入手，考查学生对三部作品中人物思想性格的把握以及对公共道德的认知——

街上一位老人摔倒了，如下列作品中的孩子在场，会帮扶老人吗？请选择一项，据人物性格和相应内容作出分析。

A.《草房子》中的桑桑

B.《童年》中的萨沙

C.《城南旧事》中的英子

与考试性评价相比，整本书阅读更要注重嵌入整个阅读过程的表现性评价，包括：能否根据内容制订阅读计划，根据计划通读全书；能否根据话题要求完成某项作业(半成品)；能否就整本书的内容展开讨论交流，并根据任务需要和同学进行合作；能否监测自己的阅读过程，对阅读成果进行整理，展示读书成果或作品。

小学整本书阅读评价，目前还是一片待垦的荒芜之地，笔者的思考也还不成熟。如何指向学生的综合素养，可以参考国际测评项目中名著阅读的测试方案。

（苏州大学附属吴江学校）

推敲策略：中国传统读写经验的现代转化

王国均

"推敲"，是一个在阅读和写作活动与教学中经常被提及的术语。这个词虽然为人们熟知，但只有少数人懂得如何推敲。本文拟探讨推敲的本体论意义和教学论价值，并初步阐释推敲的基本要素和方式，结合最新教学论原理来转化这个宝贵的经验，使其成为一个可靠而易行的阅读策略，便于教师指导并帮助学生成为独立的阅读者。

一、推敲策略的本体论意义和教学论价值

（一）"推敲"的本体论意义

"推敲"，从写作角度看，就是作家对文本语言和内容进行表达目的、方式与效果的多维度比较、对照与取舍，也是作家对言语形式与言语内容的精心匹配，即朱光潜先生所说的"将最适当的字句安排在最适当的位置"，甚至"那一句话只有那一个说法，稍加增减更动，便不是那么一回事"。让我们回到"推敲"这个典故本身，"鸟宿池边树，僧敲月下门"，这一句中用"推"或"敲"，意思都通，但意义却不一样。"推敲"中的"推"与"敲"构成了一种关系、一对矛盾或者一片留白，这是一种充满丰富想象力的关系，一对蕴含着高度复杂性的矛盾，一片可以进行多角度解释的空白。以用"推"为例，我们可以推测，这个动作有可能是"僧"回到自己出门前不曾上锁的"幽居"，也有可能是住得不远的"僧"兴冲冲地来拜访一位可以不拘礼节随意进出的隐友，还有可能是一位远道而来的朋友急不可耐地想见到久违的"幽居主人"。这个"推"字，可以让读者产生无限的想象。更进一步思考，还会发现"推"与"敲"这两个动作的先后组合的可能情景，"先推后敲"与"先敲后推"，也可以让读者产生更多不同的联想。因此，"推敲"这个词语涵盖了丰富复杂的意蕴，足以成为高超写作能力的象征。

"推敲"，从阅读学角度来看，就是像作家那样阅读，是对作家写作过程的还原，甚至是用文本和作家进行对话。王尚文先生认为，要学习课文言语的精确妥帖，比较是一种极为有效的方法，即"对经典篇章增减语言、替换词语、变换语序作比较"。他还特别指出两种比较的方式，一是作品初稿与定稿的比较，即最大限度地还原作

家的写作过程;二是古代诗文不同译法的比较,即读者与运用不同言语形式表达相同言语内容的两位作者之间的对话。我国著名美学家和文艺理论家朱光潜先生早在20世纪40年代就撰文用了"咬文嚼字"来概括上述语用提炼过程。由此可见,"推敲"不但可以在文本内部即字里行间进行,也可以读出文本之间的外在联系和意义,前者属于解码得出的意义或者说作者所赋予的意义,后者则属于联结生成的意义或者说读者所赋予的意义。

(二)"推敲"的教学论价值

"推敲",也是语文教师在课堂教学中经常使用的方法。宋瑞林在《阅读教学中的词语推敲》一文中提出了"减还比较法""前后印证法""换词品味法""重点析类法"四种操作方法,意在帮助学生通过具体的语言环境体会作者用词的准确性,从而加深对课文内容和语言的理解。我们可以从很多名师的课堂实录中看到大量推敲案例自觉或不自觉的应用。需要进一步指出的是,我们不但要把它当作一种方法,而且还要提升到认知图式与阅读策略的高度,使其成为自动获得文本意义、主动生成新的意义的策略性工具;不但要让它成为教师备课的必备能力,而且还要成为学生学习运用的理解工具。可以这么说,"推敲"是培养独立阅读者的一个必备理解工具。

"推敲",除了可以显著提高阅读中对有表现力的语言的敏感度外,还可以解决对课文语言理解与解释中的扁平化与单向化问题。课文的阅读和理解本身就是一种丰富复杂、多姿多彩的审美反应活动,可是在课堂教学中,经常演变成为贴标签式的机械反应,在阅读测试中,又成了简单明了的标准答案。推敲策略的应用,可以较好地避免这个问题,恢复阅读理解的丰富和灵动。黄吉鸿在《古诗词语言推敲的路径探索》一文中提到,苏轼的《惠崇春江晚景》一诗真正值得关注、推敲的可能不是"竹、桃花、春江、鸭、蒌蒿、芦芽、河豚",而是"三两枝、水暖、先知、满地、欲上"这些词语。这已经具备了初步的推敲意识,但还可以进一步运用推敲策略,让解读更加多元,例如"桃花"为什么是"三两枝",而不是一大片,"先知"能否改成"先感"等。通过词语替换式的推敲,学生可以在无疑中发现疑问,又从解决疑问中获得对本诗语言韵味的体验与理解,让涵泳沉潜更加深邃与广博。

二、推敲策略的系统建构

推敲要成为科学而可靠的阅读策略,需要参照"课标"及统编教材的语文要素系统、认知心理学以及最新的教学论原理,进行推敲子策略的分类整合设计,进而形成序列化的阅读路标。我们初步研制了小学语文低、中、高三个年段的推敲策略系统,初步探讨了其构成、思路与操作方式。

（一）推敲策略的年段分布

年段	推敲水平	推敲子策略
低段(1~2年级)	字词、句读层	推敲字的音形义理、推敲词语、推敲句子、推敲标点、推敲朗读(重音、停顿节奏等)
中段(3~4年级)	段篇、修辞层	推敲句群、推敲段落、推敲篇章(单篇与多篇)、推敲修辞、推敲语法
高段(5~6年级)	写法、语境层	推敲文体、推敲写法、推敲语境(写作意图、阅读对象、阅读效果及发表方式/交际媒体)

以上是我们初步建构的推敲策略系统的主要内容，需要特别说明的是，读者可以在此基础上根据自己学校和班级的实际情况进行调整和充实，从而建构起每学年和每学期的推敲子策略学习重点。

（二）推敲策略的思考维度

"推敲"离不开语境，既然是语境，就有边界和方向，还有对立和先后。我们继续以"推敲"为例，"推"和"敲"就是一对矛盾，前者无声，用的是连续而平移的力量；后者有声，用的是短促而有弧度的力量；同时，"推"还有很多姿态，单手还是双手，带着怎样的心情、姿势和表情去推，是推一下，还是推了又推，推了以后会发生什么事情等，都引人无限遐想。"敲"也可以照此向着各个维度依次展开。下面是我们初次摸索出来的几个常用的推敲维度，可以为教师和学生阅读者提供参考：

1. 多与少关系的"推敲"。如果课文中反复出现同一个或一类文本要素，如同一个词语、某一类词语、一个人物的不同称呼或指代、某一种句式或段落(如过渡句)、某一个篇幅、某一种标点、某一种或多种修辞和方法等，那么这个或这类文本要素的多就是一个非常明显的信号，这时我们可以思考：这么多要素可以删除一些吗？这里教学的重点不在于解释"多"的作用和价值，而在于明白"绝对不可以少"的作用和价值。

2. 先与后关系的"推敲"。词语、句子以及段落之间是有时间、空间、事理以及叙事逻辑的，因此存在先后关系的不可逆换性。例如，朱宇丹老师在教授三年级上册《搭船的鸟》第2自然段时提出："'它的羽毛是翠绿的，翅膀带着一些蓝色'，其中'它的羽毛是翠绿的'能否改成'它有翠绿的羽毛'？"针对这个问题，教师叫了几位学生回答，结果他们都回答不了。最后教师指出，这是一个新的知识点，即通过变换句子中的词序，可以避免句子的呆板，让句子读起来有回环跌宕的美感。朱老师进一步指出，希望以后学生能将这样的词序推敲用到自己的写作中去，让自己的句子变得更美，而这实际上就是对叙事逻辑的一种成功的推敲。

3. 主与次关系的"推敲"。这对关系主要指的是对课文主题、角色或人物的推敲，课文主题和人物固然有主次之分，且这个主次关系是不可以颠倒的。但是这种关系也许只是在本文的这个语篇中成立，换一篇课文，主次关系可能就不一样了。例如四年级上册的《牛和鹅》，主要角色是鹅而不是牛，写牛是为鹅这一主要角色服务的。如果倒过来，把牛作为主要角色，那么文章的主题也需要相应更换。

4. 轻音与重音、慢节奏与快节奏、短停（停顿）与长停（停延）、喜调与悲调等关系的"推敲"。这几对关系主要适用于有表情地朗读的指导。对诗歌、散文、小品文等情感性较强的课文，有表情地朗读是必需的，而对轻音与重音、慢节奏与快节奏、短停与长停、喜调与悲调等关系的推敲就是获得朗读意义的策略。以轻重音的处理为例，原先应该读重音的地方用一般的音调甚至轻音调换一下读一读，情感色彩会立刻分明起来。四年级上册《走月亮》一文，在朗读第一段"秋天的夜晚，月亮升起来了，从洱海那边升起来了"时，其中的"月亮""升""洱海那边"和"升"都要重读，且同是重读，还有细微的区分，"月亮/升"是"高/最高"，"洱海那边/升"是"最高/高"，形成一个回环。如果倒过来读，那么很明显句末的韵味就会消失。

5. 详与略、点与面关系的"推敲"。这两对关系主要表现在文章写法的"推敲"上，以四年级上册《观潮》为例，既然课文题目是《观潮》，那么课文笔墨最多的地方肯定是视觉，接下来应该是听觉、嗅觉等，不太会用味觉。

6. 有和无关系的"推敲"。文学作品中反映的现实往往具有典型性，作家在提炼和塑造人物的过程中会舍去不典型的材料和细节。这就为我们理解"有—无"关系提供了启发。如李白的《黄鹤楼送孟浩然之广陵》一诗，"孤帆远影碧空尽，唯见长江天际流"，其中的"孤帆"就可以用"有—无"关系来推敲。该诗写于盛唐时期，诗中描写的长江自古以来就是东西运输的大动脉，被誉为"黄金水道"。当时的长江虽不至于百舸争流、千帆竞发，至少不会只有孟浩然乘坐的这一条船，但是在作者的眼里，"过尽千帆皆不是"，别的船都跟他无关，于是作者也就视有若无，从而给读者留下想象的空间。只有经过"有—无"关系的"推敲"，才会发现这处微妙的写法。

除了以上这些关系外，还有大与小、长与短、动与静、正与反、色调的浓与淡、基调的暖与冷、风格的正与奇等，限于篇幅，不再展开。需要特别提醒的是，推敲的目的不在于正面解释，而在于对对立言语形式的否定，即用否定反面来凸显正面的价值和意义。

（三）推敲策略的运用方式

相比于上述推敲维度，"推敲"的运用方式似乎简单了些，我们把它归结为加、减、换和移这四项，又叫"加一加""减一减""换一换"和"移一移"。所谓"加一加"即在原有词、句和段的前后或中间加一个或几个语言成分，目的是体现课文句段的简洁精练之美，一般用于短小精悍的句段；"减一减"即在原文基础上减去一个或几个词、句或段，目的是体现课文中句段的圆润丰满之美，一般用于修饰词语较多的句段;"换一换"即用同义或近义的词句和段进行相应替换,目的在于体现课文句段的精准传神,这一方式使用最为广泛;"移一移"即对词语、句子或段落进行先后或前后的挪移比照,主要体现课文句、段、篇的思路和结构的合理性、艺术性上。在阅读教学中,使用最多的是"换一换",不太常见的是"加一加"。

(四) 推敲策略的支架式工具

对于阅读策略的支架式工具,我们已经有过初步研究。推敲策略也需要一些相同的阅读工具,这些工具一般可以分为三类:第一类是工具书,即同义词、反义词词典,这些工具书对"换一换"的推敲方式特别有帮助,用同义词进行比较,用反义加以对照,学生对词语的理解可以真正做到丰富、细腻而深刻。第二类是推敲海报,教学海报具有很强的示范性和可操作性,它是反复刺激眼睛和大脑的阅读指令,也是立在教室墙壁上二十四小时在场的"无言老师",从推敲字的音形义到推敲语境,可以形成一系列的推敲海报,这可以指导学生不断增强自己的推敲能力。第三类是推敲学习单,它是展示学生推敲过程,让学生的思维可视化的阅读工具,也是帮助教师快速梳理学生的推敲结果从而及时调整自己教学设计的帮手,它还是课堂上避免师生之间零碎问答式教学的有效中介,它可以与预习单结合,也可以整合到预习单中,让"推敲"成为一种上课前的准备环节。

(浙江师范大学教师教育学院)

推敲策略教学的整体建构与应用

项雪寒

一、推敲策略的年段内容设置

根据《义务教育语文课程标准(2011年版)》有关阅读方面的规定,结合统编教材的语文要素,我们初步系统地梳理出推敲重点内容在各学段的分布,形成了小学语文推敲子策略系统的整体设计(见下表)。

推敲策略内容与重点的学段分布

学段	推敲内容与重点							
	词语	句子	标点	结构	表达方式	写作顺序	记叙顺序	说明方法
1~2年级	动词、形容词、数量词、语气词、副词等	重音、停顿、节奏等	句号、问号、感叹号					
3~4年级	有新鲜感的、难理解的词等	修辞句、形式特别的句式等	冒号、引号、破折号等	总分、总分总、分总等	外貌描写、动作描写、语言描写、心理描写、神态描写	事情发展顺序、时间顺序、游览顺序等		列数字、打比方
5~6年级	有感情色彩的词等	风趣的语言、个性化的语言等	顿号与逗号、分号与句号	前后照应、伏笔、铺垫等	叙事抒情、借景抒情、场景描写、细节描写、静态描写、动态描写等	事情发展顺序、时间顺序、游览顺序等	倒叙、插叙	列数字、打比方、举例子、作比较等

从上表可以看出,每个学段都有推敲词、句、标点等内容,但各学段的侧重又有所不同,各年级内容从易到难,由浅入深,螺旋上升。一二年级以推敲词语为主,初步感受句号、问号、感叹号所表达的不同语气和句子中的重音、停顿、节奏等。三四年级推敲词语难度加深,主要借助字典、词典和生活积累,理解课文中有新鲜感的词语。针对句子重点推敲比喻、拟人、排比等修辞手法和有新鲜感的句式,初步了解总分、总分总等结构和外貌描写等描写方法,写作顺序和说明方法方面也有所涉猎。五六年级是在前一阶段的基础上更深入地推敲、内化,推敲侧重有感情色彩的词语、风趣和个性化的语言,推敲篇章的文体、语境等,揣摩文章的整体构思和精心布局。我们目前取得的成果主要集中在中低年段。

二、推敲策略实施的四步法

我们力求让教师熟练掌握推敲策略的一般步骤,并明明白白地教给学生。学生知道推敲策略的一般步骤后,提前利用学习单识别"最值得推敲的地方",运用"换一换""减一减""加一加"等方法,判断哪种形式更具表达的准确性和美观性,然后在课堂上交流,验证自己的判断,同时又从教师和同学的分享中获得新的知识和方法。

(一) 通读并感知——推敲的准备

通读并感知是推敲的准备,也是进行推敲的基础,目的是借助工具书等把课文读正确、读流利,解决与课文内容、写作目的相关的字词读音、意思,初步感知课文的内容、情感、表现手法和语言特色。通读环节,可以采用教师朗读、播放录音等形式示范,之后学生可选择大声朗读、默读等形式把课文读正确、读流利。通读过程中遇到难读的字、词、句时,可以多读几遍,然后通过借用课题、串联段意、画思维导图等方法概括课文内容,从而了解作者要表达的情感。

(二) 识别并筛选——推敲的定向

在通读全文的基础上,学生根据作者的写作目的和表达情感,识别出能体现作者用词精妙、表达准确的地方并作上记号。这些地方可以是词语、句子、标点、段落或表达方式。从这些"值得推敲的地方"中筛选出自己最有感触之处进行深入研读,为之后的推敲作准备。开始识别和筛选时,教师要进行细致的指导,"最值得推敲的地方"能够帮助理解课文内容,准确表达作者的情感,一般会是一些难以理解的、从未出现过的、少见的具有新鲜感的词语,或是句式、表达方式、篇章的安排与常规不一样……根据学生能力不同,教师恰当安排这样的指导课,等大部分学生具有识别"最值得推敲的地方"的能力后,教师可以让学生试着独立完成,然后在之后的教学中适时复习、巩固。

(三) 运用并归结——推敲的展开

推敲策略常用"换一换""减一减""加一加"等方法,学生通过增减字、词、句等方式,判断哪种形式更有表达的准确性和美观性。"换一换"是教学中最常用的方法,一般可以是换近义词,或调换句子中词语的顺序或位置。"减一减"是减去修饰的成分后与原句进行比较。"加一加"可以推敲比较精炼的词句,从而感受作者用词的精妙。在这个过程中,学生需要对"最值得推敲的地方"仔细研读,结合研读过程中查到的词语的意思,同时可以想想这些词语的近义词、反义词,或问问自己这个句子还可以怎么说,这个段落可以放在哪里,然后再运用"换一换""减一减""加一加"等方法,判断哪一种用法更妥帖,并说出思考后的理由。说出的理由要与课文内容、作者情感联系起来,方法用得最多的地方,理由往往也越多,且语言是最值得反复咀嚼和积累的。练习得越久,学生说出的理由越精准,这也就证明学生具备了推敲的能力,且语言的感受力、表达力都会得到相应提升。

(四)回读并强化——推敲的提升

学生推敲文本之后需要对这部分文本进行回读,并强化对推敲策略的掌握。本环节通过轻音与重音、慢节奏与快节奏、短停与长停、喜调与悲调等关系的处理获得朗读意义,再次感受作者用词的精妙、表达的准确、谋篇布局的独具匠心等。在这个过程中将词语、写作方法等进行内化,不断积累,从而形成个人的语言素材库,以此反思、指导日常写作。回读可以是多种形式的朗读和背诵,如表演读、男女生轮读、填空读、赛读赛背等。回读形式丰富,有助于提高学生积累优美词句的积极性。学生平时的积累越丰厚,语感就越好,语文素养也就越高,语文学习的获得感也会相应增强。

三、推敲策略学习工具的研制

(一)工具书的配备与利用

推敲过程中,"换一换"是最常用的一种方法。在这个环节中,老师和学生非常需要一本《同义词反义词词典》帮助打开思路,辨析用法。因此,我们课题组成员专门在班里准备了这样的工具书,方便老师和同学随时取用。通过教学实践,证明了工具书能够帮助学生降低推敲的难度,打开学生的思路,让推敲教学更有效。

(二)"推敲"海报的制作

海报分方法海报和示例海报。方法海报是指把学习某一知识的方法分步骤用海报的形式展示。示例海报指根据方法海报上的流程,在每一个步骤上举一个例子,告诉学生"老师是这样做的"。海报内容要简洁、清晰、可操作。海报是为了指导学生的阅读行为,因此,内容要简洁明了,让学生一看就明白主要方法是什么。海报可适当配图,但不可喧宾夺主。在运用海报的教学中,一开始,我们要用一个学生不易识别的"最值得推敲的地方"作例子,把容易识别的地方留给学生,以提高学生推敲的成就感。待学生有了一定的推敲经验后,我们可以提高难度,不再出示示例,由学生自主完成,同时也会对同学的推敲进行评价,看看谁的推敲更有价值,以此来强化学生的语言敏感度。

（三）"推敲"学习单的设计

学习单是由教师设计,提供给学生进行自主学习以达到学习目的的一种支架。学习单可以用在课前、课中、课后,课前学习单是提供学生预习、自学的支架,课中学习单能让学生及时、有针对性地进行课堂巩固,课后学习单能帮助学生拓展思路,进行综合性学习。学习单的练习比一般练习更有针对性、更有效,在无形中做到了"优选先做"。

（四）"推敲"评价量表的研制

根据教学目标,研制适切的评价量表对学生的课堂表现进行评价,是促进学生发展不可或缺的手段。首先,评价量表的研制要注重序列,从低段到高段,专业知识、学习品质都有所侧重,评价量表也应体现前后的衔接、评价标准的梯度。其次,评价量表的研制要符合学生的生理和心理特点,特别是低段学生,评价量表更要简洁、易操作。可操作性强的评价量表能提高学生学习的积极性和成就感,促进学生各方面的成长和提升。

（浙江师范大学附属小学）

翻转理念下推敲词语策略运用的跨单元教学实施

李红果

本文试图借助翻转理念,探索推敲词语策略的大单元教学设计与实施,展现如何推敲。这是笔者对语文课堂教学改革的一种尝试。

一、推敲词语策略跨单元的整体设计

新学期笔者即将教二年级。在经过对推敲策略的研究和对翻转课堂相关文献的研读后,笔者进行了新学期的推敲词语策略跨单元教学设计。

二年级上册推敲词语策略的跨单元教学设计

单元	课文	推敲方式	推敲重点	学与教的方式
一	《小蝌蚪找妈妈》	换一换	动词推敲	教读+预习
	《我是什么》		形容词推敲	教读+自读+预习
	《植物妈妈有办法》		难词推敲	自读+预习
二	后效观察与后续单元设计			
三	《曹冲称象》	减一减	形容词推敲	教读+预习
	《玲玲的画》	加一加	动词推敲	教读+自读+预习
	《一封信》	减一减、加一加	综合推敲	自读+预习
	《妈妈睡了》	换一换、减一减、加一加	灵活推敲	自读+预习
四	后效观察与后续单元设计			
五	《坐井观天》	移一移	形容词推敲	教读+预习
	《寒号鸟》	移一移	动词推敲	教读+自读+预习
	《我要的是葫芦》	换一换、减一减、加一加、移一移	综合推敲	自读+预习

低年段学生学习推敲词语策略相对比较困难,需要反复提醒和定期强化。笔

者把使用最为广泛也最易被学生掌握的方式——换一换,作为学生学习推敲词语的第一个方法,且每一课都侧重于不同词性词语的推敲,使学生通过一个单元的推敲实践,初步学会这一推敲方式。第三单元学习用"减一减""加一加",第五单元学习用"移一移"的方法推敲词语。这样,把推敲词语的四个方法分散到三个单元中实施,每学完一个单元,就给学生一个单元的消化和内化期,教师可以根据学生的掌握情况,对后续单元设计进行相应调整。

在推敲词语策略教学中,笔者结合"翻转课堂"的自主学习、在课堂上参与同伴和老师的互动活动等理念,使课堂结构发生变化。这一尝试打破了课堂中教师占用过多时间进行讲授的传统,给学生留出了一定的时间进行自主学习与分享交流,使学生能够充分参与和同伴、老师的互动活动。而教师的讲授一般安排在一节课的最后十分钟,内容是为下一节课学生学习推敲策略作铺垫。这一调整使课堂发生了翻转,比传统课堂更有效地完成了教学任务。

二、推敲词语策略的跨单元实施

根据暑期的跨单元设计,笔者在开学初就开始进行跨单元推敲词语策略的课堂教学。

(一)教室环境的布置

这对学生学习推敲词语策略起着重要的作用。可以将事先制作的推敲策略的方法海报和示例海报张贴在教室中。学生在课前就可以看着海报内容尝试进行自主学习。这与"翻转课堂"中的课前利用教师制作的数字材料自主学习课程有着异曲同工之妙。

为了让二年级的学生更易自主学习,笔者在海报中还增加了贾岛、韩愈推敲的故事,营造推敲策略的学习氛围,使学生形成初步的直观印象,降低学习难度。

(二)第一单元:学会替换

1.《小蝌蚪找妈妈》——推敲动词

在完成常规课堂导入后,开始进入推敲动词的环节。笔者先示范给学生看。对于"甩"字的推敲,笔者先后给出了三个提示问题:文中哪个词写出了小蝌蚪长长的尾巴特别好玩?"甩"字可以换成哪些字?哪个更好?笔者在学生稍作表达的基础上,给出了自己的示范:"我觉得'甩'字更好。因为'甩'字不仅写出了尾巴的'长',还写出了小蝌蚪活泼可爱的样子,而'长'字显得很普通,'拖'字也没有'甩'可爱,所以不能换。"在此基础上,为降低学生学习的难度,让学生快速掌握新方法,教师再向学生出示推敲的支架:

> 我找到的是_____。
> 用"换一换"的方法可以换成_____、_____等。
> 我认为这个词更好,因为_____。

根据以上支架,请学生模仿教师的示例表达自己的观点。

第二节课,请学生根据教师示范的推敲方法进行推敲。令人意外的是,学生第一次学习推敲,就找到了很多值得推敲的词语。比如,有位学生推敲了课文中的"披"字。他提出若把"披"换成"穿"就不够准确了,他的理由是:(1)"穿"的一般是裹在身上的衣服,而"披"的一般是披在背上的披风等。青蛙背上是绿的,肚皮是白的,所以用"披"更准确。(2)"披"的披风面积一般比"穿"的衣服大,这更能说明青蛙身上大部分皮肤都是绿色的……

这时课堂发生了翻转,大部分课堂时间给学生用于独立思考寻找其他动词,尝试用"换一换"的方法,与原文比较哪一个词语更好,并说明原因。然后再交流分享,教师适当加以指导,从而使学生更深入地理解课文,明确中心,感受作者的思想感情。

2.《我是什么》——推敲形容词

学习第二篇《我是什么》时,笔者先对"换一换"的方式进行了巩固。照例在第一课时的最后十分钟,笔者示范了推敲"落"字。第二课时笔者尝试放手让学生自己寻找值得推敲的词语,并用"换一换"的方法进行推敲。大部分学生还是能够比较准确地找到值得推敲的词语。他们不仅找到了和"落"字相关的"打""飘"这两个动词,还找到了"飘浮""披""聚"这样的动词,甚至还找了"温和""极小极小"这样值得推敲的形容词。虽然学生在表达问题和表述理由时还不太熟练,但这相比以前已进步很大了。

3.《植物妈妈有办法》——推敲难词

在《植物妈妈有办法》的课堂上,笔者让学生先自读推敲。这次笔者不再帮扶,这时有学生推敲起了难理解的词语。例如,很多学生把课文第二小节的"乘着风"换成了"随着风""顺着风"或"跟着风"等,却又不能明确说出"乘着风"的好处。有同学说"乘"可以换成"坐",虽然学生们都认为这个字换得不恰当,但却给了我们理解的契机:"乘坐"本身就是一个词语,可用于表示旅客乘坐交通工具去旅行,而课文中也把蒲公英当成"旅客",这和课文第一小节中"植物"是怎么"旅行"的相呼应,这种写法更生动形象。

(三) 第二单元:观察调整

第二单元是识字单元,不太适合推敲。因此,这个单元教学时没有设计推敲的环节,而是对学生进行后效观察,同时思考下个单元的推敲流程设计。令人惊喜的是,虽然没有事先设计,但"推敲"却不请自来。比如在《场景歌》的课堂中,说到"一方鱼塘",有学生就可以换成"一口鱼塘""一片鱼塘"等,并仔细推敲三个量词的细微差别。从图片中可以看出"一方鱼塘"指的是专门为了养殖鱼而挖的四四方方的相对比较浅的鱼塘,而"一口鱼塘"一般是在村子里圆形的较深的鱼塘,"一片鱼塘"一般指面积很大的鱼塘。再如,有学生说"一座石桥"可以换成"一孔石桥"。不过,其他学生很轻易地就指出了它们之间的区别:"一孔石桥"一般指的是石拱桥,即下面有一个圆形桥洞的那种石桥,而"一座石桥"可以是各种形状。从第二单元的后效观察来看,学生已经初步具有推敲的意识,并通过运用推敲策略,体会到量词的细微差别,逐渐具有准确使用量词的意识。看到这种推敲成果,笔者喜上心头——这不就是我们梦寐以求的"教是为了达到不需要教"吗?

(四)第三单元:学会加减

第三单元让学生在进一步巩固用"换一换"的方法推敲词语的基础上,学习用"加一加""减一减"的方法推敲词语。同时,为了给学生一个学习的支架,笔者设计了推敲词语策略单,学生可以根据策略单中表格的提示,进行自主推敲,再根据之前提供的支架,进行分享交流。

1.《曹冲称象》——推敲形容词

学生不仅能找到直接描写曹冲机智的词语,还能从其他人的描写中找到间接反映曹冲聪明的词语。例如,课文中写到曹操"点了点头""微笑"和"直摇头"。这些词语就可以用新的方法"减一减"来推敲。教师示范去掉"微笑"一词,让学生发现有"微笑"一词更能表现出曹操对曹冲的方法非常赞赏,体现出曹冲的智慧。马上就有学生学以致用,对"直摇头"的"直"进行推敲。

教师再引导:刚才这些词语是直接描写曹操的,你还能从其他人的描写中找到值得推敲的词语吗?有的学生在对大象的外形描写中找词语,也有的学生从对官员们的描写中找词语,然后进行了分享和补充。

笔者还发现有一个学生找得特别准,课堂上他介绍自己的秘诀是看课后习题。

> 比较两组句子,体会一下加点词的作用。
> 1.曹冲七岁。　　2.大象有多重呢?
> 　曹冲才七岁。　　大象到底有多重呢?

这就是推敲,用的方法就是"减一减"。找到教材中的语文要素,并和推敲结合起来,是此次经验分享的意义。

2.《玲玲的画》——推敲动词

教师示范在"好的,我把画笔收拾一下就去睡"之前加上"玲玲说",并解释这可以让读者更加明确这句话是玲玲说的。通过"加一加"的方法,学生试着推敲,但发现"加一加"的方法不是很常用。教师告诉学生,在今后修改作文时,也许这个推敲方法会有用武之地。

在自主推敲后的交流中,学生用"换一换"的方法推敲"端详"。一个学生说"端详"比"欣赏"更合适,"端详"是仔细地看一样东西,而"欣赏"的对象可以是画,也可以是节目,甚至是音乐,等等。所以,用"端详"比"欣赏"更准确。而另一个学生却说

"欣赏"比"端详"更好,因为"端详"只是仔细地看的意思,而只有好东西才值得"欣赏","欣赏"比"端详"更能表现出玲玲觉得这幅画画得很好。

(五)第四单元:观察调整

第四单元与第二单元一样,虽未设计,但从后效观察看,学生推敲的意识常在课堂教学中体现,因此下个单元可以继续设计新方式"移一移"的教学。

(六)第五单元:学会挪移

截至完稿之日,第五单元尚未进行教学。本文呈现该单元的推敲重点,意在较为完整地显示四个推敲词语方法的学与教的序列。

(浙江师范大学附属小学)

预测阅读策略原理及学习设计初探

王国均

统编小学语文教材从三年级开始编入"阅读策略"(预测与推想)单元,这是一个划时代的举措,意味着语文教学真正开始由"教课文"向"教阅读(策略)"转型。可以预见,系统的阅读策略教学研究将成为今后的热点、难点。从已有成果来看,魏小娜的《中国式阅读策略:存在形式和产生路径》为我国阅读策略教学研究指明了发展路径,周步新的《小学适性阅读策略的学与教》则比较系统地梳理了阅读策略教学的实践成果。如何进一步研究各种阅读策略的具体内涵,如何使这些策略更加适应丰富复杂、灵活多变的文本内容和言语形式,如何扬长避短、发挥阅读策略的最大效用,如何增强阅读策略的可操作性、可复制性等,这些问题都亟待深入探讨。预测,是最常用的阅读策略。本文拟对其原理及学习设计作初步探究。

一、预测策略的内涵与特点

目前所知的最早讨论预测这一阅读活动的文章,是加拿大著名心理语言学家弗兰克·史密斯所写的《阅读中预测的作用》,他认为预测是"对不可能的替代(另类)想法的提前消除,或者用信息论的行话来说,就是降低不确定性"。这个定义非常专业,但阅读教学界一般都认为预测是读者对文本进行的预先猜测,即使用与文本相关的线索(标题、已经阅读过的句段以及插图等信息)或者个人的先前知识,猜测接下来会发生什么或者将会读到什么的一种阅读活动。

预测是一种对文本主动而前置的阅读反应活动。美国著名读者反应理论奠基者路易丝·罗森布拉特认为,读者和文本在互动的过程中才会产生意义,双方审美的互动就是"诗化"的过程;在审美阅读中,文本和读者经历了一个双向选择、限制、强调的过程。全语言教学理论倡导者肯·古德曼认为,儿童学习阅读并不是被动地对文字进行解码,而是主动与文本互动的"心理语言猜谜游戏",即读者在预期的基础上运用那些可能得到的、最少的、从知觉中选择而来的语言线索。耶鲁大学医学院萨利·施威茨教授于 2003 年出版的《战胜字盲》中的研究表明,阅读理解有问题儿童的表现之一就是预测有困难,虽然他们在日常生活中可以进行预测和想象,但是他们在阅读活动中始终无法掌握这项基本而重要的学习技能。推特洛克和加德纳认为:预测是科学,它需要有依据并借助方法;预测也是艺术,需要想象力和敢于犯错与改错的勇气!

预测可以是与作者对话,就是用自己的阅读期待视野与作品所拥有的召唤结构进行交易,证实时的欣喜和扑空后的回视推敲交替进行,由此推动阅读活动继续下去,并最终完成阅读活动。《孟子·万章上》也说:"以意逆志,是为得之。"意思是要通过自己读作品的感受去推测诗人的本意,这里的"逆"就是一种预测和推测活动。荀子《劝学》一文也指出:"金就砺则利。"读者只有不断地用自己的预测跟作家的文字进行对照而后反思,才会不断提升自己的鉴赏、判断和构思能力,最终才能跟上作者的思路甚至有可能预测文本的情节与结局。

预测也可以是读者与自己对话,即持续评估并最终明确是否满足了自己的阅读需要或实现了阅读目的。

预测不仅是一种理解文本、获取意义的阅读活动,更是一种建构意义所必需的阅读活动。钟启泉教授在《课堂转型的挑战》一文中指出,学习者必须有假设、预测、操作、提出问题、追寻答案、想象、发现和发明等经验,借以产生新的知识。这里的假设与预测就是产生新的认知成果的前提条件。

此外,预测不仅仅是推测接下来会发生什么事情,它还可以帮助学生成为积极而投入的学习者,并一直将其兴趣维持在较高水平。这样,一则能够帮助学生在阅读时提出疑难问题;二则能够鼓励学生进行浏览或重读故事的重要段落,以便更好地理解课文的重难点;三则能够在不断反思、回视与重读中为学生提供监控其理解的方法。预测证实时所产生的高度兴奋有助于学生对阅读内容和细节保持长期记忆。将预测当作阅读活动前的"头脑风暴"纳入教学过程,还可以活跃学生的思维,确保后续环节思考的深度和可持续性。

由于预测是因果关系的一种自然的联结,教师可以将预测作为依据已有知识和经验表述因果关系的工具,从而将预测活动推向下一个学习环节,增强学生思维和表达的系统性、条理性与逻辑性。例如:"是什么原因导致主人公如此不安和着急?他(她)如果错过了汽车,会选择怎么做?这样做会对接下来的情节产生正面的还是负面的影响?"导致心理不安和着急的原因或许很多,学生可以利用课文信息、自己与他人的经验,以"我猜想……""也许这意味着……"等句式来解释,这就培养了学生思考和表达的系统性和条理性。后面两个问题可以用"我预测他(她)接下来会……因为……"来表达,以培养学生的因果思维和表述的逻辑性。正因为预测能使学生感到"烧脑子"或产生"梦幻感",它才能够成为学生们最喜爱的阅读活动之一。

二、预测策略教与学工具的研制

普莱斯勒与阿夫勒巴赫曾经对阅读技能娴熟的阅读者进行过详尽的观察研

究,他们发现这些阅读者在处理文本时知道并善于利用许多不同的程序或策略。而那些阅读能力弱的读者则恰好相反。因此,要让学生成为熟练的阅读者,当务之急就是研制一套便于操作的预测工具。基于上文所述的对预测策略的基本理解,我们根据学生的阅读过程初步开发设计了一套预测策略单。

预测策略单

我预测的是_____。我认为_____,我是从课文第_____句里面看出来的。(低年级适用)

我预测的是_____。我认为_____,我是从课文第_____段第_____行、第_____段第_____行、第_____段第_____行里面看出来的。(中年级适用)

从第_____段第_____行可以看出_____;从第_____段第_____行可以看出_____;从第_____段第_____行可以看出_____。所以我认为_____。(高年级适用)

读前预测单

读前经常猜,越猜越聪明! 挑战作者,挑战自己!

提示:

1. 把你预测的结果写在"我的答案"里,等读完整个故事后,检查一下,猜中的打√,没猜中的画○;

2. 故事的主题一般有爱国、友谊、冒险、亲情、环保、家乡、科普、尊老、梦想等;

3. 故事的描写手法一般有细节描写、环境描写、肖像描写、心理描写等;

4. 故事的修辞方法一般有比喻、拟人、夸张、排比等;

5. 故事讲述的人称一般有第一人称"我"、第二人称"你"和第三人称"他/她/它";

6. 故事的冲突一般有"人与自然""人与社会""人与自己"这三种类型。

读前预测问题	我的答案	是否正确
这个故事将会发生在什么时候?		
这个故事将会发生在什么地方?		
这个故事的主题将会是什么?		
这个故事将会从哪里讲起?		

(续表)

读前预测问题	我的答案	是否正确
这个故事将会写到几个人物？		
这个故事一定会用到的几个动词是？		
这个故事一定会用到的几个形容词是？		
这个故事将会怎样结束？		
这个故事除了逗号和句号，还一定会用到哪些标点符号？		
这个故事一定会用到哪几种描写手法？		
这个故事一定会用到哪几种修辞方法？		
这个故事一定会使用第几人称来讲？		
这个故事一定会有几个波折？（画曲线）		
这个故事的冲突属于哪种类型？		
我还有别的预测。		
猜中了，祝贺你，想得跟作家一样！猜不中，不要紧，那就向作家学习！		

注意：本单"读前预测"的内容应根据学段要求以及学生掌握情况进行调整！

读中预测单

读中预测问题	我的答案	是否正确
根据这个开头，故事将会如何进行下去？		
故事开始紧张起来了，接下来会发生什么事？		
接下来的故事应该发生在什么时候？		
接下来的故事应该发生在什么地方？		
接下来的故事应该会用到哪些描写手法？		
接下来的故事应该会用到哪些修辞手法？		
故事第二次紧张起来了，接下来会发生什么？（如果有）		
接下来的故事应该发生在什么时候？		
接下来的故事应该发生在什么地方？		
接下来的故事应该会用到哪些描写手法？		
接下来的故事应该会用到哪些修辞方法？		

(续表)

读中预测问题	我的答案	是否正确
故事第三次紧张起来了,接下来会发生什么?(如果还有)		
接下来的故事应该发生在什么时候?		
接下来的故事应该发生在什么地方?		
接下来的故事应该会用到哪些描写手法?		
接下来的故事应该会用到哪些修辞方法?		
如觉得结局可能跟读前预测的不一样,再预测一次。		

读后推测单

有些推测,可能一下子找不到答案!

读后推测问题	我的结论	我的依据
推测作者所处的年代、性别、年龄、职业。		1. 2.
推测作者的性格、气质或爱好。		1. 2.
推测作者的生平经历或学识。		1. 2.
推测作品的写作年代。		1. 2.
推测作者的写作动机。		1. 2.
我还有别的推测。		

三、使用该工具需要注意之处

正如本人在《阅读课学习单的设计与应用探析》一文中所指出的:一张好的学习单是指导学生阅读课文的支架,更是使学生成为自主而成熟的阅读者的有效教学资源。要使预测策略单真正发挥作用,需要注意以下几点:

第一,要量力而行。出色的预测能力不可能经由一两次课就轻松掌握,因此不但要读前、读中和读后分别进行训练,而且即使是读前预测,也最好尝试从不同角度去完成。这需要教师掌握微课教学的技术,根据学生的实际能力,让学生逐步积累、巩固并掌握。

第二,既要会搭支架,也要会拆支架。大部分学生学会了从某一角度进行预测后,就应把这个角度从策略单中删除。随着学生预测能力的增强,策略单内容将越来越少,最后只需要提供一张白纸。这样,学生就可以在没有提示的情况下独立自如地运用预测策略,真正实现从"知道"到"拥有",从"理解"到"会用"。

第三,预测策略有其独特的优势,但也有不足之处。它应该与其他的阅读策略如联结、概括、图示等协同使用。各种策略综合应用娴熟,才能成为独立而成熟的阅读者。

第四,对于不同文体,预测的角度和内容也有不同。即使预测同一文体,也应根据文本特质进行适当调整。前文的预测单比较适合故事类课文的预测,对于其他的文体类型,我们还需要研制更对口的预测策略单。

第五,有了预测策略单,教师还需具备较强的文本预测能力。文本解读永远是教师必须具备的阅读基本功。

(浙江师范大学教师教育学院)

预测、验证,感受整本书阅读的乐趣

——统编教材二年级上册《孤独的小螃蟹》导读课教学设计

张　钰　潘雅频

整本书介绍

《孤独的小螃蟹》是统编教材二年级上册"快乐读书吧"推荐阅读的书目。故事讲述了邻居小青蟹离开后,孤独的小螃蟹在外出寻找小青蟹的过程中,鼓励小纸鸟自己飞行,为狮子修剪头发,为救小乌龟折断了大钳子却不后悔……他慢慢地成长,学会了与别人分享心里的快乐和悲伤,最后终于等到了小青蟹回来。书中许多画面暗含着丰富的阅读线索,循着它们,孩子们就能自然地走进故事。

教学目标

1. 了解预测的阅读策略。

2. 学习在阅读中根据书名、标题、插图、内容等线索进行预测。

3. 边预测、边阅读、边验证,激发学生的阅读兴趣,提高阅读能力。

教学过程

一、谈天气预报,了解预测

1. 师生交流引出话题,出示明天的天气预报。

2. 交流:天气预报是怎么来的?

(天气预报是气象台根据对大气层的观测结果而发布的对天气的预测。)

3. 初识预测:有根据地去推测可能会发生的事情、可能会出现的情形,就叫预测。

4. 明确本课目标:学习预测的阅读策略。

(设计意图:借助天气预报,了解预测就是有根据地预先推测。用预测的策略进行阅读,目的会更明确,对阅读充满期待。)

二、看封面,初试预测方法

1. 出示封面,看看书名,观察封面插图,猜一猜:小螃蟹为什么会孤独?

预设:小螃蟹本来是有朋友的,后来他的朋友迷路了,或者他俩吵架了……

2. 小结:读一本书之前,仔细看看书名,观察一下封面图,猜一猜内容,会有很多发现。

(**设计意图**:封面是了解整本书的一扇窗。阅读前,根据封面上的书名、插图等预测故事内容,阅读就成了一段有吸引力的旅程。)

三、指导阅读第一章,学习验证预测

1. 小青蟹是小螃蟹的朋友,猜测小青蟹的外貌。

2. 出示书中描写小青蟹外貌的段落。

小青蟹是长得很美的。她的颜色那么青,青得像蓝天。她的钳子也很小,只有小螃蟹的一半儿大。

3. 指名读,读出美感。

4. 出示预测单,想一想:小青蟹为什么不见了?

预设:她出去玩了,或者迷路了,或者玩捉迷藏去了……

5. 读第一章第3～5页,验证刚才的预测。

(1) 出示相应段落。

小螃蟹睡着了,小青蟹却在想:干吗每天都要晒太阳呢?傻乎乎的……

她爬过来,用小钳子轻轻地拉拉他。

"小螃蟹,我要走了。"小青蟹说。

"什么?走?到哪儿去?"小螃蟹醒来,吓了一跳。

"我想去找一个更好的地方住……"

小螃蟹很吃惊:"难道这个地方不好吗?"

小青蟹轻轻地说:"我也不知道,但是我真的要走了。"

"可是,可是……"小螃蟹不知该说什么好。

第二天,看到小螃蟹时,她已经走远了。

(2) 点拨引导:小青蟹不满足于现在一成不变的生活,想要出去看看。

6. 小结:我们边读边预测,边读边验证,阅读就像奇妙的旅程,充满了惊喜!

7. 小组合作,预测并验证。

(1) 小组学习,预测一下小青蟹走后,小螃蟹会怎么样。(先在组里分别说说自己的预测,然后小组推选代表进行全班交流。)

(2) 全班交流。

预设1:小青蟹走了,小螃蟹很难过,难过得吃不下饭,睡不着觉,白天想,晚上想,有时候想到小青蟹不在身边还会哭呢。

预设2:小青蟹走了,小螃蟹很伤心,尤其是玩游戏的时候,小青蟹不在身边,总觉得玩什么都不快乐,就不想玩了。

预设3:小青蟹走了,小螃蟹总是一个人,很孤单。他就想,什么时候去把小青蟹找回来呢?让她继续做我的好朋友。

(3) 读第8页的文字,验证预测:文中是怎么写小螃蟹的呢?

出示书中段落:

小螃蟹很难过。

他用钳子敲敲墙壁:"冬,冬。"那边再也不会传过来"笃,笃"的声音了。

小螃蟹一直在洞口坐到天黑。

小螃蟹心里想:小青蟹现在到哪儿了呢?她是不是还会晒会儿太阳呢?她身上还是那么青吧……

不过小螃蟹每天睡觉前还是要敲两下墙壁:"冬,冬。"

他是敲给自己听的。

然后,小螃蟹就吐一大堆泡泡,把自己藏起来。他难过的时候,总是这样的。

教师引导学生体会小螃蟹内心的孤独和难过,以及对小青蟹的思念和担忧。

(4) 配乐朗读,读出深深的思念和孤独。

(设计意图:用预测单给学生搭建一个支架,让他们自由地根据生活经验预测,在阅读中验证,发现预测的结果有的是正确的,有的是不正确的,告诉他们预测正确与否并不重要,重要的是预测体验。由扶到放,在阅读中预测,在阅读中验证,才能更好地掌握预测策略。)

四、自主阅读第二章,练习预测与验证

1. 听故事第二章《小螃蟹的梦》,预测一下小螃蟹梦到了什么。

2. 验证:听故事,交流小青蟹的表现和我们预测的有哪些不一样。

3. 调整预测:想一想梦醒之后,小螃蟹会怎么做。

4. 阅读验证:看看书中的小螃蟹是怎么做的。

5. 聚焦小螃蟹的敲墙声。

(1) 情境体验。如果你就是这只小螃蟹,你敲墙的"冬冬"声是想表达些什么?

(2) 游戏——"冬冬"声里的密码。

师说"冬冬",生齐说"想你"。

师说"冬冬冬",生齐说"快回来""好想你"。师说"冬冬冬冬",生齐说"日思夜想"……

(**设计意图**:在反复的预测与验证中提升阅读能力。聚焦敲墙声,在情景体验中感受小螃蟹对小青蟹深深的思念,品味文字,读懂文字背后的情感。)

五、延伸阅读,布置作业

1. 延伸学习:书中的小青蟹是怎么回来的?她出走之后遇上了哪些事?最后为什么又回来了?用今天学的方法,一边读一边预测,一边验证。读完整本书,你就能感受到故事是多么精彩,阅读是多么快乐!

2. 活动预告。

(1) 采访活动:小青蟹为什么回来了?

(2) 创编故事:小青蟹在旅途中遇到了哪些事?她是怎么做、怎么想的?

(**设计意图**:课堂阅读像一盏灯,照亮了整本书阅读的旅程。离开家的小青蟹有怎样的经历?最后她为什么又回来了?让学生想一想、说一说,进一步激发深度阅读的兴趣。)

(江苏省江阴市城中实验小学)

提问,走向深度理解的阅读策略

王国均

一、国外提问策略的研究成果

根据我们所掌握的资料,早在1946年,美国俄亥俄州州立大学心理学教授弗朗西斯·罗宾逊就在他的著作《有效的学习》中设计过一套有效的读书方法——SQ3R学习法,这是一种提升研习能力的方法,主要用于精读课文。"SQ3R"来自以下五个英语单词的首字母,即:综览(Survey)、提问(Question)、阅读(Read)、背诵(Recite)和复习(Review)。这套方法在20世纪80年代初对我国的语文教学产生过较大影响,可以说是一套比较成熟的学习方法。

1955年,鲁道夫·弗莱什的《为什么约翰尼不能阅读》一书开启了美国教育界的"阅读战",是用强调获得意义的方法,还是用自然拼读的方法?究竟哪一种方法更有利于儿童学会阅读,成为讨论的焦点话题。实验行为心理学和心理测量成为这一时期探讨有效读写能力的重要手段。而将提问纳入阅读研究领域较有影响力的成果是1978年美国伊利诺伊大学香槟分校阅读研究中心的玛丽·安德烈与托马斯·安德森发表的合作研究报告《自我提问学习技巧的培养与评价》。他们一共进行了两次实验。第一次实验研究中,随机抽选经历过提问训练的高中高年级学生作为实验组,再随机抽选出同等数量的,仅仅被要求反复阅读的学生作为对照组,进行阅读能力的对比测试。第二次阅读能力测试分三组进行,每组都由随机抽选的同等数量的高中低年级学生和高年级学生构成,将其中经历过提问训练的小组作为实验组1,将未经提问训练(即测试前只作提问要求)的小组作为实验组2,将仅仅被要求反复阅读的小组作为对照组,进行阅读能力测试。结果发现,经历过提问训练的组的评价结果显著好于其他组,并且两次实验结果都表明,对于那些在阅读过程中提出过问题的实验对象来说,语言能力较弱的学生的阅读成效比能力强的学生更显著。20世纪80年代,时任伊利诺伊大学教授的著名教育心理学家安·布朗与密歇根大学的安玛丽·帕林克萨提出了阅读的互惠式教学理念,即指导者(教师)和学生之间,相互轮流以"概括、提问、澄清以及预测"的方式主导以文本特点为中心的对话活动。她们对理解能力较低的七年级学生的研究表明,采用互惠式教学方式的学生，其概括和提问质量的提升比采用传统教学方式的学生更显著。他们在理解力的标准测试成绩、理解力的保持时长、课堂理解测试的泛化，对需要用到概括、提问与澄清的阅读新任务的技能迁移能力，以及标准化阅读理解测试成绩等方面全都取得了明显的进步。

将提问从教育心理学研究领域引入日常课堂教学，并提升为一种阅读策略，其标志性的成果即1997年艾琳·基恩与苏姗·齐默尔曼合著的《思维的马赛克》一书。当时她们两位都是美国科罗拉多州丹佛市公立教育与商业联盟的教师发展项目部负责人，该书一问世就成了教育类畅销书之一。该书第六章专门探讨了一年级阅读课提问的教学情景，并提出了"向自己提问""向作者提问"以及"向课文提问"三种提问视角。此后，开始出现一些专门指导学生阅读提问的书刊资料。例如2007年黛博拉·豪泽尔出版了面向二至六年级学生的《基于文件、指向阅读理解与批判性思维的提问》（共五册），该书主要运用布鲁姆的知识分类学对信息文本进行有结构的提问，让学生了解不同类型与层次的问题，通过反复学习，学生的提问意识和能力自然会得到提升。道格·费什尔、南希·弗莱等人在2014年合编的《从幼儿园到五年级依据文本进行提问：细读与批判性阅读的路径》则提供了基于文体的细读与批判性阅读的四个提问视角，即"课文说了什么""课文是怎样组织的""课文有什么意义"以及"课文能鼓舞你做些什么"，每个视角的最后都有一个"自己提问"的要求，以强化读者的提问意识和能力。杰西卡·哈撒韦2014年出版的《基于文本的提问策略》一书更是提供了从"是何、如何利用、何时利用、何处利用、如何创建"等角度提问，以及如何搭建协同提问的平台（简称"六何法"）的细致指导，并且从文章学的角度进一步细分提问视角，即"主旨与关键细节""人物与事件""语言运用""文本结构""视角或意图""辩论或断言分析"以及"多文本比较"等，作者提供了大量现成的填空式提问例句，学生拿来即可套用，帮助其学会独立运用和化用。2015年，黛博拉·豪泽尔又出版了《幼儿园到高中的基于文本的分层提问指导》，其编写思路主要是根据读写技能进行提问分类，如理解主旨或主题、识别关键细节以及概括等方面的提问，同时也提供了大量的提问提示和学习支架。桑德拉·阿赞和德尼斯·迪瓦恩出版了《全班细读策略指南》，提出了"选择复杂文本""提出依据文本的问题"以及"教授细读的技能"三大教学策略，其中"提出依据文本的问题"是全班细读讨论的关键，这些策略不仅是给老师使用的，也是供学生参考、尝试并实践的，该书的最大价值是提供了系统的提问教学评价量表和提醒检查表。2017年露丝·福斯特出版了《一至六年级利用依据文本的提问进行细读》，该书的最大价值是提出了"文本—任务（初读、概括、边读边批注、与同伴讨论课文的词语运用）—提问（运用关键细节，引用课文证据，提出一般性问题）—成功（就课文结构、作者写作意图以及跨学科方面等提出更多的挑战性问题）"四步细读法。可以说2015年前后是提问策略教学实践成果的成熟之年，这些成果大大丰富了我们对提问策略的认识和理解。

二、提问策略的独特意义和价值

与预测策略一样,提问策略也有其独特的意义和价值。

1. 提问可以提高所有学生的阅读理解能力以及批判性思维能力。

阿瑟·格雷泽与娜塔莉·皮尔逊认为,认知科学的很多理解模式表明,提出问题是认知过程中的一个基本构件,它会对诸如文本理解或社会行为等深度概念层次的认知操作产生决定性影响。因此,提问策略无论是对阅读能力比较弱的学生,还是对阅读能力强的学生,都具有增进理解的作用。

研究表明,阅读困难学生的阅读行为一般表现为拿到课文后,只看一眼题目,就开始急急忙忙地阅读课文,很多学生甚至中间都不会停顿一下,就匆忙而呆板地读完了课文,他们不会进行预测或使用提问策略,不会"读一读,停下来,想一想(预测或提问等)",甚至没有"记一记"的阅读行为。有的学生认为阅读时停顿一下并提问是阅读能力差的表现,因此他们更加不会主动提问,只能坐等老师提出问题来让自己回答。如果被要求提问并被给予提问机会,又得到了老师或同伴的提问示范和分享,且在提问提示或支架的帮助下,他们就能够改变"不提问题"的旧习惯,走进文本的字里行间,提出词句层面粗浅的问题,获得提问的成功感,进而产生提问的兴趣和欲望,并开始培养边阅读边思考和提问的习惯,与此同时,这样的提问也帮助他们厘清了自己的阅读内容并理解了自己的阅读结果。

对于阅读能力强的学生而言,他们在了解提问的本质,利用提问规律后,将从靠直觉或自觉的好奇型阅读者变为审慎、合理而富有创造力的怀疑型读者,从而提出精彩的言下之问、言外之问乃至高阶的批判性问题。提问策略可以让他们的阅读能力变得更加强大,他们将"站"得更高,"看"得更深更远,在课堂讨论中扮演启发者、补充者和引领者的角色,成为独立而成熟的阅读者。

2. 提问的内容和方法虽然可以包罗万象,但其背后仍然有一定的规律,最关键的是要掌握其依据的视角或划分的准则。

提问可以根据以下视角进行分类:(1)布鲁姆的六层教学目标分类法(记忆、理解、应用、分析、评价与创新);(2)思维的演绎或发散程度(演绎、发散式和归纳、聚焦式);(3)阅读过程(读前、读中与读后);(4)课文内外(来自课文字里行间或来自课文之外甚至跨学科的经验、信息或资料等);(5)客观与否(事实与观点);(6)思维形式(概念、判断、推理、证明);(7)语言要素(字词、语法、修辞以及逻辑等);(8)文章要素(目的、意图、结构以及手法等);(9)文体要素(记叙类文本要素、劝说类文本要素、实用类文本要素、描述类文本要素以及文言文要素等);(10)核心素养的四大要素(语言建构与运用、思维发展与提升、审美鉴赏与创造、文化传承与理解);(11)模仿对象(专家或老师示范提问、同伴的精彩提问、课后练习题和考试题);(12)提问复杂程度(点式、线式、面式以及立体式);(13)多个提问(又名"提问串")的呈现方式(前结构式、半结构式、全结构式);(14)提问对象(向课文提问、向作者提问以及向自己提问);(15)K-W-L式(我已经知道了什么、我还想知道什么、通过讨论和交流我又学到了什么);(16)课文涉及面(整篇课文或局部段落、词句等)。这16个角度(也许根据课堂教学的实际需要,还有更多其他视角或分类准则),可以为学生提供精准的提问引导服务,学生所提的每个问题都提供了理解课文的一个或几个视角或方法,学生能动用的视角越多,他的提问面就越广,思维也越灵活,理解课文的能力自然越强大。例如,"向作者提问"使得课文对学生来说不再那么令人胆怯,可以鼓励学生在阅读时进行批判性的思考,使学生不但能迅速地填补作者有意无意留下的空白,而且能发现课文意义上的模糊、不完整甚至矛盾之处;"读前提问"可以帮助学生建立起背景知识,联结已有知识,并对课文作出预测,为深入解读文本提供基础、动力和方向;"读中提问"可以监控学生自己的理解并检查自己的预测;而"读后提问"能够帮助学生概括文本,并发现值得进一步阅读和研究的领域。"提问"贯穿于阅读前、阅读中与阅读后的整个过程,甚至可以在学完课文后再进一步提出难度更高、质量更好的问题。

3. 提问的"用进废退"与"会易通难"。

提问能在有意无意中驱使或吸引读者不断地往下阅读。它就像人体的肌肉,越锻炼越发达。但如果长期不使用,又会导致一定程度的退化。这就可以解释为什么幼儿时期儿童能够大量提问,而到了小学高年级,很多学生已经不愿意提问,只能坐等老师提出问题。此时学生丧失的不仅是提问的意愿和能力,更是一种思考和学习的动力。学生在开始学习提问时,会提出大量无效的问题或质量不高的问题,他们需要额外多花一些时间接受指导和逐步提升,但是随着不断地尝试实践,他们会在阅读理解中越来越高效而自动地执行这一策略。此外,学生要进行评价性、创造性或面式、立体式结构的提问,是一种高难度的思维挑战活动,必须以较低层次或难度的提问经验为基础,这种由初级到高级、由易到难的提问发展规律为教学提供了主线和序列。

三、提问策略教与学工具的研制

基于上述对提问策略的基本理解,我们根据学生的阅读过程初步开发设计了一些提问策略单,这些策略单就是一个个教学支架,可以让学生通过一系列自我提问,逐步走向理解的深处和中心。

"提问"策略起始单

温馨提示:

1. 提问时一定要用到"什么""怎么""怎样""为什么"这类提问词;

2. 提问句结束时一定要加上问号"？"；
3. 每一类至少提一个问题，如果写不下，可以写在反面，标上序号。

1."究竟是什么""究竟什么才是""有什么关系"类的问题。
①   ②   ③
2."为什么"类的问题。
①   ②   ③
3."怎么样"或"是怎么样的"类的问题。
①   ②   ③
4."如果……那么……"类的问题。
①   ②
5. 暂时无法归类的问题。
①   ②

阅读提问单（针对部分）

提示：你可以借助下面的词语提出问题。如果你能用别的方法或词语来提问更好！

1. 可用于提问的词语有：究竟、是什么、怎么样、为什么、有什么、可不可以、能不能、行不行、好不好等。

2. 提问还会用到的词语有：作用、目的、意义、方法、意图、效果、后果、价值、观点、风格、情感、有意、无意、达到、实现、产生、对比、相比、引起、起到、解释、说明、联系、预测等。

相关点	我感到好奇或想了解的
课文题目	① ②
疑难词语	① ② ③
疑难句子	① ② ③
开头	① ②
时间、地点	① ②
原因	① ②
人物	① ②
情节	① ② ③
环境	① ②
标点	① ②
读中联系自我、世界或文本	① ②
其他提问	

阅读提问单(针对全文)

提问方向	我的问题
概括课文主题	① ②

(续表)

提问方向	我的问题
写作手法	① ②
修辞方法	① ② ③
选取材料	① ②
其他提问	① ②

提问筛选、评价表

提问星级	提问难度	是否达到此难度 （若达到则用打"√"表示）
1星级	这个问题用了疑问词和问号吗？	
2星级	这个问题的答案就在课文里，我一看就能指出来。	
3星级	这个问题应该由其他老师，如数学、科学、思想品德课的老师来回答，或者只有专家才能回答。	
4星级	这个问题我看了两三遍课文才回答出来。	
5星级	这个问题只有通过小组讨论才能解决。	
6星级	这个问题我们小组也解决不了，需要全班讨论。	
7星级	这个问题我们全班同学都解决不了，需要老师提供指导。	
8星级	这个问题老师也没办法回答，也许等我长大后才会明白。	

阅读提问单(提问+联结)

读完后再联系现实世界或文本	
写作意图(联系时代背景)	
写作意图(联系作者生平)	

"读前—读中—读后"提问单

读前提问	关于课文标题的疑问	
	关于作者的疑问	
	"我"想读出什么的疑问	
读中提问	关于词句的疑问	
	关于主题的疑问	
	关于人物的疑问	
	关于结构的疑问	
	关于细节的疑问	
	关于写作手法的疑问	
	其他疑问(空白点、矛盾点等)	
读后提问	关于课文主题的疑问	
	关于作者写作意图的疑问	
	关于读者对象的疑问	
	跨学科的疑问	
和同学讨论时发现的精彩提问		

以上只是我们设计的部分提问学习单,完整而系统的提问学习单的研制工作还在进行中。

四、使用该工具时的注意事项

笔者曾经提到过使用"预测策略单"时的注意事项,有些提示在本策略教学和指导中也适用,此外还应该注意如下几点:

第一,提问策略教学刚开始不会太难,但到后面学生初步学会提问后,教师很容易陷入学生提问的汪洋大海而不知所措,甚至不知不觉中被学生的提问牵着鼻子走。这就需要教师自身对提问分类学有一定的了解和研究,这样才能在学生提出问题时马上明白是从哪个视角或运用何种方法提出的问题,可以在此基础上进行相应的拓展,让学生的提问系统化、有序化和结构化。

第二,提问不是目的,而是手段,它是为增进阅读理解和培养批判性思维服务的,提问的训练实际上也是思维的训练和指导,教师在课堂上要处理的不仅是课文内容,还有学生的思维训练。

第三,学生的提问能力不可能依靠一个单元就完成,需要在平日的课堂教学中经常反复训练,才能逐步提高和熟练,因此教师要把提问策略的教学与指导提高到保障学生的思考权和提问权的高度来对待。

(浙江师范大学教师教育学院)

善用提问策略,探究名著人物

方 敏

一、古典名著阅读现状

古典名著承载着中华民族深刻的思想、独特的智慧以及厚重的情感,是学生成长过程中不可缺少的精神食粮。作为语文教师,必须想方设法让孩子尽可能多地去阅读一些经典名著,在阅读体悟中提升人文素养,汲取精神营养。

但是古典名著阅读现状不容乐观。因古典名著的成书时代与现代相距较远,加上快餐式文化的流行,学生很难对其产生浓厚的阅读兴趣,突出表现为:功利性阅读泛化——将名著阅读窄化为应付考试的手段,不是刚需不涉及;阅读目标肤浅化——以作秀为目的,将名著阅读作为闲暇时的谈资,点到为止不深入;随意性阅读泛滥——用浏览、泛读、跳读代替精读,走马观花,看前没计划,看时不思考,看后没提升。

究其原因,并非学生不想读,而是阅读名著实在有困难:一是学生经典阅读知识储备不够,生僻词语晦涩难懂;二是经典阅读氛围不浓,学生爱看休闲漫画书,而非古典名著;三是亲子阅读氛围未形成,父母、教师因自身阅读不深引导不够;四是经典名著阅读时间很难有保证;五是阅读策略方法推进不够。

二、精选文本,善用策略,激趣导读

为了有效推进整本书阅读,特别是经典名著阅读,统编教材五年级下册专门设置了以"读古典名著,品百味人生"为主题的"快乐读书吧",目的是:激发学生对阅读名著的兴趣,感受人物形象;学习提问、预测、推论等基本策略,品读精彩故事,领略古典名著的魅力。下面以《水浒传》为例,谈谈如何从提问、推论、监控等策略入手,推进阅读,提升学生的高阶思维,从而促进阅读向思考的可视化方向发展。

古典名著《水浒传》是章回体长篇小说,主要描写的是北宋末年,以宋江为首的一百零八条好汉的故事。作者将人物放在一定的社会环境中,放在矛盾斗争中,通过语言、动作、神态、心理等描写刻画人物形象,表现人物思想性格的发展,让人物在情节中鲜活而立体。

如何阅读并把握人物鲜明的性格特征是阅读本小说的关键。授人以鱼不如授人以渔,为了激发学生的阅读兴趣,并促其深度阅读,我校一位老师选取深受学生喜欢的鲁智深倒拔垂杨柳的故事设计了导读案例,引导学生尝试应用自我提问策略推进阅读,并多次运用自我提问策略推断人物性格特点,效果明显。具体活动设计如下:

活动一:浏览回目自我提问,尝试解决事实性问题

1. 课始,谈话导入,直奔主题,提出自我提问策略,引导学生根据课题进行自我提问,记录问题并分类。

记录你的问题	问题类型
谁是花和尚?	事实性问题
为什么叫花和尚?	事实性问题
为什么要倒拔垂杨柳?	推论性问题
怎么拔的?	事实性问题
为什么要写鲁智深倒拔垂杨柳?	推论性问题
鲁智深的性格有什么特征?	推论性问题
鲁智深在梁山好汉中的地位如何?	推论性问题
鲁智深是一个怎样的人?	评价性问题

2. 读故事,尝试解决事实性问题。

(1) 快速浏览全文,在文中圈画出事实性问题的答案。

(2) 补充资料:为什么鲁智深叫花和尚?(预设:身上有刺青,因此江湖送绰号"花和尚"。)

(3) 怎么拔垂杨柳的?紧扣"智深相了一相,走到树前,把直裰脱了,用右手向下,把身倒缴着,却把左手拔住上截,把腰只一趁,将那株绿杨树带根拔起"语句理解。

(4) 在初步解决问题的基础上,小结:通过解决事实性提问,我们可以厘清文章的主要内容。而后,教师引导深层次提问:为什么要拔?这体现了人物怎样的性格特征?

本环节旨在通过提问,激发学生的阅读兴趣,并引导学生在阅读过程中尝试解决问题,借助问题串厘清故事大意。

活动二:再读故事进行三次推论,解决推论性问题

1. 师生合作,共同解决推论性问题。

(1) 先请学生谈谈课前对鲁智深这个人物的认识(预设:暴躁、粗鲁、疾恶如仇、

爱憎分明……），然后引导学生尝试解决推论性问题：花和尚真的是一个粗鲁的人吗？

学生速读文本，找出相关依据。

智深先居中坐了，指着众人道："你那伙鸟人，休要瞒洒家，你等都是什么鸟人，来这里戏弄洒家？"

引导关注"瞒"和"戏弄"这两个词，揣摩人物的神态、动作。

得出推论：他是一个性格直率的人，不喜欢被戏弄，也不会去戏弄别人。

（2）引导第二次推论：鲁智深真的不会戏弄别人吗？

研读文本，找出相关依据。

智深道："洒家是关西延安府老种经略相公帐前提辖官，只为杀的人多，因此情愿出家五台山来到这里。洒家俗姓鲁，法名智深。休说你这三二十人，直甚么，便是千军万马队中，俺敢直杀的入去出来。"

智深喝道："你那众泼皮，快扶那鸟上来，我便饶你众人。"

引导学生从句段一中读出，此时的鲁智深还是通缉犯，但是他对自己的真实身份和出家原因不隐瞒。从句段二中读出鲁智深说饶便饶，不会乘人之危，说一不二，顶天立地。从而修正观点为：鲁智深是一个粗鲁但直率的人，他不会乘人之危，说一不二，顶天立地。

（3）引导第三次推论：花和尚说的全部都是实话，毫无隐瞒吗？为什么要隐瞒关键信息？

信息一：花和尚不是情愿出家的，是因为拳打镇关西，惹上官司才出家避祸的。

信息二：他只说了自己俗姓鲁，没有说出自己的全名，个人信息不够完整。

从中得出推论：为了保护自己而隐瞒关键信息，说明他是一个粗中有细、有勇有谋的人。

教师小结：通过不断地提出推论性问题，我们一次次回到文章中找到论据进行推断。在我们的推断中，我们看到了鲁智深这个人物的复杂性和多面性。

2. 学生默读文本，合作完成学习单。

（1）小组讨论确定需要研究的推论性提问，并寻找推测依据。

鲁智深见了，心里早疑忌道："这伙人不三不四，又不肯前来，莫不要撇洒家？"

智深不等他占身，右脚早起，腾的把李四先踢下粪窖里去。张三恰待走，智深左脚早起，两个泼皮都踢在粪窖里挣扎。

智深相了一相，走到树前，把直裰脱了，用右手向下，把身倒缴着，却把左手拔住上截，把腰只一趁，将那株绿杨树带根拔起。

通过对人物心理、一连串的动作的细致描写，画面变得清晰而流畅，关键情节更为深刻，人物形象更为饱满，充分体现了鲁智深粗中有细、武艺高强与疾恶如仇的性格特征。

（2）分小组交流学习所得，推断出鲁智深粗中有细、粗鲁直率的性格特征。

此板块设计，引导学生运用步步推进法，寻找推论性问题的依据，做到有理有据地推论，从而深入地了解鲁智深的人物形象。

活动三：对比研读群文，尝试跨文本推论

1. 阅读"鲁智深拳打镇关西"的故事，谈谈发现。引导学生从"鲁智深对待镇关西和泼皮无赖的态度"等入手回答。

2. 对比研读文本，分析人物的共同点和不同点，从而找出鲁智深对待两者态度不同的原因。

3. 引导推论：从这两种截然不同的态度中，我们可以推断出鲁智深具有哪些性格特点呢？

通过这样的对比，引发思考，推断出"鲁智深是一个是非分明、行侠仗义、粗鲁但不莽撞、率真而不愚蠢的人"。

活动四：课外延展，自主应用策略

1. 教师小结：今天我们运用了自我提问的阅读策略来帮助我们推断人物性格特征，进而对人物形象形成自我认识。但仅仅通过一两个故事对一个人物进行推断依然不够全面。我们可以用这节课学过的方法继续去阅读和鲁智深有关的故事，去感受文学作品中人物形象的复杂性和多面性。

2. 推荐相关故事：醉闹五台山、大闹桃花村、火烧瓦罐寺……

三、以点带面，深化阅读，提升思维

阅读四大名著需要持之以恒，导读课只是一个开始。《水浒传》中的一百零八将，人人有精彩故事，个个形象鲜明。课后完全可以放手让学生运用自我提问策略自主阅读，尝试解决问题，感受人物形象。同时组织开设阅读分享课，设计各种活动，如精彩故事交流会、人物名片猜猜猜、人物对比明个性等，深入推进学生反复回读，培养学生的高阶思维。

如教学吴用智取生辰纲的有关章节，可以在学生通过解决事实性问题了解故事情节后，引导学生梳理双线故事情节图。明线是杨志押解生辰纲：上路—中计—失纲。暗线是吴用智取生辰纲：定计—施计—劫纲。然后，组织三次推论，深入了解人物形象。第一次围绕重点推论性问题"吴用的智取体现在哪里"开展研读，从"巧借天时、擅借地利、智用矛盾、智用计策"读出吴用之智。第二次进行思考：作者为什么写到了这四个要素？可以少写其中的一两个吗？第三次进行推论：丢失生辰纲真的是因为杨志愚蠢吗？这样通过解读吴用之智、作者的创作意图、杨志之失，将阅读思考引向深入。接着，引导学生将人物放在现实环境中对比阅读，思考两人性格特点上有什么差异，导致两人成败的原因是什么。

拓展延读，推荐学生品读《红楼梦》中林黛玉进贾府的有关章节，《水浒传》中的

《林教头风雪山神庙　陆虞侯火烧草料场》……要边读边问，及时记录问题，在文中寻找关键信息作为推测依据，并形成自己的阅读观点。这样能调动学生的思维，引发学生思考，使其准确表达出自己脑海中的人物印象。

课内习方法，课外求发展，课内外相互促进，相得益彰。"每个老师都不是在教学生阅读某本书，而是在教学生可以运用于多本书的阅读策略。要记住，不管你选哪本书进行阅读教学，不管你教的是什么班级的学生，你从来都不是在一本书上下功夫，而是在教同一类型的文本的阅读策略和技能。"由此，我们要注意做到以下几点：

第一，巧联文本，从简入手。由单篇而"窥"整本书，从整本书而"瞰"单篇，导读要贯穿整本书阅读始终。

第二，"导读、推进、分享"逐课深入，促使学生爱读、会读、深读，让名著阅读真正落地。当然，会读一本书不是最终目的，更主要的是要会读这一类书，乐读所有的书，从而提升学生的语文素养。

第三，前置后延，贯穿始终。"快乐读书吧"的教学不能仅限于几个课时，要放在更宽广的位置，不仅可以前置到寒暑假，贯穿全学期，还可以后延到下一个寒暑假，让名著阅读伴随孩子的快乐成长。

总之，阅读引导，贵在浸润，不要让名著成为摆设；阅读引导，贵在坚持，不要让阅读成为作秀；阅读引导，贵在自主，不要让阅读追求功利；阅读引导，贵在得法，不要让策略形同虚设。要恰当选用阅读策略，引导学生在阅读经典名著中体验幸福。

（浙江省义乌市实验小学）

批注："看得见"的真阅读

陈秀萍

批注阅读策略是指儿童在整本书阅读过程中边读边思考，将自己的所获、所疑、所感直接圈评在所阅读的作品上的一种读书方法。它包括符号批注、文字批注、提纲式批注等形式。

运用批注策略进行整本书阅读，不仅有利于儿童走进并沉浸在作品中，改善阅读的状态，将自己的人生经验与作品主旨相联系，增强阅读的共鸣，还有利于凸显儿童的独特体验，促进儿童自主阅读。因此，在整本书阅读过程中，我们要积极鼓励并指导学生开展批注式阅读，让批注助力"看得见"的真阅读。

一、基础性批注，初步感知整本书

基础性批注是一种原生态批注，是对作品中基础性知识的圈点勾画。这些批注指向对作品内容的初步认识、整体感知。

1. 知识性批注

所谓知识性批注，就是在阅读作品时，遇到不认识或不理解的字词，或者新接触的名词、概念时，借助工具书获得解释，并把查询的结果写下来。知识性批注为学生初步理解作品扫清了障碍。需要强调的是，整本书阅读时，并不是所有的阅读障碍都要扫清，不影响继续阅读或整篇理解的障碍允许"不求甚解"。

2. 积累性批注

所谓积累性批注，就是在阅读的过程中及时圈画好词佳句，对学生丰富语言积累、提升语用功底起着积极的作用。需要强调的是，积累性批注是值得回看的，只有反复咀嚼，才能真正为己所用。

3. 提要式批注

所谓提要式批注就是我们平时所说的内容概要。阅读情节相对独立的故事集、小说集，或者章回体小说等时，读完一部分后，尝试用简洁的语句来概括作品内容，既有利于学生整体感知作品，也利于学生提升提取信息、统整信息的阅读能力。

二、细节化批注，多元赏析整本书

在整本书阅读中，如能让学生与作品近距离对话，亲近、感悟作品，抓住作品的细节处形成多元赏析性批注,定能促进学生进一步理解作品、发展思维、陶冶性情、提升能力。

1. 批在欣赏处

优秀的书总有值得欣赏借鉴之处,如精妙的语言文字,丰满立体的人物形象,意蕴深远的作品主旨……因此,阅读时,教师要努力引导学生在这些细节处细细品读、慢慢咀嚼,与作品、与作者产生共鸣,在赏析批注中品味语言文字,唤醒学生内心深处的认知和体验,从而提高学生对整本书的欣赏能力。

2. 批在疑惑处

在整本书阅读时,读者如果能够在与作品的对话中产生疑问,再带着疑问继续阅读,必定会有一番觉悟和长进。

(1) 于题目处质疑。题目是文学作品的文眼,可以点明作品的主要内容,揭示行文的主要线索,还可以点明作品的主旨。学会于题目处质疑,会有意想不到的收获。读罗尔德·达尔的《了不起的狐狸爸爸》时,有学生批注:狐狸都是阴险、狡猾的,他有什么了不起的地方呢?读沈石溪的《狼王梦》时,有学生批注:狼王是谁?他有什么样的梦想呢?在阅读整本书时,学生如能经常于无疑处质疑,于题目处质疑,带着问题走进作品,定能更深入地阅读整本书。

(2) 于矛盾处质疑。整本书是一个连贯、完整的体系,前后关联性强,对人物、主题的展示都是逐步深入的,有时作品中还会出现矛盾冲突。但往往这些看似不合理的矛盾冲突,却能体现作者的匠心之处。在矛盾处质疑,能够促进学生对作品进行深度解读。如在读沈石溪的《狼王梦》时,母狼紫岚的种种行为着实让人困惑:她冒着生命危险保护腹中孩子,可后来却吃下了自己死去的第五个孩子;她通过黄鼬之事教训孩子蓝魂儿,让其知道生存之道,为何又放任黑仔提前走出洞穴捕食?学生如能在这些矛盾处进行批注,并在后续的阅读中寻求答案,他们对紫岚形象的认识会逐渐丰满,对紫岚心中的狼王梦的理解也会更深刻。

(3) 于空白处质疑。好的文学作品总会有适当的留白,给读者以想象的空间,也给读者质疑和二次创作的机会。于空白处质疑,能够促进学生创造性地解读作品,实现深度阅读的目标。比如《红楼梦》中,黛玉消香断时的那句"宝玉,你好……"便给读者留下了无限的想象空间。不妨让学生在此空白处质疑:黛玉这一句不尽之言究竟会是什么?并让学生试着去补充留白。相信学生对《红楼梦》中人物的解读在这质疑、补白中定能更丰富深刻。

3. 批在有启发处

整本书阅读的价值并不仅仅是对语文知识的理解和掌握,更重要的是提升学生的认知能力,促进学生的思维发展。因此,整本书阅读时,教师要积极引导学生在人文情怀浓厚之处,在文本事理凸显之处,即对自己的精神成长有启迪之处作批注。比如在阅读《草房子》时,不妨打乱小说顺序,将《红门》(一)(二)连起来阅读,并引导学生就杜小康面对家庭巨大的变故之后还能坚韧、昂首挺胸地生存这个话题进行批注。相信学生对"逆境中成长"的理解会更深刻,从而获得启迪,促进自身的精神成长。

三、专题式批注,深度评鉴整本书

有一定阅读、赏析能力的中高年级学生在读完整本书后,可再次回读,在比较、统整中尝试专题性的批注。这样的批注建立在篇章阅读的基础上,是一种高度探知,具有整体性和思辨性,能促进学生宏观把握、深度解读作品。

1. 批注语言特色

优秀的文学作品语言特点鲜明,表达技巧高超。读完之后,如能在反复对照中发现其语言特色,品味其中真谛,对学生深度评鉴整本书以及指导学生迁移创作都是一件有益的事情。比如在读完马克·吐温的短篇小说集《百万英镑》后,教师带领学生再次细细品味小说的语言,有学生这样批注:马克·吐温的语言十分幽默,他的幽默能引发人们的笑声,但又有些荒诞不经,有时还具有讽刺意味,讽刺了当时社会上的一些现象。学生的批注很好地概括了马克·吐温小说的语言风格——黑色幽默。长此以往,学生从整本书阅读中习得言语表达的精髓也就指日可待。

2. 批注主题特色

《草房子》中的每个少年都在述说着成长的美丽,而且他们的成长因为"苦难"而更加美丽。阅读完整本书后,教师引导学生就作品中主要人物的成长历程进行专题性的批注。学生对文本的解读经历了从个体到整体、从单一到统整的过程,对作品中人物的认识也更全面,同时也更能体悟这本书的主题——成长的美丽。因此,在整本书阅读后期,抓住主题特色进行专题性的批注,可以更好地感受作者传递的情感,感悟作品的主旨。

在整本书阅读过程中,针对不同的书目、不同的阅读时段,采用不同的方式进行批注阅读,不但能激发学生阅读的主动性,改变以往机械的阅读状态,还能提升学生的思维品质,加深学生对作品的认识,提升学生的阅读鉴赏力,让整本书阅读成为"看得见"的真阅读。

(江苏省丹阳市云林学校)

比较:向整本书阅读更深处漫溯

——以《希腊神话》的阅读推进为例

蒋爱东　黄海军

统编教材构建了全新的阅读编写体系,采用"主题单元"选文,设置了"快乐读书吧",以引导学生多读书,读整本书。

我们发现,单元中的选文往往主题相同或相似,而风格迥异。由此展开的整本书阅读,可以引入"比较"这一阅读方法,引导学生在阅读中比较同一主题不同类型作品的异同。运用"比较"的策略进行阅读,既可以拓宽学生的视野,又可使其深入理解作品的意义、感受作品的价值。正如叶圣陶先生所说:"阅读方法不仅是机械解释字义、记诵文句、研究文法修辞的区别,最要紧的还在多比较、多归纳……"

统编教材四年级上册第四单元"快乐读书吧"安排了学生拓展阅读中外神话。这是这一单元的拓展与延伸,目的是引导学生进入更广阔的神话世界,进行大量的阅读实践,感受神话的神奇想象,认识诸多的神话人物形象,了解祖先在探索和改造世界过程中对大自然的独特解释、美好向往,进一步激发学生阅读神话的兴趣。

这一单元的"快乐读书吧"推荐了赫拉克勒斯的故事,将《希腊神话》推入学生的视野。在数千年的时光里,古希腊人民创造出的精神财富和文化艺术瑰宝数不胜数。其中,希腊神话尤为引人注目。

以《希腊神话》阅读为例,笔者经实践认为,整本书的阅读可以从情节、人物、版本、表现手法、文化等角度实施比较阅读。

一、梳理内容,比较情节

《希腊神话》中人物众多,情节曲折,环境多有转换。学生记不住人名,分不清人物,不知人物的性格特点。阅读指导时,教师可以引导学生综观全书,顺着某一角度、某条线索厘清故事的情节脉络、人物关系、行动路线等,梳理故事内容,为后续的深入探讨打下基础。

梳理内容可以发现,《希腊神话》一般都是以神或英雄的名字作为小标题,也有以重大事件作为标题的,由此入手,可以进行整本书内部的情节比较。

比较人物本领有助于辨别情节。教师可以引导学生了解希腊神话中神的谱系,也就是了解神与神之间的关系,比较不同的神具有的本领、具体掌管的事务,并引导学生利用"标签卡""便签贴"等,为每一位神或英雄设计一张名片。现以太阳神阿波罗为例。

> 名字:阿波罗
> 本领:射箭、赶太阳车、弹基法拉琴
> 掌管事务:赶走邪恶、黑暗势力,是太阳神
> 关系:父亲——宙斯,母亲——勒托,妹妹——阿尔忒弥斯

再如宙斯是雷神,赫拉是神后,雅典娜是智慧女神,波塞冬是海神。这样既能让学生了解每个人物的特点,不易混淆,也能在阅读后介绍希腊人物时,有章可循。

比较英雄遭遇有助于发现异同。神话故事中人物的出生、来历皆有神奇之处,英雄也大都是百炼成钢。在阅读故事时,教师可以引导学生将不同神话人物的经历罗列出来。例如,佩尔修斯、赫拉克勒斯,这两位神话中的大英雄的成长经历有什么共同点?进行比较后,学生很快发现了神话故事情节的类似之处和人物的特别举动。

比较故事发展有助于感受精彩。重大事件中有诸多人物参与,似乎千头万绪,但比较故事发生的起因、经过、结果,就可以发现《希腊神话》中征战他乡、返回故乡的情节不少。例如,阿尔戈英雄的故事、特洛伊的传说、奥德修斯的经历等。在故事发展进程中,又有哪些异同呢?学生要发现其中的奥妙,自然要基于对故事情节的梳理。而梳理后比较,就能发现故事发展的诸多异同点。

二、话题探讨,比较人物

希腊神话主要由神的故事和英雄传说两部分组成。神的故事主要交代神的产生、神的谱系、神的活动和人类的起源等,反映古希腊人对大自然的无限崇拜和敬畏。希腊神话里的英雄传说,总体来看,都是讲述大英雄们坎坷的经历、非凡的业绩。例如,珀耳修斯、赫拉克勒斯、伊阿宋、阿喀琉斯等英雄的经历,反映了远古时期人类的生存活动以及与自然进行的顽强斗争。而一个个神话故事中的人物,个性鲜明、形象丰满,为阅读的推进提供了很多话题,可以促进学生的深入思考。

例如,在你心目中,雅典娜是一位怎样的女神?由书中的故事情节可以得知,雅典娜不仅是智慧女神,而且是女战神与和平女神,有着看似矛盾的两个称号。雅典娜具备人类最美好和最理想的品质,作为现实中人的化身,又会表现出善妒的一面。人物形象的比较和话题的探讨,实现了神话故事阅读的深化,也让学生感受到了希腊神话来源于丰富多彩的社会现实,因此生动形象、多姿多彩。

三、厘清结构,比较版本

推进整本书阅读时,常常会遇到这样的问题——版本众多,难以抉择,尤其是

外国文学作品。面对诸多版本,整本书阅读的推进明显受阻。就《希腊神话》来说,目前通行的主要有两个版本:一个版本是德国作家古斯塔夫·施瓦布编撰的,一个版本由俄罗斯作家尼·库恩编著。前者文字优美流畅,人物形象生动,故事情节组织得也很有序;后者文字平直、自然,体系明晰,对于原有故事再创作的成分甚少。不管哪个版本,都将神话故事和社会现实巧妙地编织在一起。在引导学生阅读时,笔者首先确立希腊神话主要由神的故事、英雄传说和历史史诗构成,再从讲述不同版本的同一神话人物、同一故事情节入手,比较不同版本在情节讲述、人物形象方面的异同。例如,对于普罗米修斯这一人物形象,两个版本讲到的分别是哪些故事?你更喜欢哪个版本?理由是什么?学生在讨论的过程中,互相交流,拓宽了阅读的视野,增加了阅读的容量。

四、跨越学科,比较手法

欲使整本书的阅读深入、生动,激发学生主动阅读、主动探究的热情,发挥所读作品的更大价值,还需要有跨学科的视角。不同的历史年代,都有文学艺术大师以希腊神话中的人物、事件为题材进行艺术创作。从传说到故事,由故事到戏剧、小说、动人的诗歌、深刻的寓言、瑰丽的民歌,各类文学创作都从希腊神话中汲取营养。神话人物、事件被创作成雕塑或绘成图画,广为流传,家喻户晓。只要接触西方文化,就必然会遇到源自希腊神话的典故。许多西方经典文学作品都涉及希腊神话中的人物和情节,有些甚至直接取材于希腊神话。

比较不同艺术形式对于神话的表现,比较其表现人物的方法:是主次分明还是平分秋色,是众星拱月还是侧面烘托,是抓住细节还是呈现宏大场面,是全盘改编还是部分美化……神话阅读呈现开放、多元、广阔的空间,涉及面广,形式不拘,更能引发学生自主阅读、探究原著的强烈欲望。

五、纵横万里,比较文化

神话是民间文学的一种,主要是由远古时代的人民集体口头创作,是他们探索自然并结合自己的想象所创作的,是人类创造的宝贵精神财富。作为一种文化,不同地域的民族孕育的神话具有一定的共性,也具有独特的个性。从世界范围看,世界神话中成系列的主要有中国神话、埃及神话、印度神话、希腊神话、北欧神话和斯拉夫神话。不同地域的神话分别代表了不同的文化。学生在阅读精彩的神话故事时,总会不由自主地想起读过的其他神话故事。阅读《希腊神话》,将之与其他地区、其他民族的神话进行比较阅读,发现共同之处,思考其差异,可以更深入地了解希腊古典文明,丰富文化积累。

例如,关于世界的起源,古希腊人用他们神奇的想象解释得清清楚楚。而这些关于世界诞生的故事,与中国神话中盘古的故事十分类似。两种神话故事都认为日月星辰由神来掌管,都认为自然现象由不同的神来控制等。

中国、希腊的神话中都有创世神话、自然神话、英雄神话等几种。阅读《希腊神话》，笔者引导学生分别以故事、人物为研究中心，将其按照"相同"和"不同"两条线与中国神话故事进行比较阅读，把握故事的主要内容和表现形式。

1. 以故事为研究中心，从不同角度比较情节，发现异同，对比呈现。例：

类别	希腊神话	中国神话
世界的形成	混沌中先有地神盖亚	混沌中盘古沉睡
自然界的现象	阿波罗的太阳车	日中金乌
英雄故事	普罗米修斯为人类带来火	女娲为人类造福
传奇故事	特洛伊战争	尧舜禅让

2. 以人物为研究中心，从不同角度发现异同，对比呈现。例：

类别	希腊神话	中国神话
神的诞生	雅典娜从父亲脑袋中蹦出	孙悟空从石头中诞生
神的故事	太阳神医治百病	神农氏尝百草
神的职责	丘比特执掌爱情之箭	月老牵红线
神的外形	达芙妮变成月桂树	炎帝神农为牛头人身

对比阅读中可发现不同文化中的神有着很多相似的地方，其差异性更能引起学生的注意。比较两种神话的差别，有助于学生感知中西方文化的差异。对比阅读也能让学生体会到不同地区的人们有着不同的文化价值观念以及理想寄托。从统编教材编排特点出发，落实"课外阅读课程化"，我们能够发现在整本书阅读过程中采用比较阅读策略，既可以开阔学生的眼界，活跃其思维，使阅读体会更加深刻，又能让学生发现差别，把握作品特点，提高鉴赏力。

(蒋爱东　江苏省盐城市盐都区教师发展中心；
黄海军　江苏省盐城市盐都区龙冈小学)

联结,民间故事快乐讲
——统编教材五年级上册"快乐读书吧"《中国民间故事》阅读指导策略

张海珠

民间故事是古代劳动人民创作并传播的口头文学作品,是前人留给我们的智慧结晶,是应继承和弘扬的优秀传统文化中的重要内容。统编教材五年级上册第三单元以民间故事为主题,选编了《猎人海力布》和《牛郎织女》两个民间故事,最后还安排了"快乐读书吧"栏目,推荐阅读各地的民间故事,让学生进一步体会民间故事的特点,感受阅读民间故事的乐趣。

本单元的语文要素是"了解课文内容,创造性地复述故事",习作要求是"提取主要信息,缩写故事"。因此在指导学生阅读《中国民间故事》这本书的过程中,笔者以讲故事为抓手,运用联结这一策略,指导学生习得民间故事的阅读方法,体验讲故事的快乐。

一、联结课内阅读,会讲故事

1. 纵向联结,明确目标

综观统编教材,学生已经进行过多次讲故事的练习:低年级"听故事,讲故事""看图讲故事";三年级选择别人感兴趣的内容讲,讲清楚了解的信息;四年级使用恰当的语气和肢体语言,使讲述更生动,要求不断提高;到了五年级,要求学生创造性地讲故事,促进学生讲故事能力的又一次提升。

2. 横向联结,掌握方法

联系五年级上册第三单元,不难发现,创造性复述故事的方法在《猎人海力布》《牛郎织女(一)》的课后题、《语文园地》的"词句段运用"栏目中都有相关的练习,《口语交际》安排了"讲民间故事"的活动,"交流平台"梳理总结了创造性复述故事的基本方法。由此,综合得出创造性复述的方法是:第一,能丰富故事情节,把简略的地方讲具体;第二,能丰富故事细节,配上适当的动作和表情等讲故事。

3. 图表联结,厘清情节

《猎人海力布》主要讲了两个小故事,这两个小故事环环相扣。要创造性地讲故事,就要学会快速、全面地把握主要内容。《牛郎织女(一)》以牛郎的成长经历为线索,因此先要引导学生围绕"童年—成人—成家"的过程,梳理出故事的脉络。由此可见,民间故事一般有固定的类型和重复的段落,这是为了在讲述中方便记忆,加深听众的印象。

在导读《中国民间故事》时,我要求学生选择最喜欢的一个民间故事,运用学过的方法按照不同特点绘制图表,或梳理故事情节,或厘清人物关系,为讲好故事作准备。

可按照事情发展的顺序绘制流程图,如《木碗的故事》。(见下图)

老人摔破碗⇒儿、媳让用木碗⇒孙子制作木碗⇒儿、媳悔过孝老

对于由几件事情组成的故事,绘制结构图,就能帮学生迅速抓住核心内容,如《孟姜女》。(见下图)

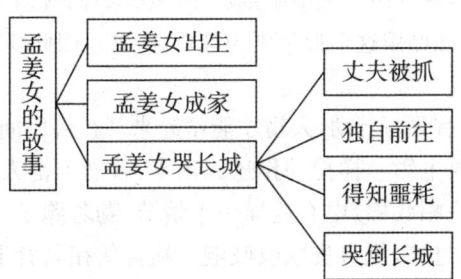

对人物众多的民间故事,可以用表格厘清人物关系,如《八仙过海》。(见下表)

八仙	法宝	过海办法

二、联结奇思妙想,丰富故事

小学生具有丰富的想象力,他们的奇思妙想为民间故事增添了无限魅力。因此,我们要鼓励学生大胆发挥想象,丰富民间故事,感受故事的生动与神奇。

适当地补充语言、动作、心理等描写,丰富故事里的细节,能把故事讲具体、讲生动。如果能适当配上动作和表情,就会给听众以身临其境的感觉。

1. 想象声音

着眼于故事人物的语言,把简单的叙述改成对话的形式。如《田螺姑娘》这个故事,当田螺姑娘被小伙子发现做饭的事情后,她想回到水缸里,又被小伙子挡住了去路,只得说出实情。田螺姑娘会怎么说呢?小伙子又会怎么回答呢?引导学生联系下文,把这部分故事内容改成对话的形式,呈现当时的情景,给人以身临其境的感觉。

讲述故事时,适当地加入音响效果,可使故事更生动。还是以《田螺姑娘》为例。田螺姑娘消失前,天空中刮起了一阵大风,接着下起了大雨。在讲故事时,补充风声和雨声:"突然,呼呼……天空中刮起了一阵大风,哗哗哗……下起了大雨。"音响效果的融入使田螺姑娘这个形象更为神奇,故事也因此变得精彩。

2. 想象慢镜头

老舍先生说:"只有描写行动,人物才能站起来。"在讲民间故事时,抓住核心情节中的关键动作,像放电影一样把动作还原出来,就能丰富人物形象,从而推动故事情节的发展。如《一幅壮锦》中有这样一个情节:勒若跑了三天三夜,到了火山。红红的火焰向人马扑过来,烧得皮肤吱吱响。勒若伏在马背上,咬紧牙根忍受着。约莫半天才越过火山。此处写勒若越过火山的情景,最能体现他找回壮锦的勇气和毅力。可以先给学生看图片,形成阅读期待;再引导学生想象勒若骑着马越过火山会有哪些动作,除了腿部的动作,他的头、手的动作分别是怎样的。学生在头脑中形成画面后,再把动作连起来讲,最好配上肢体语言。有了这一步的训练,就可以把这部分内容讲生动、讲具体。

3. 想象心理

透过表象,走进故事人物的内心,进行合理的补白,能加深对人物的理解。如《田螺姑娘》故事中,当小伙子回家发现热腾腾的饭菜已经在桌上摆好了,此时他心里会怎么想呢?当他看见一位美丽的姑娘从水缸里出来,生火、做饭,心里又会怎么想呢?当田螺姑娘不见了踪影,只剩下一个田螺壳时,他心里的想法又是怎样的?这一个个留白点都适合学生展开想象。走进小伙子的内心,体会小伙子"惊喜—惊讶—失落"的心情变化,不但厘清了故事的情节发展,田螺姑娘的形象也随之丰满起来。

三、联结创意表达,乐讲故事

"快乐读书吧"的编排,目的就是让学生感受阅读的快乐,从而养成阅读的习惯。因此,学生不仅要创造性地讲,还要愿意讲,敢于讲,把讲故事当作一件快乐的事,不断提升自信心,同时在讲故事的过程中形成较好的语言素养,提升语文能力。

1. 创新角度讲故事

转换角度讲故事，能让学生有不一样的体验。学生只是阅读者，就要站在旁观者的角度去看待故事，讲故事时融入自己的阅读感受与感悟。学生把自己当作主人公，所有的经历都是亲身体验过的，感同身受，入戏会更深。学生若是把自己当作其他角色，是非曲直要分明，才能正确把握讲故事的情感，语气、语调才能恰如其分。

2. 创新形式讲故事

讲故事的形式单一、重复，势必会影响学生讲的兴趣，尝试采用学生喜闻乐见的形式，会收到意想不到的效果。如配音讲故事，播放民间故事动画片，学生边看动画片边配音，更容易入情入境。如看连环画讲故事，一帧帧画面更能激发学生的想象力。学生有了图片这个支架，加以想象与创造，定能把故事讲得多姿多彩。再如亲子讲故事，请家长与孩子一起讲民间故事，家长的榜样作用在激励着孩子，鼓舞着孩子，孩子的阅读习惯也更容易养成。

3. 创新平台讲故事

在科技发达的今天，我们不要将讲故事的平台只限于教室这个空间，可以开辟"空中故事会"，利用网络打破时空限制，让民间故事长上翅膀，传播得更远。如利用微信公众号，将学生讲故事的画面通过微信这个平台进行推送，鼓励家人朋友点评或转发。再如录制微视频，通过抖音这个媒介传播给更多的人。这样既树立了学生讲故事的信心，又让优秀传统文化得到了更广泛的传扬。

民间故事是古代劳动人民智慧的结晶，我们应该在尊重原著的基础上发挥想象力和创造力，进行适当的创作。民间故事也是口耳相传的经典，因此阅读民间故事，就是要指导学生会讲、乐讲，让民间故事真正走进每个人的心里。

（浙江省宁波市鄞州区钟公庙实验小学）

兴趣为先,任务驱动,深度联结

——米·伊林《十万个为什么》整本书阅读教学策略

杨玉林

统编教材四年级下册"快乐读书吧"重点推介了苏联作家米·伊林的《十万个为什么》,引导学生阅读科普作品,了解更多科学知识,培养探索科学世界的兴趣。如何从儿童的阅读需求出发,依据知识类读物的文体特点,让整本书阅读教学更加有效、有趣?笔者以米·伊林的《十万个为什么》为例,谈谈整本书阅读的教学策略。

一、激发内需"悦"读

"快乐读书吧"以"快乐"二字为先,而兴趣是"快乐"的重要基础。美国教育家克伯屈认为要让学生具有通读并反复阅读的内部动力,确切地说,就是阅读某本书的兴趣。所以整本书阅读教学要把激发学生的阅读兴趣放在首位,通过丰富多彩的阅读活动引导学生兴味盎然地读完整本书,并反复地品读整本书。导读环节应重在激发学生的探究欲,阅读过程重在维持他们的阅读兴趣,此外,教师还应通过任务驱动引导学生读后进行探究。

1. 读前预测

《十万个为什么》整本书采用了屋内旅行的构思方式,文章的题目以问题的形式呈现,很容易引发学生的阅读兴趣。

导读环节可以利用目录进行猜读,激发学生的阅读兴趣。以《我们生活中的用水》一章为例,可以先挑选学生最感兴趣的问题进行预测,猜一猜问题的答案,再读读书中内容,验证自己的想法。针对个性化的兴趣点,运用预测策略形成阅读期待,激发好奇心,能使学生充分感受到科普作品的独特魅力。

> 为什么用水来洗涤?怎样使肥皂泡工作?为什么人要喝水?水能不能摧毁房屋?为什么穿上冰刀不能在地板上滑行?有没有不透明的水和透明的铁?
>
> ——《我们生活中的用水》目录(节选)

2. 读中竞赛

为了让学生充分感受科普作品的知识性和趣味性,教师可以采用知识竞赛的

方式让学生交流阅读所得,激发他们深入阅读的内驱力。实施路径如下:
（1）自创赛题
挑选阅读过程中印象最深刻的知识点考一考组内成员,分成三个难度等级,列出考题单:

难度分级	题型	题目	答案
★	判断或图示		
★★	选择		
★★★	简答		

（2）组内争霸
四人小组两两对决,获胜者再两两对决,选出小组擂台赛冠军。
小组内交换考题单,交流擂台赛中自己未能答出的题目。
（3）自由挑战
鼓励学生在阅读过程中随时出题考考同伴,共享阅读的快乐。
3. 读后拓展
读完整本书后,学生可以围绕"感兴趣的作家""感兴趣的内容""感兴趣的书系"等话题展开调查,广泛搜集信息,有针对性地进行第二轮读物推介。通过制订后续阅读计划,学生可以从兴趣点出发,保持阅读热情,进入更广阔的科普世界。

二、关注整体"慧"读

整本书阅读教学要引导学生着眼于"整本",提升整合能力,培养关联思维、整体思维和系统思维。教师可以设计任务专题和学习项目,整合书本信息,让学生逐步习得整本书阅读的方法。

1. 任务专题集零为整
整本书阅读教学可以根据全书内容、结构、语言等方面的特点设计阅读单,指导学生阅读时前后观照,提取关键信息,培养整体思维。《十万个为什么》采用"全屋旅行"的站点式结构,用诙谐幽默的语言介绍身边的科学知识,是科学与文学的美妙结合。教学中,笔者设计了"科学术语晒一晒""问题清单列一列""创意奖项设一设"等专题任务阅读单,引导学生关联前后,集零为整。学生可以将读懂的科学术语整理成"术语表"附在书后。通过列问题清单,学生可以筛选出具有思考价值的问题,聚焦重点、难点进行研讨交流。通过给米·伊林颁奖,学生可以发现作者的创意构思,体会科普作品的价值。

2. 学习项目联通内外
阅读科普作品不仅要了解书本里的科学知识,还要关注科学与生活的联系,学会用科学的态度看世界,用科学精神对待阅读中产生的每一个问题。

米·伊林的《十万个为什么》是科普读物的经典之作。他围绕生活中常见的现象发问,介绍了日常生活背后的科学知识。课后,笔者设计了《我们的全新屋内旅行记》写作学习项目,要求学生在自家厨房里走几步,试着提出两个和科学有关的问题,并想办法找到答案,然后以学习小组为单位合作完成《我们的全新屋内旅行记》其中一个章节。

我关注到的物品(现象)	我提出的问题	我找到的答案

三、借助工具"深"读

与文学类作品不同,科普作品的阅读重在指导学生运用提问、联结、转化等阅读策略,把书读深读透,成为积极主动的阅读者。

1. 勤用"提问"读明白

四年级下册第二单元的语文要素是"阅读时能提出不懂的问题,并试着解决"。这是四年级上册第二单元"阅读时尝试从不同角度去思考,提出自己的问题"的延伸。

导读课上,笔者设计了两个环节指导学生提问。

(1) 提出问题,及时记录

不动笔墨不读书,阅读要留下思考的痕迹。我们可以在书中相关内容旁边记下自己的疑问,也可以先列出问题清单,再逐个解决。

我的疑问	解决方法	寻找到的答案

(2) 深入思考,学习追问

要使思考更深入,还可以这样围绕主题进行追问:

2. 巧用"联结"读丰富

阅读科普作品,可以将书中内容与个人经历、背景知识建立联系,从而更好地理解内容。

阅读推进课中,在"读懂科学术语"环节,笔者指导学生积极运用原有知识经验推测"术语"的含义。例如读到"氧化",学生就自然地联想起苹果切面"生锈"的画面;读到"融化",关于冰雪消融的认知经验就会被唤醒。

阅读过程中,教师要鼓励学生利用联结策略单记录下思考的成果。

联结策略单 1

我原来知道的信息	我新知道的信息
我形成的新认识	

联结策略单 2

画出或写出书中的一个事实	画出或写出由这个事实想到的内容

3. 善用"转化"读深入

阅读科普作品,往往需要学生运用转化策略深入文本、积极思考,将已有的背景知识与新知识联系起来,获得对文本内容的进一步理解。依据问题的指引,他们将获得新的发现或产生某种观点的转变。

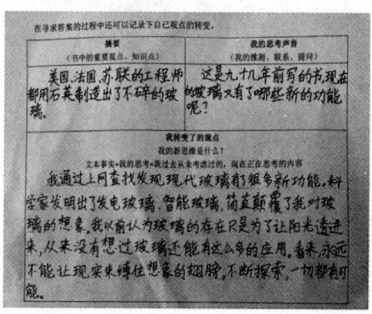

由获取信息到深入理解,学生经历了真实有效的阅读过程。从提出浅层问题,到提出具有思考价值的问题,再到联系生活经验和已有知识进行深层思考,阅读逐步深入,学生获得的已不仅仅是知识,还有解决问题的能力和积极探究的精神。学生由此才真正领略到科普作品的魅力。

(江苏省南通市通州区实验小学)

红色经典"篇本类"联读路径

——以统编教材六年级上册第二单元为例

赵芝萍

红色经典包含着当代中国人丰富的历史记忆和我们视为至宝的精神财富。"篇本类"联读是站在学生视角,引导学生在单篇课文的学习中习得阅读方法,在整本书的阅读中尝试运用方法,再在一类书的阅读中自主运用方法,最终习得阅读之法的教学过程。笔者以统编教材六年级上册第二单元为例,设计红色经典"篇本类"联读课程,引领学生经历从"单篇"到"整本",再到"一类书"的阅读过程,品味红色经典的红色味道。

一、聚焦语文要素,指导读"篇"

统编教材六年级上册第二单元的人文主题是"重温革命岁月,把历史的声音留在心里",本单元安排了四篇课文,包括《七律·长征》《狼牙山五壮士》《开国大典》三篇精读课文和一篇略读课文《灯光》。另外,阅读链接中还有《菩萨蛮·大柏地》《毛主席在花山》《狱中联欢》《伟大的友谊》等作品。四篇课文从不同角度重现不同革命时期的历史画面,让读者如临其境、如闻其声,受到熏陶和感染:《七律·长征》以长征为素材,是毛泽东同志在红军长征即将胜利之时写的一首格律诗,全诗生动概述了两万五千里长征的艰难历程;《狼牙山五壮士》写在抗日战争时期,记叙了五名战士为掩护群众和部队转移,英勇杀敌,把敌人引上狼牙山后壮烈跳崖的故事;《开国大典》写在中华人民共和国成立后,记叙了1949年10月1日在首都北京举行开国大典的盛况;《灯光》回忆了解放战争时期,郝副营长用火光为部队标明突破口而壮烈牺牲的一段往事。

本单元的语文要素是"了解文章是怎样点面结合写场面的"。所谓"点",指的是对某个事物或多个事物的详细描写;所谓"面",指的是对多个事物的概括描写。教师要从这一要素出发,引导学生进行单元整体联读,既要关注作品中对整体面貌的勾勒,也要关注作者对局部细节的刻画,学习二者如何有机结合,从而体会作者的思想感情。

在单篇教学时,教师需要结合文本特点,遵循阅读规律,设计能够促进学生感悟作者表达方法的阅读活动,引导学生自主与文本对话,与作者对话,实现读文与习法的统一。

教学《七律·长征》时,教师可设计"承接式"问题,引发学生思考:毛主席的这首格律诗是围绕哪句话来写的?毛主席围绕中心句选取了哪几个事件?长征一路充满艰难险阻,一定有很多感人的事件,毛主席为什么仅仅选取这几个事件来写?

教学《狼牙山五壮士》时,教师可设计"剥笋式"教学活动。首先引导学生整体了解狼牙山五壮士的壮举,接着引导学生聚焦描写五位壮士的特写段落,感受其悲壮,最后议一议:只写面、不写点,或者只写点、不写面,会怎么样?这样层层剥笋,让学生明白:点面结合来写战斗场面,能够渲染当时的气氛,很好地塑造人物形象,使读者有身临其境的感觉。

教学《开国大典》时,可设计"关联式"教学活动,引导学生尝试把《狼牙山五壮士》中写"痛歼敌人"的文段和《开国大典》中写"阅兵式"的文段比较着读,想一想:同样是写场面,两者在具体的写法上有什么相同点,又有什么不同点?

教师提供如下表格,作为学生进一步探究的支架。

	《狼牙山五壮士》"痛歼敌人"的片段	《开国大典》"阅兵式"的片段
相同点	都是"面—点—面"的顺序:五个战士(面)—逐一抓住五个战士的神态、动作(点)—敌人(面)	都是"面—点—面"的顺序:部队由东往西(面)—海军、步兵、炮兵、战车师、骑兵师、人民空军(点)—群众(面)
不同点	凸显的角度不一样。"点"是五个战士,逐一抓住五个战士的神态、动作写好"点"。	"点"是不同方阵,而"面"是群众,对群众的描写特别详细。
我的发现		

阅读《灯光》时,教师引导学生自读探究,去感受整体面貌和局部细节,从而对郝副营长产生敬意。学生充分感受到郝副营长牺牲时的壮烈后,再回到自读提示,通过同伴互助、教师引导相结合的方式,感受这篇文章丰富的内涵。

以上单篇课文的学习中,教师紧扣单元要素"点面结合",为红色经典整本书的阅读奠定基础。

二、运用阅读方法,引导读"本"

在单元课文的学习后,笔者选取了《铁道游击队》进行整本书阅读。阅读中,教师引导学生尝试运用之前学到的感受整体面貌和研读局部细节相结合的方法,设计辅助性的阅读活动,让学生亲历红色经典整本书阅读的过程。

1. 梳理游击战斗,感受作品整体面貌

《铁道游击队》描写了一支英勇善战的游击队伍,塑造的是英雄群像。为使学生了解作品中那些感天动地的英勇事迹、英雄群体,笔者设计了三个层面的"聊",引导学生聚焦群像、聚焦场面,运用视觉化的阅读策略,把作品文字转化为画面,感受动态、恢宏的游击"现场"。

(1)"聊"游击战术

"游击"是这支队伍主要的战斗方式,也是他们智慧的体现。当学生阅读到一半时,教师可引导学生聚焦"游击"二字,结合书中已经发生的情节来聊一聊:你觉得"游击"究竟是一种怎样的战术?由此让学生跳出书中内容,对书中描写的作战方式进行提炼。读完书后,再聚焦战术进行讨论,全方面感受游击队的智慧,领略这部小说独有的魅力。

(2)"聊"游击队伍

教师以"这支队伍的发展史"为话题让学生展开谈,引导学生主动去发现:在刘洪的带领下,队伍人数不断壮大;在李正的指引下,队伍觉悟不断提升,逐渐形成了不可撼动的凝聚力,最终成为一支让敌人闻风丧胆的"飞虎队"。

(3)"聊"游击战斗

学生读完整本书后,可在班级里进行一次投票评选。教师和学生共同商定投票的项目,可包括"最惊险的战斗""最智慧的战斗""规模最大的战斗""收获最大的战斗""参与人数最多的战斗"等,引导学生对整本书的情节进行提炼和概括,整体感知战斗的场景,并形成自己的阅读感受和体验。投票后,教师还可组织班级发布会,让学生分享自己评选出的故事。

2. 推选精神领袖,研读作品局部细节

小说中的人物形象很多,每个人又是立体、多元的。如何让学生主动去研究情节,充分感受人物形象?笔者设计了这样一个阅读活动。

教师首先提出话题:这支队伍由原来的一人行动,发展到二人配合,再到三人队伍,直至后来不断壮大,在这个由少至多的变化过程中,你认为谁是他们的精神领袖?接着组织小组讨论,要求组员在组内达成共识,并根据书中的故事情节罗列出具体理由,把页码标注在理由的后面。最后组织全班进行交流分享。

在探讨、交流与分享中,学生会关注具体的人物,尤其关注王强、刘洪、李正三人的语言、动作和在队伍中的贡献。在这个阅读活动的引导下,学生自觉与文本对话。在此基础上,教师可以帮助学生总结:在大家的交流中,出现频率最高的这三个人就是书中的主要人物,主要人物总会闪耀独特的人性光辉。

3. 前后比照阅读,品味作品红色精神

通过比较,学生能看到相同,更能发现不同,从而获得新的体验。

(1)前后比较,寻找最重要的转折点

小说讲究故事情节要一波三折。《铁道游击队》中有一个非常重要的情节转折点,就是"进山整训",这是队员第一次面对面地和中国共产党深度交流,这次整训是对队员全方位的精神洗礼。如何让学生发现这一点？教师可组织一次小小的辩论会，让学生畅谈自己心中认为的最重要的故事情节转折点。学生在辩论中逐步深究"进山整训"，了解这次整训对队员的影响。

（2）前后比较，寻找变化最大的那个人

这次转折影响着所有的战士。当学生在辩论中清晰地了解到党对他们的精神影响后，教师可继续组织学生关注作品细节，去寻找变化最大的那个人，走进人物的精神世界，让红色经典深入学生的心灵。

三、内化阅读方法，自主读"类"

学生经历了单篇的方法指导和整本书的方法运用，对阅读红色经典已较为熟练。在此基础上，教师可引导学生自主选择红色经典作品，在自主阅读中完成对阅读方法的吸收与内化。

1. 推荐自主阅读作品

当学生学有余力时，教师不妨再向学生推荐几本红色经典作品，如《小兵张嘎》《刘胡兰传》《红岩》《两个小八路》等，由学生根据自己的阅读兴趣和阅读能力作选择。

2. 指导拟订阅读计划

阅读计划往往起到约束和促进作用。因此，教师可以协助学生制订一本书的阅读计划，计划内容包括阅读的时长、每天的阅读任务安排。计划完成后，教师可与学生共读，并督促学生按照计划自主完成阅读任务。

3. 督促自主运用方法

在这个环节中，教师应该多陪伴少干预，适当督促并检查学生的阅读进度。如何检验学生的阅读成效？教师可相机组织分享和交流，让学生分享对《红岩》的整体认识，交流对个体党员的认知。可以引导学生关注不同的场景，如狱中联欢，去探究作者对联欢场景的呈现和对主要人物的刻画。教师也可随时展示学生阅读中的"成果"，并巧妙点拨，促进学生深入思考。笔者班上的学生在阅读《红岩》时，关注到了书中对各种刑具的描写，笔者顺势引导学生细读共产党员们面对酷刑的表现，并由此产生了刻骨铭心的阅读体会。学生还在阅读中主动将其与《铁道游击队》比较，发现：《红岩》大多以悲剧结尾，《铁道游击队》的结局则比较圆满。笔者顺势引导学生思考：读者大多喜欢圆满的结局，你怎么看《红岩》的悲剧结局呢？

红色经典讲述着动人的革命故事，塑造着鲜明的人物形象。要让学生自己读起来，既要关注作品中对整体面貌的勾勒，也要关注作者对局部细节的刻画，从"篇"走向"本"地阅读，最后让学生自主阅读一类书，在文字间体会作者的思想感情，感受经典的力量。

（江苏省镇江科技新城实验学校）

借助导图,让整本书阅读思维可视化

——以《汤姆·索亚历险记》整本书阅读教学为例

章青青

《义务教育语文课程标准(2011年版)》明确要求:"重视培养学生广泛阅读的兴趣,扩大阅读面,增加阅读量,提高阅读品味。提倡少做题,多读书,好读书,读好书,读整本的书。"依据课标要求,统编教材加入了大量的整本书阅读内容。其中五、六年级安排了以下内容:

册数	类型	书目
五年级下册	中国古典名著	《西游记》《三国演义》《水浒传》《红楼梦》
六年级上册	"成长"主题的小说	《童年》《小英雄雨来》《爱的教育》
六年级下册	外国文学名著	《鲁滨逊漂流记》《骑鹅旅行记》《汤姆·索亚历险记》

整本书阅读对学生的成长发展具有重要意义,更是提升学生思维能力的重要途径。那么如何让学生在整本书阅读指导中提升思维能力呢?笔者认为借助思维导图,让整本书阅读思维过程可视化,是一条行之有效的途径。

思维导图作为思维可视化的具体工具,可以将读者原本不可见的思考路径、思维方法以图示的形式呈现出来,使其清晰可见。整本书阅读教学中,教师可以借助多种形式的思维导图,从时间、空间、情节、人物形象、语言特色、写作方法等多个方面进行指导,帮助学生更有效地整合信息,促进思维能力的发展。比如《汤姆·索亚历险记》整本书阅读教学,就可以进行以下探索实践。

一、花瓣式思维导图,让整体感知可视化

整体感知是整本书阅读的第一步,而抓题眼是引导学生整体感知的切入口之一。这个题眼就像是花瓣式思维导图的花蕊,整个故事就是围绕这个"花蕊"展开的。《汤姆·索亚历险记》是一部长篇小说。学生面对篇幅较长的作品往往会产生焦虑、迷茫或者畏难的情绪,难以聚焦重点。因此,笔者紧扣书名提出问题:这本书书名中的题眼是什么?由此学生明白了这部小说写的就是主人公的冒险经历。紧

接着,笔者借助花瓣式思维导图(图1)帮助学生整体感知小说的主要内容,让学生一边读,一边完成思维导图。形象直观的思维导图实现了整体感知的可视化,有效地培养了学生整体感知、把握主要内容的能力。

图1　花瓣式思维导图

二、鱼骨式思维导图,让人物关系可视化

梳理人物关系是整本书阅读的难点之一,尤其是外国长篇小说,人物多且姓名长,特别容易混淆。鱼骨式思维导图是分析问题、梳理脉络的有效工具,也是梳理人物关系的思维支架。《汤姆·索亚历险记》中人物多达几十个,人物的姓名都比较难记。随着整本书阅读的推进,小说的众多人物以及人物间错综复杂的关系容易成为学生阅读理解的障碍,使他们望而生畏。笔者借助鱼骨式思维导图(图2),引导学生一边阅读一边记录,有效提高了学生的阅读效率,也培养了学生梳理人物关系的能力。

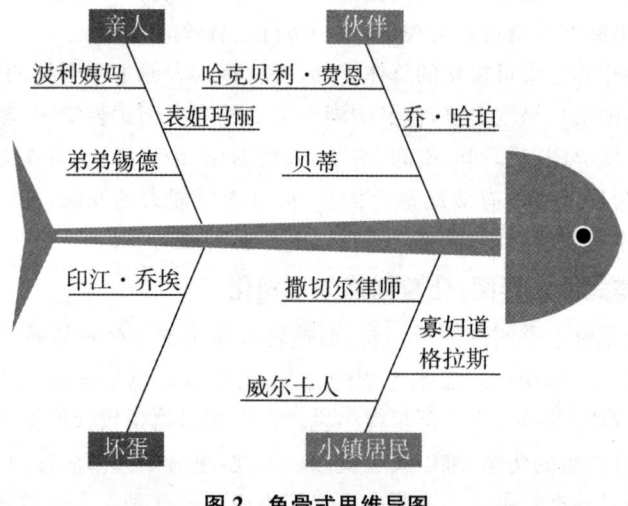

图2　鱼骨式思维导图

三、阶梯式思维导图,让情节梳理可视化

小说的故事情节往往一波三折,而阶梯式思维导图可以直观地呈现故事情节的发展、人物情绪的变化等。《汤姆·索亚历险记》第32章《逃出生天》,是以汤姆和贝蒂的处境为线索展开故事情节的。为了让学生体会到故事情节的精彩以及掌握小说的写作方法,笔者借助阶梯式思维导图,分步骤引导学生梳理故事情节。具体实施如下:

第一步,让学生在故事中找出汤姆和贝蒂的处境,画出相关语句,概括如下:

汤姆、贝蒂山洞失踪—汤姆、贝蒂回家—汤姆得知乔埃被困山洞

第二步,引导学生进一步思考,围绕着汤姆、贝蒂的处境变化以及小镇居民的心情变化,画出如下思维导图(图3)。

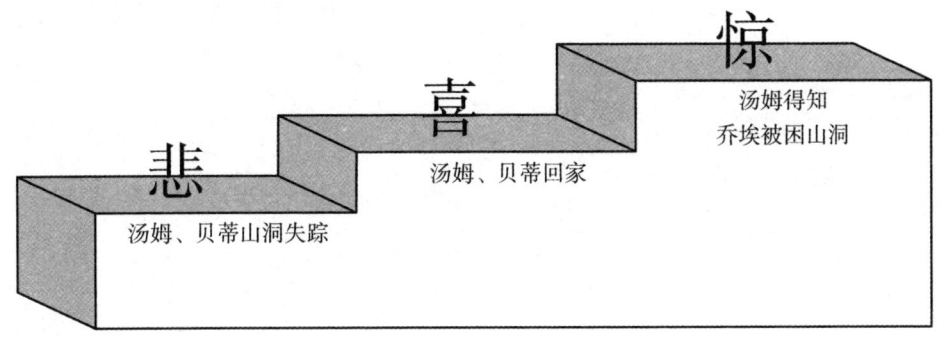

图3 阶梯式思维导图

四、天平式思维导图,让思辨过程可视化

"学而不思则罔。"整本书阅读过程中让学生进行思辨,是使阅读对话从无效转向有效,进而走向高效的关键。在《汤姆·索亚历险记》的开头,作者马克·吐温是这样介绍汤姆的:"我从来没有见过比这孩子更淘气的。"可是又有人说,汤姆正义、勇敢,是男孩子们的偶像。精彩的情节塑造出汤姆鲜明的人物形象,那么你喜欢故事中的汤姆吗?"一千个读者就有一千个哈姆雷特。"每个人都会对汤姆有自己的认识,甚至同一个人的认识也会存在前后矛盾的情况。围绕这个问题进行思辨,有助于学生深入地理解人物形象。笔者设计了天平式思维导图(图4),引导学生深入分析人物形象,找出足够的"砝码"来支撑自己的观点,看看最终天平会倾向哪一端。这样的思辨过程,更容易促进学生思维能力的发展。

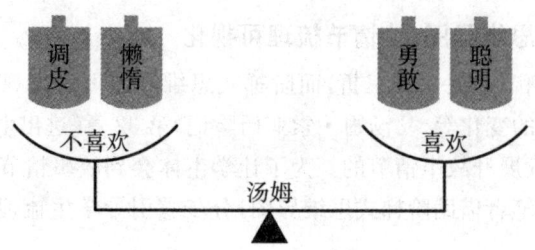

图 4　天平式思维导图

不同类型的思维导图使学生的整本书阅读有了思维支架,能大大提高学生的阅读效率,更能促进学生思维能力的发展。

(浙江省绍兴市上虞区金近小学)

导读单:让思维走向通达

——统编教材"快乐读书吧"可视化导学路径探析

姜凌佳

统编教材新增了"快乐读书吧"栏目,全面拓宽阅读内容,提倡"宽阅读""深阅读"。约翰·杜威说:"好的教学必须能唤起儿童的思维。"为了打破传统导读教学的壁垒,使学生从浮于浅表的阅读困境中突围,教师可以运用导读单,从多个层级进行阅读思维力的训练。学生在导读单的任务驱动之下,自主探究,内化输出,充分体现了"依单寻知""依单促思"的功能价值。

一、在整合中统揽内容,提升结构化思维

"快乐读书吧"涉及的文体丰富,主要有童话、寓言、民间故事、神话故事、探险小说、成长小说和中国古典章回体小说等。文体不同,阅读方法自然也要变化。教师要找准紧要处、细微处,通过导读单将隐含在整本书中的关键信息提取出来,整合加工,使学生理解内容,习得方法。

1. 聚焦回目,预测情节设置

五年级下册"快乐读书吧"推荐了"四大名著",这是对单元所学内容的延续。作为我国的经典文学瑰宝——长篇章回体小说,它独特的回目是学生首先要感知的文化元素。

例如,在《水浒传》的导读课上,可以运用导读单:一方面启发学生发现回目对偶的特点,即人名对人名,地点对地点,事件对事件;另一方面引导学生猜读小说的情节,从而充分调动学生的阅读期待。

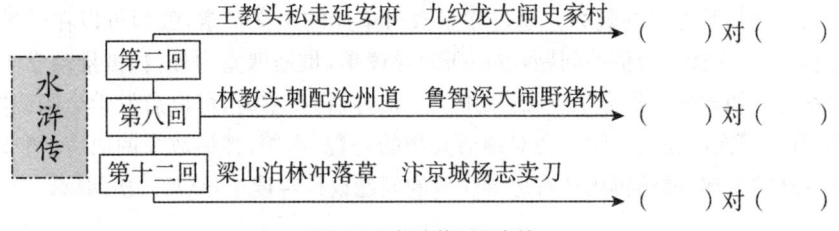

图1 《水浒传》导读单

2. 拆解信息,剖析人物形象

在中外经典小说中,作家们塑造了众多鲜活的人物形象。为了使学生更好地理解整本书的内容,教师在设计导读单时,可以将人物、关系、情节等信息进行拆解,运用图表进行分类。学生在阅读中及时记录感受,并随着情节的推进,不断修正、完善,使阅读思维逐渐清晰。

例如,高尔基的自传体三部曲中的《童年》是六年级上册"快乐读书吧"推荐的成长小说。小说取材于作者的亲身经历,还原了一个家庭、一个时代的众生相。教师可以设计一张人物图谱,供学生记录、评价。梳理之中,学生对外祖母的慈爱、小茨冈的同情心、格里戈里的憨厚形成全面、清晰的认识。这样一来,学生能够更深入地走进小说,对整个故事的来龙去脉、人物关系等有整体把握。

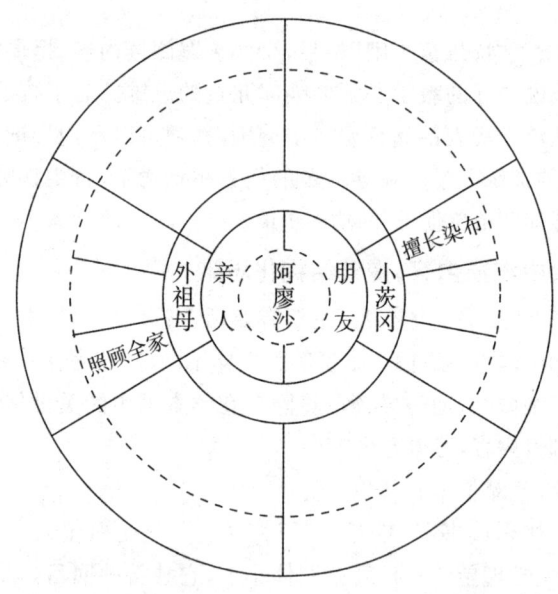

图 2 《童年》导读单

3. 锁定要素,实现方法迁移

四年级上册的"快乐读书吧"推荐了《山海经》《中国古代神话》和《希腊神话与英雄传说》。由于神话是由古代劳动人民通过幻想而创造的故事,教师需要引导学生多元地感知其神奇的魅力。通过联系教材单元的语文要素,教师可以在学生提问的基础上,甄选有价值的问题,继而研制导读单,贯通课堂内外,积极推动学生思维的发展。如教师在指导学生阅读《中国古代神话》一书时,可以启发学生围绕"神奇"进行多层次的提问。学生会对神话人物的外貌、本领,神话故事的语言、情节等提出自己的见解,教师再挑选有思维含量的问题设计导读单,驱动二次阅读。

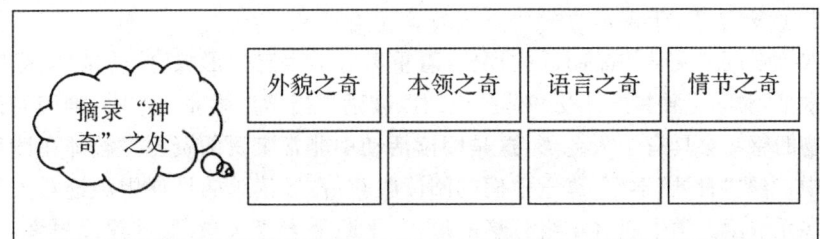

图 3 《中国古代神话》导读单

二、在对话中咀嚼内涵,发展审辨式思维

每一本书都有独特的内涵和创作意蕴,学生阅读的过程也是与文本、作家、角色对话的过程。教师借助导读单这一阅读支架,创设话题情境,引发学生进行多维度思辨。学生在通读整本书的基础上,输出阅读体验,丰富而立体地评价人物,在理解中将思维引向纵深。

1. 挖掘细节,于深层联结中与创作背景对话

六年级下册"快乐读书吧"的主题是"跟随外国文学名著的脚步,去发现更广阔的世界",向学生推荐了《鲁滨逊漂流记》《骑鹅旅行记》等四部外国游记和冒险小说。这一类作品是学生喜闻乐见的,教师需要在学生认知的基础上以导读单为媒介,做好创作背景、阅读经验等的联结,使学生在感受小说曲折的情节之外,进行深度的思辨。《鲁滨逊漂流记》是英国现实主义文学作品,它是丹尼尔·笛福根据亚历山大·塞尔柯克的亲身经历创作的。当时正是18世纪资本主义社会发展的上升时期,人们热衷于到海外进行探险活动。教师可以在导读单中设计分层的探究性活动,通过必做题、选做题的设置鼓励学生进行深层次的品析。学生通过对亚历山大·塞尔柯克和鲁滨逊两个人物的经历对比,解读18世纪英国资产阶级兴起时的文化特点,从而多元地感知人物形象。

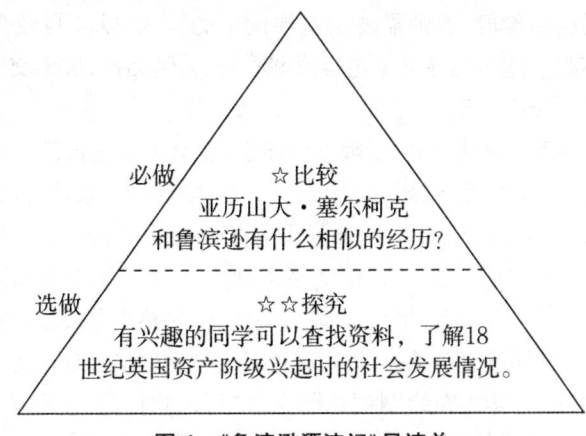

图 4 《鲁滨逊漂流记》导读单

2. 放大矛盾，于深度思辨中与人物命运对话

课标强调："文学作品阅读的评价，着重考查学生感受形象、体验情感、品味语言的水平，对学生独特的感受和体验应加以鼓励。"当学生读完一本书，他们对情节与人物的感知会具有个人色彩，这是阅读活动中非常宝贵的资源。教师在读后分享课中，需要"看见"学生，尊重他们的阅读收获，在导读单的设计中渗透对人物形象的多元解读。学生通过小组分享的形式，不断地丰富认知，促进深度思考。《水浒传》中的一百单八将各具特色，教师可以创设情境引发学生与人物进行对话。比如，"天魁星"宋江就是一个典型的形象，他的一生是矛盾而曲折的。他从寇转变到臣，却以悲剧收场，这是争议点，也是生发阅读思辨的着力点。导读单中，可以此话题为推手，提升学生阅读的思维力。

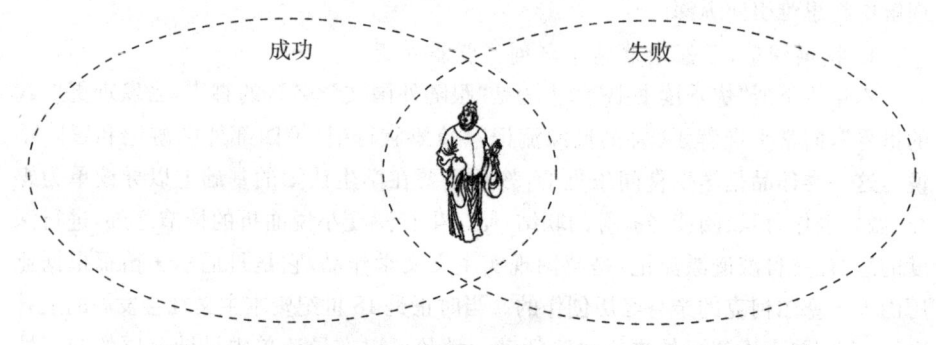

图5 《水浒传》导读单

三、在迁移中促进内化，培养具象思维

阅读是一个从内化到输出的积极过程。由于小学生正处于思考模式从形象思维向抽象思维过渡的阶段，教师需要丰富导读单的样式，以读写融合的形式，引导学生迁移阅读体验。这一类导读单包括读书心得、人物品评、成果交流……

1. 迁移理解，输出阅读体验

课标指出："阅读叙事性作品，了解事件梗概，能简单描述自己印象最深的场景、人物、细节，说出自己的喜爱、憎恶、崇敬、向往、同情等感受。"教师可以设计图文结合的导读单，鼓励学生利用简要的文字、图像表达自己的阅读体验。如学生学完五年级下册古典名著单元后，对《草船借箭》中诸葛亮"神机妙算""顾全大局"的人物形象有了初步的感知。在此基础上，学生再开展《三国演义》的整本书阅读，他们的体验将得到进一步的深化。在阅读分享课上，教师就可以引导学生结合自己的阅读体验，制作"《三国演义》英雄卡"。学生在绘制创意画像、填写人物信息、梳理英雄事迹的过程中，通过导读单将自己的体验显性化，从而聚合思维，向深度阅读迈进。

图 6 《三国演义》导读单

2. 迁移认知，展示阅读成果

对于四年级下册"快乐读书吧"中推荐的科普读物，教师需要以文本为基点，挖掘出各种信息因素，利用导读单引导学生在阅读后通过思维导图或连环画等形式，将阅读思维具象化，从而实现认知的智性迁移。如苏联作家米·伊林的《十万个为什么》是一部充满趣味和诗意的科普作品，它围绕日常生活中的方方面面，引导学生提出困惑并解决问题。这部作品的魅力在于它不局限于当下的现象，而是以历史的眼光去探寻事物的发展过程。分享课上，教师可用"水的用途"作示范，引导学生以手绘作品的形式进行阅读成果的展示。学生在此启发之下，可以选择自己最感兴趣的主题内容，在导读单上画下自己的探究历程和阅读收获。这样的成果展示环节，让学生的思维得到了呈现与促进。

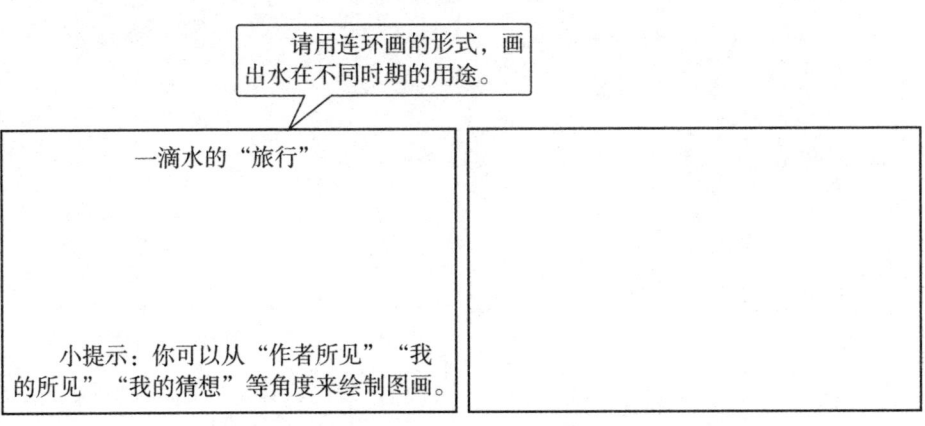

图 7 《十万个为什么》导读单

综上所述,导读单的运用使思维可视化,使阅读真实发生。教师应立足学情,深耕作品,合理地设计出精练、立体的导读单,进一步推动"深阅读""宽阅读",促使学生的阅读思维向更深处漫溯。

[本文系浙江省2020年教研课题"全域悦读:整本书导读课程的实践路径创生研究"(G2020120)研究成果]

(浙江省嘉兴市海盐县向阳小学)

支架引领：开启"红色经典"深度阅读之旅

——以《小英雄雨来》整本书阅读指导为例

许 蕾

《义务教育语文课程标准（2011年版）》强调要"读整本的书"。那如何指导学生进行"红色经典"的整本书阅读呢？本文以统编教材六年级上册"快乐读书吧"中的《小英雄雨来》为例，围绕情节梳理、人物探究、主题认同三个方面创新支架搭建，带着学生开启小学阶段的"红色经典"深度阅读之旅。

一、情节支架：趣味整合，助力经典阅读

信息密度大、认知难度高以及文本长度长是学生进行"红色经典"整本书阅读时会遇到的障碍。针对这些问题，教师可以围绕情节搭建阅读支架，帮助学生解决这些困难。

1. 查阅资料，前置阅读"增量包"

"红色经典"的内容有一定的历史距离，学生阅读时存在认知差距。教师可以指导学生查阅、整理相关资料。

《小英雄雨来》是作家管桦的中篇小说，记叙了抗日战争时期，晋察冀根据地的儿童雨来与敌人斗智斗勇的故事。在指导学生查阅、整理资料时可围绕三点展开：其一是作者管桦的创作经历及背景，比如管桦当时的工作、接触的人物；其二是雨来所处的年代和地点，比如抗日战争时期、晋察冀地区；其三是根据自身阅读的需求进行资料的搜集。将这些资料整理成一个前置的阅读"增量包"，作为阅读支撑，为整本书阅读打好基础。

2. 理解方言，扩大语言"使用场"

文学作品因带有作者的创作情感，在语言表达上会形成一定的特色。这样的特色需要教师指导学生关注。

《小英雄雨来》中"软鼓囊囊的""睁眼瞎""落脚""话里面有道眼""死乞白赖"等词是北方地区的方言，学生在阅读时不理解。在遇到方言障碍时，教师可指导学生联系上下文进行猜测，在理解后体会方言的独特魅力，从而更好地读懂故事情节。之后还可以让学生将《小英雄雨来》某一段话里的方言替换成本地的方言，引导学

生感受方言独特的魅力。这样一来,不仅为学生扫除了阅读障碍,更扩大了学生语言的使用场域,增加了阅读的趣味。

3. 阅读进阶,巧设趣味"任务单"

学生长期侧重于单篇文章的阅读,对"红色经典"的整本书阅读会产生一些畏难情绪。在阅读整本书时,教师可以根据阅读的不同阶段,依据情节特点设计不同的阅读任务单。

例如在《小英雄雨来》整本书阅读的前期、中期、后期分设阅读任务单。学生在四年级下学期学过课文《小英雄雨来》(节选),印象深刻。在阅读前期,可以侧重于回顾内容与方法,并填写表格式阅读任务单(如下图)。

在四年级下册的课文《小英雄雨来》(节选)中,有许多关于雨来"游泳"和"读书"的内容。请你当一回"阅读小侦探",在接下去的阅读中边读边找吧!记录下印象最深刻的一处哦!

雨来游泳	雨来读书

在阅读中期,为了更好地培养学生的情节概括能力,可以设计绘画式的阅读任务单(如下图)。

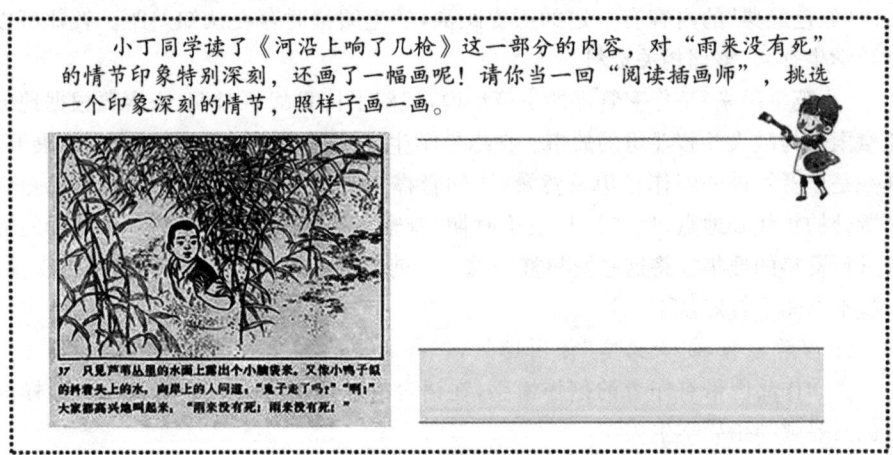

在阅读后期,为了更好地培养学生的内容整合能力,可以设计归纳式的阅读任务单(如下页图)。

> 《小英雄雨来》的故事共有41个小标题,有些小标题的内容讲的是一个较完整的故事,请你当一回"阅读整理家",给全书归纳7~8个大标题吧!
> 1._____ 2._____ 3._____ 4._____
> 5._____ 6._____ 7._____ 8._____

在整本书阅读的不同阶段,依据阅读内容与能力培养的不同,设计不同的阅读任务单,使学生的阅读更有趣味,也更高效。

二、人物支架:以小见大,探究英雄形象

基于语文核心素养的新视角,"红色经典"整本书阅读应以人物品质、精神指向为核心,以语言文字运用为主线。基于此,教师在指导学生进行整本书阅读时,可以此为阅读核心搭建支架,进行探究。

1. 多层级梳理导图,建立英雄档案

教师要指导学生对人物进行全面的评价。比如主人公雨来既有儿童的天真、顽皮,也有成人的勇敢、沉着。学生可以围绕主人公雨来的形象绘制思维导图,并在思维导图的梳理基础上进行归纳,制作雨来的"英雄档案"(如下图)。

这样的阅读既能帮助学生理解故事情节,又能帮助他们更好地感受人物形象。

2. 多角度寻找伏笔,品味人物描写

伏笔可使文章结构严密、紧凑。学生有寻找伏笔的学习经验,因此,阅读指导可由此展开。教师可以指导学生探寻文中有关芦苇荡的描写,有关雨来水性好的描写,有关解救李大叔的描写,并进行摘录,体会不同伏笔之间的环环相扣,在此基础上感受雨来机智、勇敢的形象。学生可以用摘录的方式,在积累语言的同时体会人物形象。(如下图)

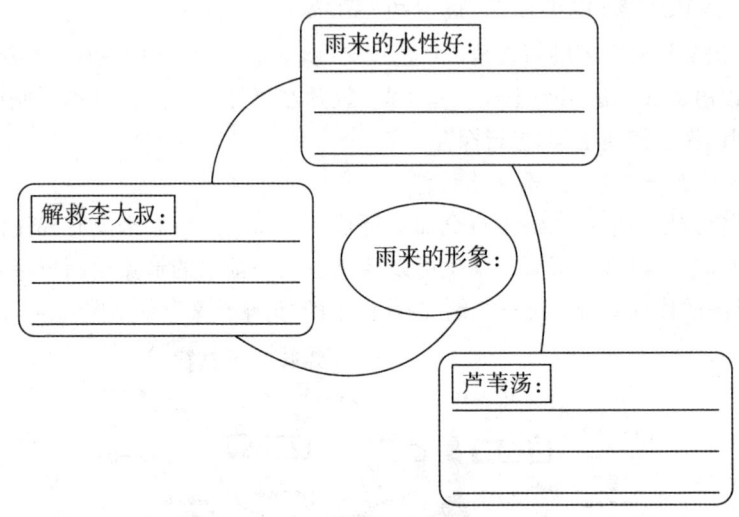

3. 多样化认识人物,感知英雄时代

在《小英雄雨来》的阅读中,学生认识了一个沉着、机智、勇敢的小英雄,但他更是抗日战争年代里冀东少年儿童的一个缩影。在这本书阅读的基础上,教师可以指导学生将阅读的内容拓展延伸至《二小放牛郎》《小兵张嘎》《闪闪的红星》等,从而让学生认识更多的少年英雄形象,如王二小、小兵张嘎、潘冬子等。以这样的精读加泛读的模式,让学生感知这些小英雄身上的共同品质:机智、勇敢、爱国、团结。

三、主题支架:价值认同,驱动成长话题

统编教材六年级上册"快乐读书吧"的阅读主题为"成长",在《小英雄雨来》的阅读中,教师也应指导学生深入理解这一主题。

1. 对比——绘制成长路线图

《小英雄雨来》中,雨来遇到了很多好事,也遇到了很多坏事。教师可以指导学生梳理出雨来遇到的好事与坏事,并用小标题进行概括,填入成长路线图中(如下页图)。

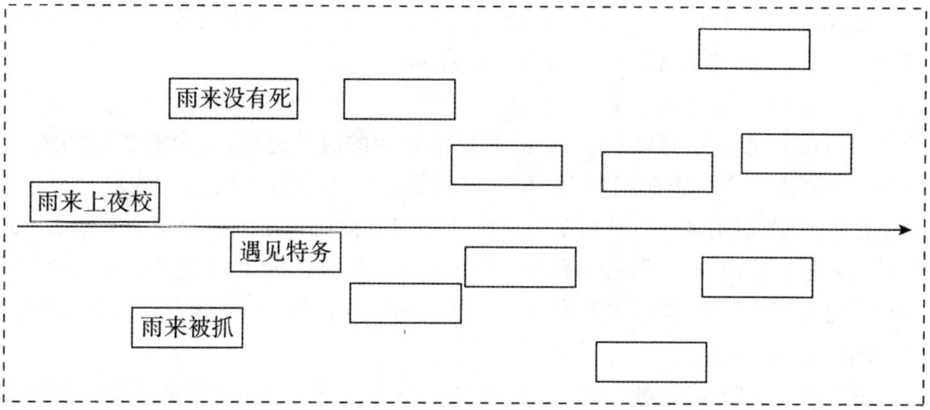

[图：雨来成长路线图，包含"雨来上夜校""遇见特务""雨来被抓""雨来没有死"等节点]

通过绘制成长路线图，学生会发现雨来遇到的坏事是极其危险的，但雨来骨子里有一种倔强不服输的劲。在此基础上，教师引导学生反观自己的成长过程中遇到的好事与坏事，从而引发学生思考。

2. 研究——开发成长小课题

六年级的学生已具备一定的阅读研究能力，且对"成长"话题感兴趣，因此在阅读指导中，教师可以给学生创建一个小课题的研究支架。《小英雄雨来》的小课题研究可以围绕"成长"展开，教师引导学生从雨来的具体经历出发，探究其体现的成长价值，再回到现实生活，引导学生回望自己某一阶段的经历，探究这一经历对于自身成长的价值。学生在探究时可以通过表格进行梳理，也可以通过学习单（如下图）进行整理。

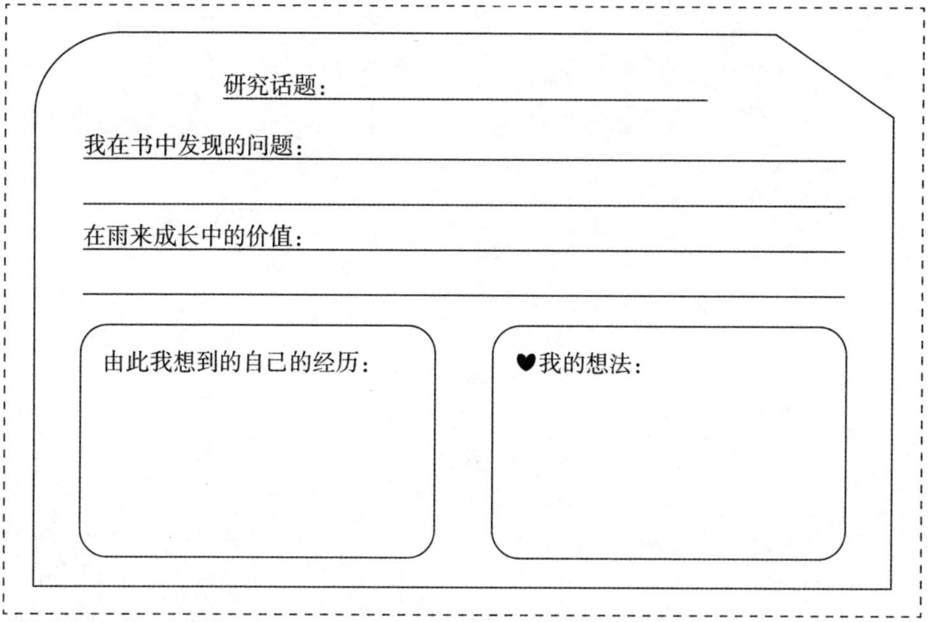

研究话题：_____

我在书中发现的问题：_____

在雨来成长中的价值：_____

由此我想到的自己的经历：

♥我的想法：

通过这样的研读,《小英雄雨来》这部"红色经典"的整本书阅读突破了人物与情节等要素,上升到主题研究,使学生获得深层次的思考。

3. 写信——抒发成长新感触

生活在不同年代、地域的儿童,既有自己独特的成长经历,也会有相似的成长体验。在阅读中产生情感共鸣时,教师可以指导学生通过书信的方式进行表达。学生在读《小英雄雨来》时,被雨来与伙伴的友谊所打动。在情感触动的基础上,教师可引导学生给雨来写信,抒发感慨;或引导学生与自己的生活建立联系,回忆与朋友之间类似的故事,给朋友写封信。用书信的方式促进学生反思自身成长,抒发成长的独特感触。

开启小学生"红色经典"阅读之旅,在阅读的各个阶段,围绕情节、人物、主题搭建支架,可以帮助学生理解故事情节,感受人物形象,更好地传承红色精神。

(浙江省海宁市实验小学)

读写教学设计

微课设计

"微课"究竟该怎么"微"

王国均　裴雨薇

一、什么是"微课"

1. 微课的基本概念

微课是专门教授学生特定技能的短时教学环节,一系列的微课可以构成一个课程单元。它的侧重点很窄,即为学生提供一种技能或概念上的指导,然后学生可以将其与随后的大课联系起来。

微课通常会在"阅读工作坊"或"写作工作坊"之前进行,但它也可以作为社会研究、科学或数学课的入门或介绍环节。相比需要多种方法来强化概念学习的完整课程而言,微课所涉及的细节和设计要少得多。

2. 微课的特点

(1) 从规模上说,微课的教学规模没有一定的限制,也就是说微课可以对整个班进行教学,也可以针对一个特定的小组或个别学生进行教学。教师可以根据教学的需要或者实际情况,将一个大班拆分成几个小组,依次对每个小组进行教学;也可以将学生按照水平的高低组合起来一起授课。

(2) 从时间上说,微课在教学时间上有严格的限制,一般是5~15分钟。如果教师所教授的概念或技能过于简单,那么微课的教学时间可以缩短到5分钟;反之,若教师要教授一个较为复杂的概念或技能,则可能需要15分钟。

(3) 从内容上说,微课的教学内容较为简单,在教授一种概念或技能时,可以设计一系列的微课,通常一节微课只有一个教学点,便于学生掌握。同时,微课的教学内容可以集中在任何话题上,并不限定于阅读、写作的策略或技巧。

3. 与国内微课的比较

国内对于微课的定义与笔者在此篇文章中所介绍的"微课"不同。笔者整理了一些国内有关微课的文献,发现不同的研究者对"微课"有着不同的解释,如表1所示。

表1 国内部分学者对微课定义的比较

研究者	定义
张一春	"微课"是指为使学习者自主学习获得最佳效果,经过精心的信息化教学设计了,以流媒体形式展示的围绕某个知识点或教学环节开展的简短、完整的教学活动。
胡铁生	微课又名微型课程,是基于学科知识点而构建、生成的新型网络课程资源。微课以"微视频"为核心,包含与教学相配套的"微教案""微练习""微课件""微反思""微点评"等支持性和扩展性资源,从而形成一个半结构化、网页化、开放性、情景化的资源动态生成与交互教学应用环境。
焦建利	微课是以阐释某一知识点为目标,以短小精悍的在线视频为表现形式,以学习或教学应用为目的的在线教学视频。
郑小军	微课是为支持翻转学习、混合学习、移动学习、碎片化学习等多种学习方式,以短小精悍的微型教学视频为主要载体,针对某个学科知识点或教学环节而精心设计开发的一种情景化、趣味性、可视化的数字化学习资源包。

根据上述分析,笔者暂且对国内微课下一个定义:微课是以短小精悍的网络视频为载体,教师围绕某个知识点或教学环节所精心设计的一种数字化资源,学生可以在课余时间随时随地登录网站观看教学视频以获得学习的最佳效果。

因此,从与国内微课定义的比较中可以发现,国内的研究者对"什么是微课"并没有一个正确的认识,他们简单地将其视为一种短小的网络课程,并将这种网络课程在全国进行推广,导致国内对微课的研究都偏向于网络教学视频,真正的微课反而没有应用于国内的语文课堂上。

二、微课的类型和要素

1. 微课的四大基本类型

(1) 管理微课

管理微课的重点在于教授学生微课的流程和规划,让学生能够了解微课的整体流程,明确微课的教学任务。在管理微课上,让学生学会如何有效地管理时间,如何与合作伙伴进行合作学习,如何进行独立学习等。实质上,管理微课的作用即为之后的微课学习打好基础,使之能够有序、高效地进行。

（2）程序微课

程序微课与管理微课有些类似，但是程序微课更加强调学习的过程与步骤。换句话说就是程序微课可以帮助学生掌握学习的方法，让学生了解在每一个教学环节应该完成什么样的学习任务，参与什么样的学习活动，明确自己的学习目标和学习方法，以达到最优效果的学习。

（3）策略微课

策略微课的教学内容是教授一种学习策略，包括语文科目中的阅读策略、写作策略以及其他科目的各种学习策略。例如，教师原本要教授课文中的比喻概念，引入策略微课后，教师可以将比喻这个概念提炼出来，在微课上进行教授。这样不仅能够使学生明确比喻的概念，还能为接下来的语文课作铺垫，教师可以留出更多的时间让学生练习比喻的用法。

（4）技能微课

顾名思义，技能微课的教学重点则是让学生学会一种技能，比如如何制作一张精美的书签或者使用字典查找自己需要的词语。技能微课更重要的是老师示范，学生要观察老师是如何使用该技能的，然后模仿老师的做法独立训练，直到自己学会这项技能为止。

2. 微课的四大基本要素

当教师需要教授一个关于阅读或写作的具体概念或教学点时，他们可以使用微课课程来快速简单地教授这个概念或教学点。虽然微课的具体细节有所不同，但许多教育专家认为，微课应含有四大基本要素，分别为连接、教学、积极参与和链接。

（1）连接

微课的四大基本要素中，第一个要素是"连接"。如果学生能够将要学习的内容与生活中重要的事情联系起来，他们就会积极参与学习过程。当然，教师也可以简单地将其与学生们已经在课堂上学到的内容相联系。通过这种方式，微课就不会脱离学生已知的事物去教授一些模糊的概念。相反，微课教授的内容与他们在之前所学的课程中已经掌握的概念密切相关。

（2）教学

微课和普通课程在教学内容上的主要区别是：在微课中，教学内容应该集中在一个关键点上，并且有且仅有一个关键的概念。确保将你要教学的内容削减到一个最小的概念，而不是一个包含了几个小概念的较大概念。

如果可以的话，教师可以尝试使用几个简短的例子来解释这个概念。例如，你可以写几篇简短的文章对这个概念进行阐述，或者对一些能够支撑观点的历史事件进行讨论。同样，这些示例应该是简短并容易理解的，每个示例讲述最好不超过1分钟。

（3）积极参与

在普通课程中，课堂教学会花费大量的时间。在一节微课中，课堂教学部分却很简短。它不要求学生写一节完整的段落，解决一个复杂的问题，或进行任何需要花费1分钟左右的事情。相反，它应该像小标题所反映的那样——能让学生积极参与学习。这可以是一个"转身和谈话"的时间，即学生可以转向他们旁边的人，和伙伴一起讨论问题的答案。当然，你也可以要求学生写一两句话来回应你刚刚教过的内容。

（4）链接

微课的最后一个要素是"链接"，教师需要重申这节微课的教学点，并告诉学生需要在一定的时间内独立完成他们的任务。同时，教师还需把微课的教学内容与学生的经验联系起来，把所教授的知识融入他们的生活、学习中去。实际上这就是一节微课的简短结束语，用一两句话总结即可。

表2　一节10分钟的微课教学框架

要素	时长	示例
连接（与先前所学的知识相联系）	1分钟	"昨天我们了解到作家可以做的一件事是……今天我想向你们展示作家可以做的另一件事……" "在过去一周左右的时间里，我们已经学习了很多知识，当作家……时，他们可以做……今天我想教你另外一件事，当你……"
教学（你的教学点是什么？证明/示范）	8分钟	"今天我想教你如何……" "让我告诉你我想表达的意思。" "请注意我是如何……"
积极参与（试一试）		"现在，我希望你能在我示范……时，仔细观察我是如何……"然后让学生和同伴相互讨论，他们注意到了哪些老师在做的事。 "转身和坐在你旁边的伙伴谈谈你的想法……"教师倾听少数学生的想法。
链接（你会要求作为独立作家的他们做些什么？）	1分钟	重申教学点，并提醒学生在独立作业或学习时都要使用其策略。 "无论你在学什么，不管是在学校还是在家里，我都希望你记住……就像我们今天做的一样。"

三、微课的教学过程

一节微课的设计旨在专注于教授一个具体的概念或教学点。微课的教学模式大致上分为八个部分：教学点、材料、连接、直接指导（如何积极地与学生互动）、积极参与、链接（如何将课程或概念与其他事物联系起来）、独立作业和分享。

1. 教学点

教师不要让学生去猜测你的教学目标，明确、直接地告诉学生今天要教给他们什么内容。"教学点"实质上就是教学目标，确定微课的教学目标不仅可以帮助教师确定教授的内容，使材料集中于教学目标，还可以使学生明确将要学习的内容。

2. 材料

收集教授概念所需要的材料。在课堂教学时，若教师事前没有收集课上所需的材料，会扰乱课程流程，学生的注意力也肯定会因此急剧下降。

3. 连接

激活先前的知识。也就是说，教师可以让学生回想前一课或之前所学的内容，或者在课堂上曾经发生的事，这些先前的知识将与今天的教学点相联系。例如，教师可以说"昨天我们了解到……"和"今天我们会了解……"。

4. 直接指导

教师直接告诉学生教学方法，即向学生直接示范所要教授给他们的教学内容。例如，可以说"让我告诉你我是怎么做的……"和"我可以做到的一种方式是……"。在微课课程中，教师要确保：

（1）阐述教学点并举例说明；

（2）通过示范让学生知道如何完成教学任务；

（3）教师在指导学生实践时，可以在教室里四处走动观察，并帮助学生练习所学的概念。

5. 积极参与

在这一阶段的微课上，训练并评估学生。首先在设计本节微课之前，教师要为这一部分计划一个简短的活动，从而能在这一阶段的微课上，训练并评估学生。例如，教师可以通过说"现在转向自己的合作伙伴并……"开始这个阶段的活动。

6. 链接

这个阶段，教师需要回顾本节微课的重点，并在需要时进行说明。例如，教师可以说"今天我教你……"和"每次你读书时都会……"来回顾教学重点。

7. 独立作业

让学生用从教师的教学中所学到的知识进行独立练习。

8. 分享

全班进行交流讨论，让学生一起分享所学到的东西。

(1) 学生可以独立地进行分享,也可以与合作伙伴一起来做这件事。

(2) 教师询问学生:"你有没有使用你学到的东西?它有用吗?下一次你将如何使用它?你会做哪些不同的事情?"

(3) 把零碎的材料整合起来,并利用这段时间进一步指导。

以上的八个部分在实际教学设计中可以有所删减,顺序也可进行调换。总之,教师需根据自身的实际教学需要,灵活使用,使其为微课教学服务。

以微课这种方式进行教学,可以让学生定期获得有价值的、与生活和学习密切相关的技能或概念,而不用花太多时间在课外练习和作业上。微课教学可以集中在任何话题上,包括阅读、写作,解决问题的策略和技巧,甚至是其他专业的课程。学生可以将在微课中学习到的小概念与普通课程中教授的大概念相联系,从而掌握一种概念、一类策略或者一项技能,为之后的学习和生活作准备。

参考文献:

苏小兵,管珏琪,钱冬明,祝智庭.微课概念辨析及其教学应用研究[J].中国电化教育,2014(07):94-99.

(浙江师范大学教师教育学院)

"读写教室"理念下的微课设计与实施

陈宣羽

微课是目前语文教学中常见的教学手段,很多老师将其视为一种短小精悍的知识点讲解视频。"读写教室"理念下的微课却与此有别,它是一种师生互动式的课程,先由教师现场示范策略或技能,最终转向学生独立应用。这是由"培养独立而成熟的读写者"的最终目的决定的。本文将结合具体案例,详细阐释"读写教室"理念下微课的概念、构成环节、设计与实施需要注意的问题。

一、"读写教室"理念下微课的特点

在南希·阿特维尔"读写教室"课程模式中,微课是一个专门教授学生特定技能的短时教学环节,也是学生独立运用阅读技能前的重要过渡。

"读写教室"理念下的微课有以下特点:

1. 外在特点:微而有容

(1) 时间较短。小学生注意力的稳定性较差,一般可连续集中注意力15~30分钟。一节微课的时间控制在5~15分钟内,有助于学生更好地集中注意力,提升学习效果。

(2) 一课一得。一节微课通常只教授一个小的知识点,可以是较小的策略或技能,这样更便于学生掌握。有经验的教师设计的微课也可以"一课几得","得"的多少由微课所容纳的知识点的数量决定,这些知识点都比较小,而非大技能或大策略。

(3) "得得"相连。几节微课教授的知识点逐步形成完整体系。换言之,一个个子策略可以形成系列,逐步建立起一个单项策略系统,像雪球一样越滚越大。学生通过微课学到的阅读技能越多,阅读能力就变得越强。

2. 内在特点:微而有效

(1) 精简高效。微课结构清晰简洁,主要由四个小环节构成。微课的语言也十分精练,开始时直接告知学生本课要学的内容,教学时使用精简的语言将策略、技能的操作步骤表述清楚,结束时以简明扼要的语言回顾、总结本课知识点,确保微课紧紧围绕主题展开。

（2）流程连贯。微课的教学流程是一个前后连贯的整体。教师的"教"与学生的"学"自然地贯穿微课全过程。环节之间，又以提示性或过渡性的语言进行衔接，连贯流畅，使整个教学过程环环相扣、步步深入。

（3）学以致用。微课的目的是让学生理解并掌握知识，在后面的阅读理解活动中顺利应用，帮助学生走向独立阅读。为了迁移从微课中学到的策略或技能，微课开始时会提醒学生注意教师的示范，结束时会预告后面将要迁移应用的任务，以强化"学"与"用"之间的联系。

二、"读写教室"理念下微课的构成环节

下面以统编教材三年级上册《总也倒不了的老屋》为例，具体介绍"读写教室"微课的四个构成环节。

1. 导入与定位

微课导入环节应直接明确地向学生陈述教学要点。这里有两种情况。一是学生第一次接触一个新知识点，教师不必联系学生的前经验，只需使用"今天，我要教你……"或"今天你们将要学习……"等语言，直接告知学生今天学什么，为什么学这个知识点，这种策略或技能有何神奇之处，对我们有何帮助。二是学生之前已接触过类似的策略或技能，教师可以先联系、激活学生的前经验，从上次学过的地方开始，引导学生回顾。然后再明确直接地告知学生本节微课的教学内容，最后通过"学习这种策略或技能可以……"等语言说明学习该内容的重要性和用处。

《总也倒不了的老屋》是统编教材三年级上册第四单元的第一篇精读课文，学生初次接触"预测"这一阅读策略。导入时，教师直接点明本课的教学点："小朋友们，老师今天要教大家一个非常神奇的阅读策略——预测策略。在阅读时进行预测，就像你们在看电视剧的时候，经常会自然地猜想接下来会发生什么一样。预测策略能帮助我们关注到文章的重要内容和细节，充分发挥我们的想象力，使我们产生对故事的阅读期待。今天我们将会运用这个策略来学习第12课《总也倒不了的老屋》。"

2. 示范讲解

本环节是微课的重点，教师具体演示和解释这一策略或技能，学生仔细观察教师是如何操作的。教师与学生的责任分别为"做"和"看"。

教师首先向学生阐述教学点，接着运用"让我向你们展示它是什么样的……"等语言进行过渡，提示学生做好准备。示范时选取学生较熟悉的课文，使学生更专注于本节微课的策略或技能，无须在理解课文内容上花费多余时间。教师以"有声思考"的方式，一边向学生演示策略或技能的操作步骤，一边向学生说清楚自己是如何思考的，将思维可视化，为学生搭建学习支架。在此过程中教师可以用相应的教学海报对方法步骤加以提炼。

在《总也倒不了的老屋》一课中,教师以《山姆和大卫去挖洞》绘本故事的前两节为例,为学生进行示范。

师:请大家先看老师是怎样用预测策略来读《山姆和大卫去挖洞》这个故事的。注意,现在是老师示范,你们要仔细观察老师是怎么想的,又是怎么做的。等会儿就让你们模仿老师的做法来读《总也倒不了的老屋》。我的示范开始了。

教师示范如何根据标题和插图预测。

师:我读到标题"山姆和大卫去挖洞",就停下来开始预测。我在思考这个故事会讲什么内容呢?我猜可能是讲山姆和大卫去挖宝藏的故事。我还依据插图来猜测。你看封面上,他们挖的洞很深很深,宝藏一定埋在地底下。我猜得到底对不对呢?我接着往下读。

进入故事的第一部分,教师向学生示范如何根据故事线索、生活经验做出预测。

星期一,山姆和大卫挖了一个洞。
"我们要挖到什么时候?"山姆问。
"我们在执行任务。"大卫说。
"我们要一直挖,直到找到了不起的东西为止。"

师:故事中,大卫说"我们在执行任务""直到找到了不起的东西为止",看来我之前的猜测是正确的。这就是一次完整的预测过程。我们一起来回忆一下刚才老师是如何预测的。

师生共同回忆,总结出"停—猜—证—验"四步走路径,然后张贴预测路标海报。

洞越来越深了,他们的头顶都已经在地底下了。
可是,什么了不起的东西也没找到。
"我们要继续往下挖。"大卫说。
于是,他们继续往下挖。

师:故事读到这儿,我停下来继续预测。我猜想,虽然洞越来越深,但山姆和大卫还要继续挖很久才有可能挖到"了不起的东西"。我是依据生活经验和阅读经验预测的。在生活中好多事情都不是一帆风顺的,我阅读过的一些故事中主人公获得成功的过程也总是一波三折。那么故事会不会像我猜测的这样发展呢?继续往下读,来验证一下。

教师解释预测依据的过程即"有声思考"的过程。需要注意的是,教师在示范预测的过程中,应及时在课件上呈现预测路标或在海报上指出预测路标,让学生明确目前已经到了哪一步。

3. 师生合作练习

教师示范讲解有一定难度的策略或技能后,可留出 2~4 分钟时间让学生尝试练习。该环节中,学生在教师指导下练习,学生做,教师帮。

在此过程中,学生可以"转身讨论"(即转向同桌讨论)教师刚教的内容,进行尝试运用。教师可在教室内四处走动观察,为学生提供适当的指导与支持。练习的目的并非要求学生一次便学会使用策略或技能,而是帮助他们记住教师所教的内容,以便在之后的读写学习中能独立使用。练习结束后,教师可以请2～3位学生分享自己的经验。学生之间相互交流、讨论,为成为独立而成熟的读写者搭建平台。

在《总也倒不了的老屋》一课中,师生可以一起对课文中的故事情节做出预测。以课文前三段内容为例,教师可以引导学生按照预测路标,模仿自己的"示范讲解"展开预测。

(读课文第1、第2自然段)

师:故事读到这儿,我们停一下,现在请你来猜一猜老屋有没有倒下,接下来会发生什么事。

生1:我想老屋没有倒下。我是依据标题预测的,课文标题叫"总也倒不了的老屋"。

生2:我也觉得老屋没有倒下。可能有人在树林里迷路了,一时走不出去,马上要天黑了,他想留在老屋里过夜。我是依据插图预测的,插图中老屋是在一片深山老林里,而且看起来像是快要天黑了。

师:这两位同学的预测都是有依据的。他们的预测是否正确呢?让我们来验证一下。

(读课文第3自然段)

师:看来故事的发展和刚刚这两位同学预测的不一样呢!我们预测故事,可能跟故事的内容一样,也可能不一样。这不重要,重要的是我们能否根据故事情节线索,结合我们的生活经验,对接下来可能发生的事情做出精彩的猜想。现在在这里暂停一下,请你预测,老屋会不会答应,为什么?

生1:我想老屋答应了这个请求。我是根据插图来预测的,插图中老屋看起来很和蔼。

生2:我想老屋没有答应这个请求。我是根据生活经验和故事线索预测的。在生活中,当我想休息却突然被别人打扰时,我会觉得很烦。而且前面课文中说老屋已经活了一百多岁了,准备倒下了,所以我猜老屋或许不会再因为别的事情耽误自己倒下休息。

师:这两位同学的预测是否正确呢?请大家继续阅读,到故事里验证……

4. 重申并预告

在微课的总结、收尾环节,教师应重申本节微课的教学点,或与学生一起复述,或请学生来说一说。教师可以提示学生在什么情况下还会继续运用这个策略或技能,告诉学生在经历了"我做,你看"和"你们做,我帮"之后,是时候"你做,我看"了,明确提出教师的希望:"在今天的独立阅读或写作中,我希望你能这样做……"此外，教师还应将微课中的教学内容与学生的学习、生活经验相联系，融入学生的日常学习和生活中，引导学生学会独立迁移运用策略。

在《总也倒不了的老屋》微课的收尾环节，教师可结合预测策略海报，帮助学生回顾本课教学点。在学生独立阅读或写作的时候，教师可以让学生运用预测策略进行预测，并预告下节课的学习内容："我们不仅可以用预测策略来预测故事情节，还可以预测其他很多东西，如故事中可能出现哪些人物，故事发生在什么地点，故事会有怎样的结局等。下节课，我们将学习预测故事中的人物。"这样的预告可以使微课系列前后呼应、连贯，同时也可以激发学生对预测策略的学习期待。

三、微课设计与实施需注意的问题

1. 微课设计应注意的问题

（1）内容要点清晰集中。微课的内容应当短小精悍，聚焦一个具体且较小的策略或技能。教师直接告知学生本课知识点，结合教学路标及教学海报，通过示范，让学生明确已经学了什么，现在正在学什么，将来还要学什么。

（2）教学点选择有依据。微课的教学点选择应以课标要求、教材内容、学生已有经验和最近发展区为依据，并根据教学实际适时调整。

（3）微课的可变与不变。微课的结构是不变的，任何策略或技能均可按照这四个环节展开教学。每节微课教学点的数量及微课之间的教学序列是可变的：教授较难的策略或技能，可以只设一个教学点；教授简单的策略或技能，则可以设置2～3个教学点。

2. 微课实施中应注意的问题

（1）灵活调整时间。微课时间一般时长为5～15分钟，教师可根据驾驭能力和学生学习基础适当压缩。此外，教师可酌情考虑是否在微课中留出2～4分钟让学生尝试练习。

（2）策略掌握熟能生巧。尽管微课强调"一课一得"，但教师不要期望学生在15分钟内就能掌握策略或技能。若是设计系列微课，每天实施4个微课环节，学生对于读写策略或技能的应用将会越来越娴熟，学生在完成"你做"部分的任务时也会更加独立。

（3）选用课外文本示范。学习预测策略，最好选用学生从未接触过的课外故事进行预测示范。若班级中有少数同学已读过此故事，教师可让这些学生以小评委身份评价其他学生的预测是否到位，以防止这些学生直接说出故事情节干扰其他同学预测。

"读写教室"理念下的微课设计与实施还有很大的研究空间。如何开发阅读策略系列微课，如何将微课与小学语文课堂教学相融合，如何将微课应用于单元整体教学和整本书阅读教学，都是未来的研究重点。

参考文献：

[1] 王国均.预测阅读策略原理及学习设计初探[J].小学语文教师,2019(06):12-15.

[2] 王国均,裴雨薇."微课"究竟该怎么"微"[J].语文教学通讯,2019(36):19-21.

[3] 陈红梅."读写教室"理念下微课的设计与应用[J].小学语文教师,2020(09):67-69.

(浙江师范大学教师教育学院)

> 路标教学设计

推敲路标在低年级童话阅读中的运用

——以统编教材二年级上册《小蝌蚪找妈妈》为例

陈玲玲

童话是最接近儿童的文学形式,低年级统编教材中童话占比接近40%,为了顺应儿童想象力丰富、好奇心强的心理特征,"读写教室"课题组以统编教材为主体,补充、拓展课外资源,开发了"童话阅读课程"。

一、童话阅读路标的设计

王国均教授指出:"路标具有明确的指向功能、良好的支架功能、明晰的可操作与复制功能。"在这个理念的指导下,我们尝试进行童话类文体的路标教学研究。

通过实践,课题组建构了低年级童话阅读路标体系。(见下表)

低年级童话阅读路标体系

课时安排	阅读篇目	路标	策略支架	功能
2课时	主要文本:统编教材一年级上册《青蛙写诗》;补充文本:《自己去吧》《小母鸡种稻子》	积累路标	三层次:1.音、形、义;2.圈、画、连;3.查、组、分	学习、积累字词
3课时	主要文本:统编教材一年级下册《小猴子下山》;补充文本:《松鼠和松果》《月亮的心愿》	预测路标	五部曲:读—停—猜—证—验	预测课题、情节、结局等,加深理解

(续表)

课时安排	阅读篇目	路标	策略支架	功能
2课时	主要文本:统编教材二年级上册《小蝌蚪找妈妈》;补充文本:《松鼠日记》《象鼻桥》	推敲路标	推敲公式:加、减、换、移;推敲四部曲:读—圈—变—发现	推敲字、词、句、段、篇,加深理解,关注表达
3课时	主要文本:统编教材二年级上册《寒号鸟》;补充文本:《小鸭子回家》《小冰熊》	联结路标	联结路径:自我、文本、世界;四部曲:读—圈—联—感	学习关键语段,加深理解和体会

　　低年级童话阅读中,教师应教会学生掌握四个小路标:积累、预测、推敲、联结。每个路标的学习安排2~3课时,以统编教材中的课文为主体文本,并适当拓展相关联文本进行技能的训练和巩固。随着课程的推进,学生一边复习已学路标,一边学习新路标,以达到巩固旧知和学习新知的目的。学完四个小路标之后,学生基本能独立阅读童话,建构属于自己的阅读理解。

二、单篇童话路标的列举

　　如何借助童话路标开展低年级童话阅读教学?以统编教材二年级上册《小蝌蚪找妈妈》为例,设计课时路标。

《小蝌蚪找妈妈》课时路标

之前学过	路标一:预测路标(课题、情节)	没读过的同学:进行预测 读过的同学:当评委,验证同学的预测
之前学过	路标二:积累路标(学习生字词)	
本课新学	路标三:推敲路标(研读重点段落)	一读(多种形式读文) 二圈(圈出觉得好的动词) 三变(加、减、换、移) 四发现(发现用词的准确)
下次预告	路标四:联结路标(联结自我、文本、世界)	

教学内容	统编教材二年级上册《小蝌蚪找妈妈》
教学目标	1.正确、流利地朗读课文,积累生字词。 2.运用推敲路标,学习表示动作的词语,感受用词的准确。 3.借助海报、学习单等工具,培养主动思考、积极探索的精神。 4.通过阅读路标的设计,培养阅读能力。

(续表)

辅助材料	学习单、海报等。
课堂主问题(教学重、难点)	1. 运用推敲路标,感受用词的准确。 2. 借助海报、学习单等工具,培养主动思考、积极探索的精神。

1. 联结已学路标,让阅读苏醒过来

(1) 回忆已学路标。

师:之前,我们在学习童话时,用到了哪些路标?

生:运用积累策略路标学习生字词,运用预测策略路标猜测故事内容,初步了解全文。

(2) 运用路标自主合作学习。请借助"合作学习单1"运用这两个路标学习生字词,初步了解故事内容。

《小蝌蚪找妈妈》合作学习单1

路标	使用方法	合作学习流程
预测路标	一读:大声朗读 二停:停下来 三猜:猜一猜接下去会发生什么 四证:提供猜测的证据 五验:继续往下读验证猜测	没读过本文的同学:读完题目,我预测文章写了(　　)内容,我的依据是(　　)。 读过本文的同学:你的预测和文章(符合、不符合),你的依据是(　　)。
积累路标	一、关注(音、形、义) 二、批注(圈、画、连) 三、积累(查资料、组词、分类)	我关注了本课生字的(音、形、义),我做了(　　)的批注,采用(　　)方法积累有特点的生字词。

学生汇报交流。师小结:从一篇童话的学习走向另一篇童话的学习,路标能让我们学会迁移。

(**设计意图**:课始,回忆之前学过的两个阅读路标,唤醒学生细读童话的行为习惯和方法,激活学生之前学习这类文体的元认知,借助学习单帮助学生快速进入阅读、思考状态,进行积极的阅读活动。)

2. 学习推敲策略,让细读落地有声

(1) 发现共同处。这篇课文的几个自然段结构相似,快速读一读,看看它们有什么共同之处。(动词很多)

(2) 研读重点段。

A. 教师示范"推敲",教学第2自然段。

> 小蝌蚪游哇游,过了几天,长出了两条后腿。他们看见鲤鱼妈妈在教小鲤鱼捕食,就迎上去,问:"鲤鱼阿姨,我们的妈妈在哪里?"鲤鱼妈妈说:"你们的妈妈四条腿,宽嘴巴。你们到那边去找吧!"

① 示范推敲过程。教师边读课文边用横线和波浪线画出小蝌蚪和鲤鱼妈妈的话。当读到"他们看见鲤鱼妈妈在教小鲤鱼捕食,就迎上去"时,教师停下来,提高音量,吸引所有学生的注意力,并把动词"迎"圈出来。告诉学生,自己要把思考说出来了,请仔细听——

这个"迎"字用得怎么样呢?首先,我试着去掉"迎"字读一读:"他们看见鲤鱼妈妈在教小鲤鱼捕食,就上去。"我再考虑换成"游",代进去读一读:"他们看见鲤鱼妈妈在教小鲤鱼捕食,就游过去。"通过减一减、换一换、读一读、比一比,我发现"迎"字用得很好,可以体现小蝌蚪那种迫不及待想找妈妈的心情。

② 引出推敲路标。刚才老师运用了一个新的阅读策略:推敲策略(板贴"推敲策略路标")。推敲策略,能让我们变成"语言小侦探",发现字词的妙用。

③ 小结推敲方法。刚才老师在推敲"迎"这个动词时,是怎样一步一步学习的?引导学生回忆教师示范过程,总结出推敲四部曲:一读、二圈、三变、四发现。

(设计意图:通过教师示范,把学生原本无意识的"语言直觉"提升为"阅读策略",形成推敲公式"加、减、换、移",搭建"一读、二圈、三变、四发现"的策略支架,提供推敲策略运用的方法路径,建立起学生可以复制的基本推敲模式,让策略可用,让思维可见。)

B. 合作试用"推敲",学习第3自然段。

① 借助学习单和推敲四部曲,合作学习第3自然段。

《小蝌蚪找妈妈》合作学习单2

一读	自由读、分角色读第3自然段。
二圈	第3自然段里,我圈出的动词有:
三变	我把这个动词换成( )。
四发现	比较后发现( )更好,因为:

② 汇报交流。

生:我们边读边用横线和波浪线画出小蝌蚪和乌龟的话。当读到"他们看见一只乌龟摆动着四条腿在水里游,连忙追上去"时,把动词"追"圈出来。我们先试着去掉"追"字读一读。我们再考虑换成"游",代进去读一读。通过减一减、换一换、读一读、比一比,我们发现"追"更好,说明小蝌蚪游得很快,心里很急。

(设计意图:此时的学习单就是学生训练推敲路标的抓手。对优秀的同学来说,懂得这四步就是推敲。部分能力弱的同学,虽然不会推敲,但在听取小组同学发言的过程中,也清楚了发言同学的思维路径,打开了自己的思维空间。)

C. 运用"推敲",学习第4、第5自然段。

生汇报:当我读到"青蛙披着碧绿的衣裳,露着雪白的肚皮,鼓着一对大眼睛"

时,我圈出了"鼓"字。我把它换成"长",对比后发现"鼓"字更好,体现青蛙眼睛特别大。读到第5自然段,我圈出"蹬、跳、蹦"。我把这三个动词的位置前后移了移,再读发现动作有先有后,前后位置不能换。

(**设计意图**:推敲四部曲,为学生提供了将内隐的细读心理过程外化为可操作、可复制的阅读行为的一个典范。从教师示范,到小组合作,再到独立学习,由扶到放,逐步减少教师的指导与提示,到最后学生可以不需要他人扶持,借助支架与已有的经验方法自主有序地进行阅读。)

3. 预告童话阅读路标,让方法成为能力

(1)预告联结策略。其实很多同学在生活中、书本中或者视频里已经见过小蝌蚪。课后讨论:课本中描写的小蝌蚪和你印象里的小蝌蚪一样吗?把现在学习的内容与之前脑海里留存的内容进行关联对比,这就叫联结策略,我们下一个童话阅读阶段要学习。

(2)预告童话路标。以后遇到童话类课文,我们就可以用这个路标进行学习。当然,我们还可以对路标进行重组,在"加、减、移、换"路标的过程中,让我们的阅读更简单、更有效。

(**设计意图**:方法不等于能力,但方法一旦被掌握,就可以转化为能力。学生以后学习童话类文章,就可以依靠路标,展开阅读。按"标"索骥的过程,就是深度学习的过程。)

(浙江省衢州市柯城区实验小学)

导航系路标,做好过程式习作教学的第三方

聂慧昇

第三方是指两个相互联系的主体之外的某个客体,这个客体可以和两个主体有联系,也可以独立于两个主体之外。支架教学策略源于苏联著名心理学家维果斯基的"最近发展区"理论,是指应当为学习者理解并建构知识提供一套概念框架。笔者认为过程式习作的概念支架可以由第三方介入导出,导航系路标可以作为第三方,它可确保过程式习作教学工作的有序、有效,避免学生习作思路混乱,防止习作内容空泛。

王国均教授就"良好的支架功能"建议教师利用"我做—你们做—你自己做"这一教学方式,让学生了解并初步掌握这些支架。那么,如何借助第三方让学生初步掌握过程式习作的策略呢?首先需要明确过程式习作的特点和方向。

一、过程式习作的印象

需要经验储备。在学习习作之前,学生需要一些阅读、实践经验,也需要一定的习作积累。例如:统编教材三年级下册第四单元习作《我做了一项小实验》,属于实验过程的习作。学生在习作之前会阅读《花钟》《蜜蜂》《小虾》等一些名人名家的科学实验文章。

学生习作无序。获得经验储备之外,小学生的习作思路有限,不能够完全按照顺序,一步一步地习作。小学阶段三年级语文下册出现"首先……接着……然后……最后"这样的关联词,但是在教学中只要求"写清楚",对学生用不用这些关联词,不作硬性要求。

"过程"占比较高。一次习作既需要展示思考过程,又需要描写内心活动。由于过程式习作中"过程"的占比较高,那么就需要更多地展现思考过程,对内心活动的描写可以简单一些。

通过介绍,我们对过程式习作有了初印象,第三方的介入能够帮助学生更好地完成过程式习作,接下来,笔者根据实践经验介绍其服务策略和注意事项。

二、第三方服务的策略

路标融入过程式习作，好比是城市有了地标、寻路人手中有了地图、汽车有了导航。借助第三方的辅助引导，能帮助学生在过程式习作中有序表达，引导学生在习作过程中思考、想象……本文将以统编教材三年级下册第四单元《习作：我做了一项小实验》为例，呈现完整、细致的导航系路标实施过程。

最早由美国心理学家提出的"元认知理念"，就是让学生在活动中进行自我监控和调节，它在教育领域中的运用非常广泛。本课针对过程式习作提出的评估、引导、评价（如右图），组成过程式习作的第三方服务。课堂中，教师先为学生设置明确的习作目标，让学习有所指向，然后引导学生对习作内容进行梳理和掌握，帮助学生建立完整的习作自我服务体系。

（一）习作前"三项"评估服务

1. 评估认知途径。本课起始阶段通过提问明确本次习作的任务是：把之前的实验经验写成一篇完整的作品。学生除了需要有实验经验以外，还要有一定的习作经验，两种经验的融洽程度决定了本次习作任务的完成程度。本课通过整理学生的实验经验，了解了学生的经验来源。教师把评估图直观展示出来，可以激发学生的原有认知，为后续取材、读图提供帮助。

2. 评估学生选材的能力。三年级学生做过的小实验并不少，但是这些实验的操作比较简单，效果比较明显，没有难度很高的环节。而且这些小实验很小，操作时间不长，学生容易操作。根据三年级学生特征和小实验的特点，第三方进行评估，为学生的习作选材提供服务，评估标准就是"就近""新鲜"。有些小实验虽然令人印象深刻，但是回想起来费劲，很难与过程式习作要求匹配，容易造成习作内容不具体、思路不清晰的后果。

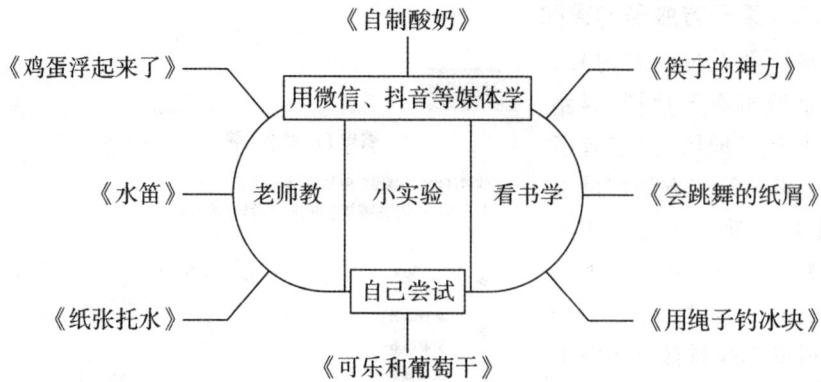

3. 评估学生的读图能力。综合考虑学生的实验经验和习作经验,借助课本中的实验图表,教师可引导学生学会读图,明确本次习作不是写一份实验记录表,而是记一次实验过程和自己的心路历程。这是一次"双过程"习作:图表中的"实验名称"对应的是"习作题目或者主题";"实验准备"对应的是"习作介绍";"实验过程"对应的是"习作内容"(包括过程中有趣的发现和心情的表达);"实验结果"对应的是"习作结尾"。图表中,不同栏目的指向性非常明确,本次习作的目的不是完成一次小实验,而是完成一篇习作,评估学生是否站在习作的角度解读这份表格至关重要。

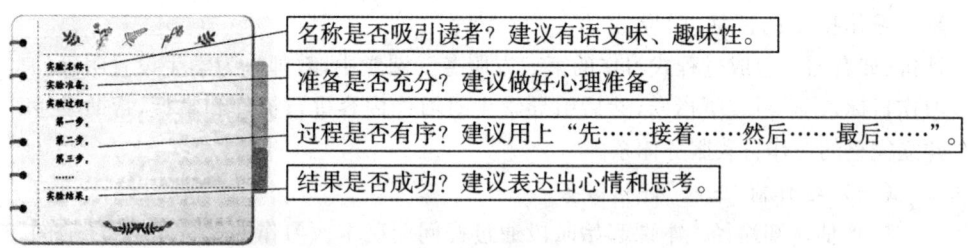

(二)习作时"三色"引导服务

1. "红色引导"也叫暂停服务。教师需要制作服务道具——暂停键。在课堂中借助暂停键引导学生暂停实验过程,并说说实验阶段的发现和心情,从而丰富过程习作中的细节描写。

2. "黄色引导"就是在暂停的基础上,引导学生联系下一个环节,回到实验过程中来,并为学生的思考停顿提供衔接词语。

3. "绿色引导"为过程式习作的压轴服务内容。教师应在结束习作过程的时候及时引导,延长学生的思路,给学生"天马行空"地想象的机会,可谓是整个过程式习作的点睛之笔。(见下页图)

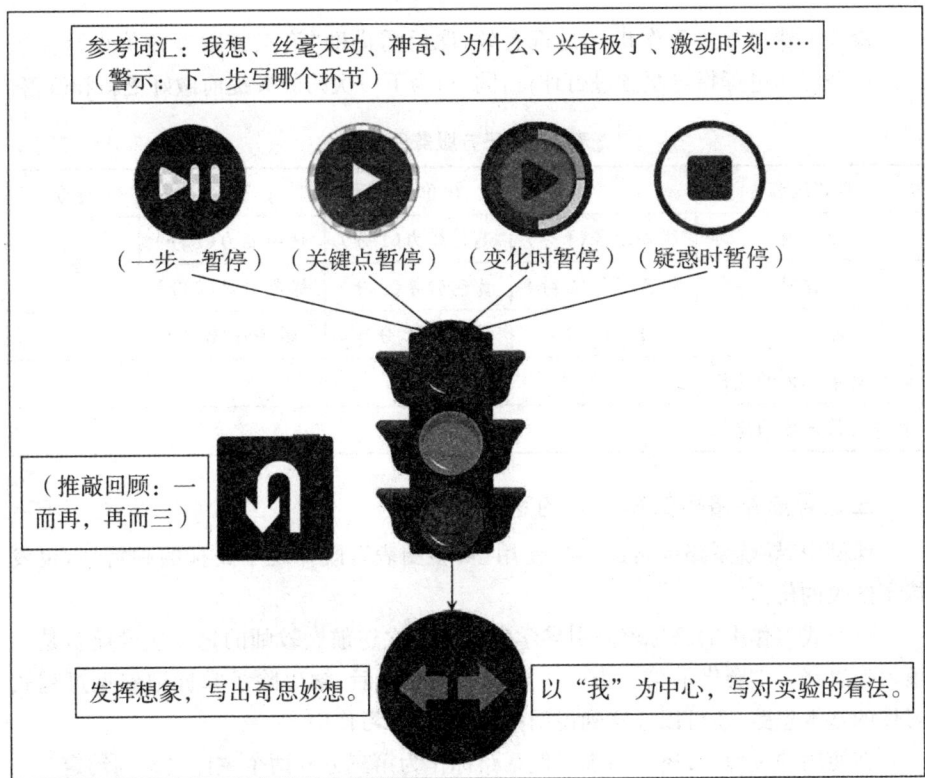

（三）习作后"三星"评价服务

学生在第三方策略的引导下完成了《我做了一项小实验》的过程式习作。第三方服务要为学生提供作后评价服务，其中借助"习作评价表"（见表1），学生可以实现自评或者互评，评价以激励为主。本课特别将实验过程分成几个评价项目，学生通过给五角星涂色实现自我评价或他评。

表1　习作评价表

项目	评价情况			得星(个)
实验名称	☆	☆☆	☆☆☆	
实验准备	☆	☆☆	☆☆☆	
实验过程	☆	☆☆	☆☆☆	
实验结果	☆	☆☆	☆☆☆	
用词合适	☆	☆☆	☆☆☆	
总得星(个)				
评价人建议				

检验本课过程式习作指导是否有效,课后需借助"第三方服务评价表"(见表2)对整个习作过程指导服务进行评价,同时,为下一次的服务提前做好更新和改善。

表2 第三方服务评价表

习作过程	评价情况			得分
习作前	认知途径(1分)	选材能力(1分)	读图能力(1分)	
习作时	红色引导(2分)	黄色引导(2分)	绿色引导(2分)	
习作后	自评(2分)	互评(2分)	教师评(2分)	
学生对第三方的建议				
教师对第三方的建议				

三、导航系路标的第三方约定

课例中,导航系路标帮助学生使用"实验图表",既体现了路标的独特性,也发挥了图表的价值。

过程式习作中的路标就是引导学生参与一次巡航。教师的每一次导航就是一篇习作思路。学会借助第三方——导航系路标之后,学生除了掌握记叙型过程式习作的基本思路,还可以迁移到说明型、议论型等习作中。

在使用的过程中,还需明确导航系路标作为第三方和两个主体之间的约定:

1. 教师作为教学中的主导,不能完全依赖第三方的策略,在引导的过程中,需要发挥教师的策略艺术,不可生搬硬套。

2. 习作教学的源头以学生的元认知为主,尤其要求学生有一定的实践经验,避免写出假话、套话。

3. 根据学生的习作情况,合理安排导航系路标的辅助时间,最终实现"导航系路标"零参与,学生百分之百参与操作与习作。例如教学案例中有这么一个环节:

(1)邀请感受较深的学生上台再次操作"会游泳的鸡蛋"的实验,出示"暂停键"图标,介绍"暂停键"的用法。("暂停键"图标:学生在操作实验的过程中,只要被贴上"暂停键",就要暂停实验操作,并保持当时的实验操作姿势,供观察者观察、表述、提醒。)

(2)第二次邀请学生上台操作"会游泳的鸡蛋"实验,不出示"暂停键"。

王国均教授说:"让学生成为自我学习的设计者,即支架的自我设计者和搭建者。"笔者认为,最终学生不再需要支架,实现自我成长,这也是路标策略的最终价值所在。

(浙江省衢州市实验学校教育集团新湖校区)

路标阅读法在文言文学习中的实践运用

万颖莹

统编教材从三年级开始设置了故事性和趣味性较强的小古文,但小古文语言生涩难懂,与学生日常生活用的现代汉语大不相同,导致学生对学习小古文兴趣不大。如何搭建学习支架,设计学习路径,并构建"小古文的阅读路标",让学生在路标的指示下,有效地学习小古文?笔者结合王国均教授提出的路标式教学,展开了实践研究。

路标是阅读一篇或一类文章的图示。设计小古文阅读路标,应注重对学生阅读能力的培养,注重阅读策略和方法的渗透。以"读"贯穿其中,分别以"浅读""细读""悟读"作为小古文路标的三大框架,学生可以根据路标步骤,逐步推进,完成小古文阅读。在具体实施过程中可以根据学生不同的学情,开展有侧重的教学活动。学生可根据"元认知"的阅读监控策略对三个大框架下的小支架进行调整。

路标一:浅读

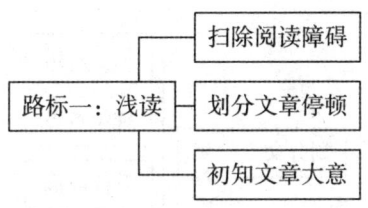

图1 浅读路标小支架

如图所示,"浅读"主要有三个小支架:扫除阅读障碍、划分文章停顿和初知文章大意。这个路标适合初遇小古文的学生。三年级学生第一次和小古文相遇,要降低学习难度,遵循"我做—你们做—你自己做"的方式,让学生逐一了解,并初步掌握每一个路标的使用。

（一）扫除阅读障碍

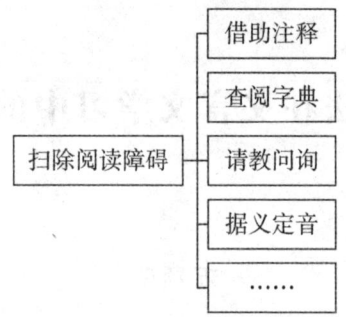

图 2　扫除阅读障碍策略支架

扫除阅读障碍是阅读文章最基本的保障。如下表所示，扫除阅读障碍的方式有很多，此环节用以下学习单作为支撑：

表 1　读准字音学习单

扫除阅读障碍	
不会读的字：	采用什么方法掌握读音（借助注释，查字典，询问请教，据义定音，联系上下文……）：

以多音字的据义定音为例：《司马光》一文中，"足跌没水中"的"没"字该怎么读？基于学生已有的阅读经验，先让学生自主探究，通过联系上下文，发现文中有"水"字，从而推断"没"的意思为"淹没"，最终判断"没"的读音为 mò。

（二）划分文章停顿

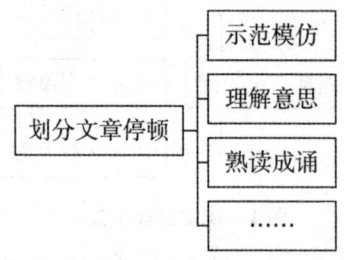

图 3　划分文章停顿策略支架

因声求气是重要的读书方法，是小古文教学有效的学习活动。实现因声求气的前提是正确地划分文章停顿。三年级学生虽然有一定的古诗文阅读经验和停顿、断句的意识，但面对小古文，仍无从下手。教授《司马光》时，教师可以先出示完整的朗读停顿并示范朗读，再组织学生自由模仿练读，最后引导学生发现、总结停顿的规律。

> 司马光
> 群儿/戏于庭，一儿/登瓮，足跌/没水中。众/皆弃去，光/持石/击瓮/破之，水迸，儿/得活。

图4 《司马光》的朗读停顿

学生了解停顿规律后，可以结合各种形式的吟咏，来加深小古文诵读的韵味和美感。这样不仅能激发学生朗读的兴趣，还能培养学生朗读文言文的语感。

（三）初知文章大意

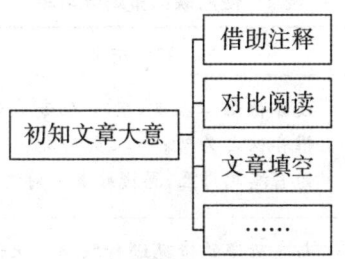

图5 初知文章大意策略支架

初知文章大意的方法很多，以文本对比阅读策略为例。对于《守株待兔》《精卫填海》这类故事，可采用对比阅读的方法引导学生把小古文版本和现代文版本进行对比阅读，以此降低小古文的理解难度。此类文章还有《囊萤夜读》《铁杵成针》等。

路标二：细读

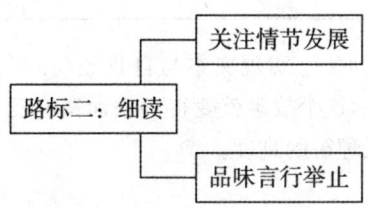

图6 细读路标小支架

统编教材中的小古文篇幅短小，且大多以故事为主，叙事性较强，但其字义深奥，难以读懂。想要完全掌握得深挖文本，具体可以从故事情节和人物言行入手。

（一）关注情节发展

这部分采用提问、预测、联结等策略实现，以使用联结策略为例，笔者借助以下学习单辅助完成学习：

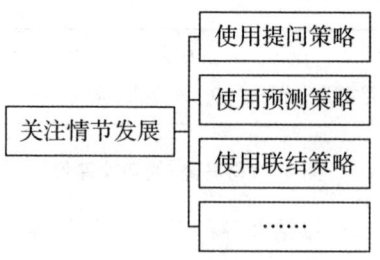

图 7　关注情节发展策略支架

表 2　使用联结策略学习单

使用联结策略：我的联结力	教师示范	我来试试
我读到	使弈秋诲二人弈，其一人专心致志，惟弈秋之为听；一人虽听之，一心以为有鸿鹄将至，思援弓缴而射之。	
与（　　）进行联结（我的生活、书本、影片、图片、作者、人物……）	与我听课的情况进行联结。上课时，有些同学听得很认真，老师说的每句话都记得清清楚楚；而有些同学，虽然人在教室里，却总想些和学习无关的事情。	
我的感受	两人跟随同一个老师学习下棋，由于他们的学习态度不同，最终呈现的学习效果也各不相同。	

借助上表学习单，帮助学生实现文本与自我经验的联结。当阅读者将一个故事和自己的生活进行联系，这个故事就变得轻松而富有意义。小古文晦涩难懂，用这样的方法可以大大降低理解的难度。

（二）品味言行举止

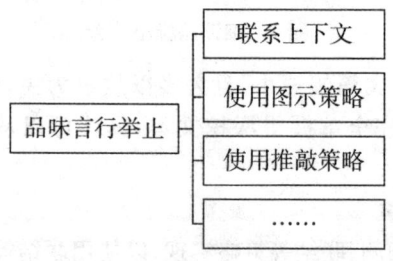

图 8　品味言行举止策略支架

言行举止的描写可以使读者"如闻其声,如见其人"。品味人物言行是读懂小古文的重要途径。以图示策略为例:

图9　图示策略学古文海报

阅读文本时,通过形象直观的图示调动学生的兴趣,引导其打开各类感官:眼、鼻、口、耳……并快速地在脑海中形成具体的图像,通过图像的串联,加深对文本的理解。

以《司马光》为例,教"群儿戏于庭,一儿登瓮,足跌没水中"时,结合海报让学生在脑海中形成可听、可看、可感的画面,让单一的文字变得鲜活而立体,从而加深学生对文本的理解。

路标三:悟读

小古文的学习,不能局限于对文字的理解,还有对人物思想的探索,对文章情感和道理的把握以及对文化传承的感悟。此路标由三部分构成:

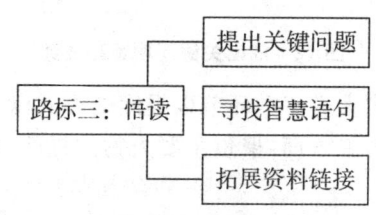

图10　悟读路标小支架

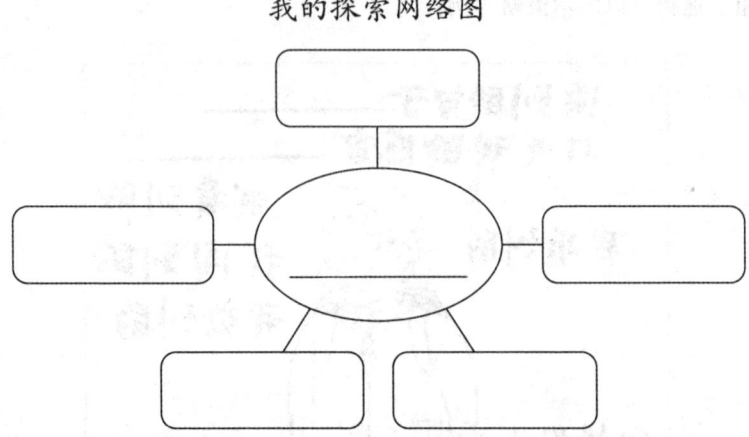

阅读全文,可从课文当中的人物、故事情节、富有智慧的话语等方面,开始你的思考。进而尝试用"我想……"或"也许……"等陈述回答。

图 11　"我的探索网络图"学习单

"我的网络探索图"直接聚焦文本,引导学生回归文本,挖掘文本深层次的意义,通过学生的自主思考真正实现学习的内化。最后以"我想……"或"也许……"等进行回答,真正学有所得。具体以提出关键问题和寻找智慧语句为例:

(一)提出关键问题

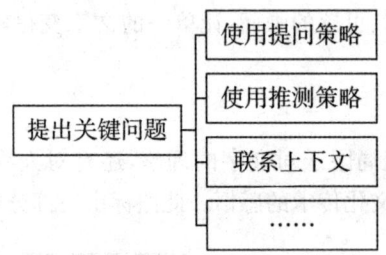

图 12　提出关键问题策略支架

"小疑则小进,大疑则大进。"本环节以提问的方式激发学生的求知欲和探索欲。"关键问题"一般指向三方面:聚焦主要人物的提问;聚焦故事情节发展的提问;富有深刻含义的词句。

以《伯牙鼓琴》为例,引导学生对主人公伯牙破琴绝弦的举动质疑:为何伯牙非得破琴绝弦?以此问为引,组织学生再次细读文本,通过研读"善""必"等关键词,体会伯牙与子期之间的深厚情谊,感受知己难寻、知音难觅。

（二）寻找智慧语句

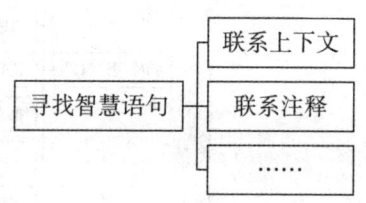

图 13　寻找智慧语句策略支架

小古文具有借助一个短小的故事突出一个道理的特点。这个道理一般会蕴含在小古文的某句话里，像这样的句子我们称它为智慧语句。如何帮助学生找到这样的句子？

以《王戎不取道旁李》为例："树在道边而多子，此必苦李。"这句话出自王戎之口，从这句话中不仅可以揭示归纳出判断事物的一些方法，还能推断出王戎是个怎样的孩子。《自相矛盾》中也有类似的话语："夫不可陷之盾与无不陷之矛，不可同世而立。"这句话阐明了什么叫自相矛盾。这样富有智慧的话语可能会出现在文章的末尾，也有可能由文中的主人公说出来，或者含在作者的评论语句中。

小古文阅读"三读"（"浅读""细读""悟读"）路标如图所示（图14），既有学习方法的支撑，又有阅读策略的渗透，目标明确，条理清晰，适用性强。但要更深入、准确地读懂、读透更多的小古文，在"三读"大框架下，必须根据学生的年龄特点和文本的具体内容，对支架进行取舍、调整。

王国均教授指出：路标具有明确的迁移功能，相同的文体可以通用一份路标，经过反复琢磨，实现由类到篇再到类，从而推敲出高效、清晰的学习路径。利用路标，可以帮助学生深入阅读、有效阅读，让学生成为真正独立而又成熟的阅读者。

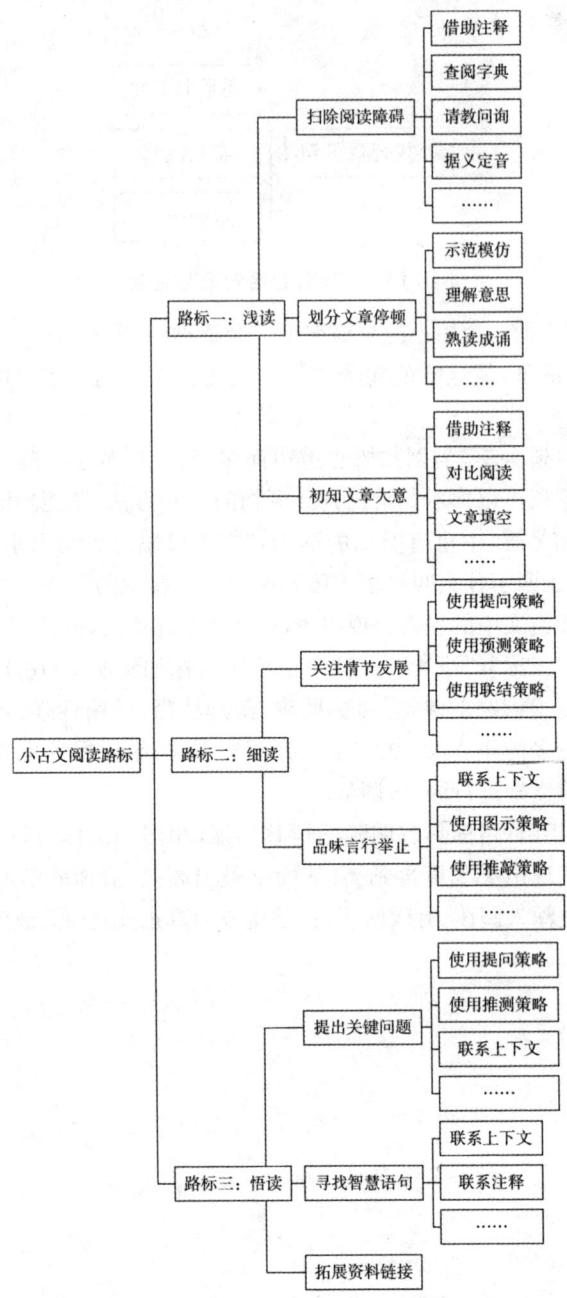

图 14 小古文阅读路标总图

（浙江省衢州市衢州新星小学）

"读写教室"理念下联结路标的设计与运用

陈红梅

"读写教室"研究将阅读策略的运用设计成路标,将内隐的心理阅读过程外化为可操作、可复制的阅读行为,学生在路标的指示下,自觉运用阅读策略,提高阅读力和思考力。本文以"联结策略"为例,谈一谈路标的设计和运用。

一、联结路标的设计

1. 联结路标的设计图表

联结路标图示		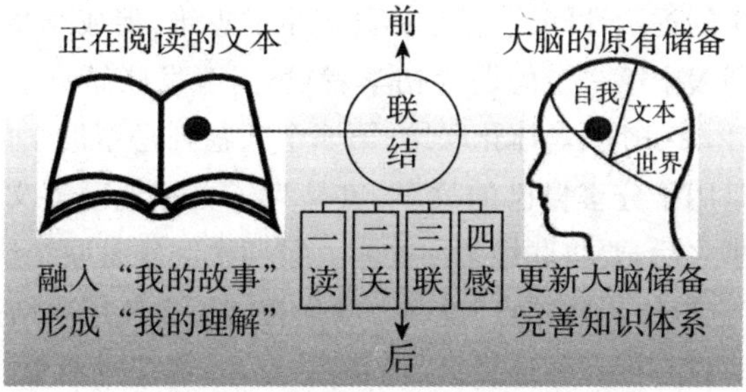 正在阅读的文本　前　大脑的原有储备 联结 自我／文本／世界 一读／二关／三联／四感 融入"我的故事"　后　更新大脑储备 形成"我的理解"　　　完善知识体系
联结路标要义	1. 联结策略的含义	联结策略是读者将所读文本与自身经验、背景知识、其他相关文本或现实世界联系结合,使自己与文本产生共鸣,主动构建更具深度的阅读理解的方法。
	2. 联结的三个维度	联结自我、联结文本、联结世界
	3. 联结训练四步走	一读→二关→三联→四感
	4. 联结提示性问题	以下提示性问题可以将表面型联结升级到深入思考型联结,以"联结自我"为例: (1) 这让我想起了什么? (2) 这和我的生活有什么相似?有什么不同?

（续表）

联结路标要义	4. 联结提示性问题	（3）这件事在我身上发生过吗？ （4）想到生活中这些事之后，我又是如何看待书中的人物的？
	5. 选取恰当联结点	相似点、相异点、重难点、疑惑点、兴趣点
	6. 学习工具的支持	海报、微课、学习单、便利贴、翻翻卡等

(1)"联结路标图示"的内容。A.策略名称。正中间圆圈中"联结"二字表明了该路标的名称。用一条线将书与大脑联系起来，表明这就是"联结策略"。B.策略指向。这一策略最终指向哪里？通过联结融入"我的故事"，形成"我的理解"，使我的大脑储备信息得到补充，知识体系也进一步完善。C.策略路径。联结策略的训练路径为："一读"——大声朗读文本；"二关"——在阅读中关注那些能让我们产生感受和回忆的内容，这些内容可称作联结点；"三联"——对关注到的联结点展开思考，进行联结；"四感"——联结之后，对文本产生新的感受及更深入的理解。四个步骤中，最关键的是"三联"，读者可以从"自我、文本、世界"三个维度展开联结。

(2)"联结提示性问题"说明。教师为帮助学生在阅读中主动进行联结而设计了不同层次的提示性问题，用于打开学生的思维，促成学生从有意识联结升级为有效联结。图表中第一个问题为初学者设计，触发联结意识；第二、第三个问题为中级学生设计，多角度、具体化联结；第四个问题则是帮助学生真正达成联结的目标，联结不只是用于分享自己的故事，也是为了更好地理解文本。因为当学生分享完自己的故事之后，要将联结带回文本。第四个问题是联结最本质的一步。

(3)"选取恰当联结点"说明。学生在阅读中使用联结策略，要重视对恰当联结点的探索。只有把握和选择恰当的联结点，才能建立有意义、有作用的联结。一般来说，文本的重难点，读者的疑惑点、兴趣点，文本与联结对象的相似点和相异点，都可以成为学生在阅读时去探索的联结点。

2. 联结路标的设计依据

将阅读策略转化为路标，可以依据以下三个方面进行设计：

(1)依据路标的功能。根据王国均教授在《比尔斯与普劳布斯特的"路标式细读法"述评》一文中所说，路标具有明确的指向功能、良好的支架功能、明晰的可操作性与复制功能。

(2)依据学生的心理。小学生的形象思维强，而抽象思维弱；感知图片的能力强，感知文字的能力弱。在路标的设计上要尽可能图示化，通过不同色彩与不同符号的运用，强化视觉效果。

(3)依据策略的特点。不同的阅读策略具有不同的概念、不同的使用方法、不同的应用文本以及不同的作用,因此,在设计时所呈现的体系、结构和图文就会不一样。

二、联结策略路标的应用

教学前设计好的"联结策略路标图示",在学生接触联结概念之前教师不应全盘托出,可通过三节课将路标内容按需出示,分步呈现。

1. 起始课——概念唤醒

三年级的学生可能没有听说过"联结"概念,但是不代表学生在阅读时没有作过"联结"。要唤醒学生曾经的无意识"联结",并且把"联结"概念形象地植入他们的大脑。参考《阅读力》一书中的做法,我们设计了一节起始课。

(1) 假如大脑里装着"生活故事"。

为了让学生明白路标图示,我和学生进行了如下交流:

师:假如我的大脑里装着我过去所有的故事,你的大脑里装着你过去所有的故事。大家编写的故事里会写些什么呢?

生1:我会写我和妹妹的故事。

生2:我会写我的家人、朋友、同学、亲戚们的故事。

生3:我还会写我看过的书、电影、电视里的故事。

……

师:是的,只要是我们做过的、看过的、听过的、想到的,都会装在大脑里。我们可以把大脑里的故事分成三类:一类是和我的生活有关的,一类是和我看过的书、杂志、报纸有关的,还有一类是和世界有关的,可以称为"自我、文本、世界"。如果要对这些故事进行分类,并且形象地展现出来,每个人大脑里的故事是这样的(如图1)。

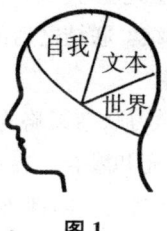

图1

(2) 阅读时你会想到"生活故事"。

三年级学生在阅读中或多或少有无意识地进行过联结的经验,要让学生意识到他们在阅读时会想到自己的"生活故事",这样的阅读行为就是联结。

师:同学们,当我阅读时,我常常会想到储存在我大脑里的"生活故事"。我阅读《活了一百万次的猫》,会想到我养过的一只猫和童年时光。你们有没有这样的时刻?

生1:我在阅读《苹果树上的外婆》时,想到了我的外婆。

生2：我最近在阅读《装在口袋里的爸爸》，我常常拿自己的爸爸来对比。

……

师：当你在阅读一本书时，你会将书中的内容与自己的生活进行联系，这就叫联结。这可是一种非常厉害的阅读策略呢！

（3）这本书成了我的"生活故事"。

当学生知道自己曾经在阅读过程中作过联结，内心会产生自豪和好奇。抓住这份自豪和好奇，教师可进一步用通俗易懂的方式让学生明白"联结"的作用。

师：在阅读中运用"联结"有什么神奇的效果呢？我和你们分享一次真实的体验。当我第一次读到《活了一百万次的猫》时，我非常伤感，因为我想起了小时候陪伴我的猫咪小黄。小黄非常乖巧，我精心照顾她，她日夜陪伴我。但是有一天，小黄老了，离开了我。我觉得这只活了一百万次的猫太像我的小黄了。现在，只要一拿起这本书，我就感受到小黄在书本里复活了。这本书和当初刚刚买来时已不一样了，我的"生活故事"融进了书里，书也成了我的"生活故事"。瞧，这就是"联结"给阅读带来的神奇魅力（如图2）。同学们，你们有这样的体验吗？和你的同伴交流交流。

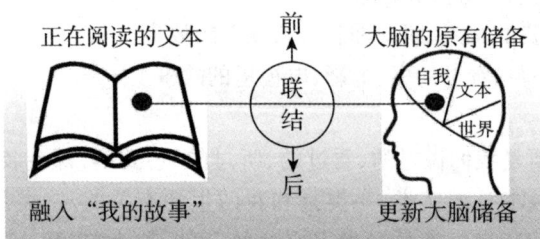

图2 联结路标图示

这节起始课帮助学生在大脑里建立了一个"联结图标"，这个图标让学生真正明白联结的价值：我们为什么要联结？联结之后的阅读会发生什么变化？

2. 主导课——学习联结策略

在起始课基础上设计一节以学习联结策略为主要任务的主导课。"读写教室"的理念是作好统编教材的衔接、补充和融合。在策略主导课中，我们尽量选择统编教材中的文本，在拓展练习阶段补充适量的课外文本。比如三年级下册《肥皂泡》一文运用了许多极具诗意、画面感的词句描写肥皂泡，寄托了作者童年的快乐和希望。所在单元的语文要素是运用多种方法理解难懂的句子。

以联结策略为主体的阅读课堂模式，要从教"课文"转变为教"阅读"。在学生熟读课文的基础上，师生进入主导课堂。采用王国均教授在《比尔斯与普劳布斯特的"路标式细读法"述评》一文中所讲的"老师做—你们做—你自己做"的教学方式，将学生领进"联结"的大门。

（1）老师做。

A. 示范"联结自我"。

学生熟读第 3 自然段之后,教师大声朗读句子,圈出动词后应告诉学生,自己在示范"有声思考"。

> 方法是把用剩的碎肥(皂)放在一只小木碗里,(加)上点儿水,(和弄和弄),使它溶化,然后用一支竹笔套管,(蘸)上那黏稠的肥皂水,慢慢地吹起,(吹)成一个轻圆的网球大小的泡儿,再轻轻地一(提),那轻圆的球儿便从管上落了下来,软悠悠地在空中飘游。若用扇子在下面轻轻地(扇)送,有时能飞得很高很高。

师:我在朗读时,特别关注文中描写吹肥皂泡的一连串动作,于是我把动词圈起来。这些动词让我回忆起大脑里的"生活故事"。我小时候也曾经吹过肥皂泡,那时候,我们没有别的游戏玩,只能自己动手制作工具吹肥皂泡。读着一连串动词,我仿佛感觉到在吹肥皂泡的小女孩就是我。

示范后,板书"联结自我",回忆梳理如何"联结自我"。总结出"联结四步走":一读、二关、三联、四感。适当提醒学生如何确定"联结点",如文本与联结对象的相似之处或不同之处,读者的兴趣点或疑惑点,文本的重难点等。

B. 示范"联结文本"。

教师继续大声朗读第 4 自然段,读到"这肥皂泡,吹起来很美丽,五色的浮光,在那轻清透明的球面上乱转",圈出"五色的浮光",示意学生注意倾听,示范"有声思考":

师:"五色的浮光"这个说法很美,它成为我要关注的"联结点"。五色的浮光是什么样的呢? 我立刻想到文章前面有一幅插图(出示插图),看,透明的泡泡表面有一层薄薄的五彩的光晕,这就是"五色的浮光"呀。通过联结插图,我感受到了泡泡的色彩美。

说完,教师将一张便利贴贴在这个词附近,并写下"联结插图　感受色彩美"。

教师引导学生回顾示范的"联结文本的插图",明确在作联结时也是"一读、二关、三联、四感",并把"有声思考"及时记录下来,便于交流分享。

(2) 你们做。

两次示范后,学生小组合作,尝试开展联结。为了让学习有困难的学生或小组能顺利开展联结,及时出示"联结提示性问题"(详见上文"联结路标的设计图表")。

学生初次练习时,会作一些表面化联结,老师提醒学生通过问自己第 4 个问题,将联结带回文本。

(3) 你做。

合作练习后,教师可放手让学生独立训练。发给每位学生至少两张便利贴,要求至少想出两处联结,尽量多维度联结。

教师继续关注困难学生。当所有学生作好联结之后,先请两位同学上台分享。比较熟练的同学,当他分享完后给他热情的掌声;不太熟练的同学,如果出现困难,则由这位熟练的同学帮助他进行完善。然后,请学生带着贴有便利贴的书本,自由成组,开展分享。

课堂总结时,教师引导学生把"联结策略路标图示"补充完整,并告诉学生,这张图张贴在教室里,它就是一个路标,可以为大家导航,告诉大家阅读时如何运用联结策略。

3. 练习课——运用联结策略

掌握任何一项阅读策略,都需要反复练习。教师可运用"联结策略路标",布置一些有趣的读写任务,让学生根据路标反复训练。我们会布置这样一些任务:

(1) 推荐"联结书"——《苹果树上的外婆》《夏洛的网》《今天我是升旗手》,引导学生按照"联结四步走"进行联结,并和同伴或家人分享"思考的声音"。

(2) 小组自选"联结书",每位同学阅读并用便利贴记录联结的内容,第二天将书传给下一位组员。组员之间用不同颜色的便利贴记录联结的内容,以此类推。

(3) 到学校图书馆找属于自己的"联结书",制作"联结学习单"(如下表),准备在班级里分享。

联结学习单		
我在阅读的书:	我的姓名:	

三、联结策略路标教后反思

运用路标的理念来教学生联结策略,不但激发了学生的阅读兴趣,而且能在更短的时间内让学生掌握这一策略。学生在练习课阶段,选择的书籍既有文学类,又有知识类。选择知识类文本时,学生更多的是"联结文本",选择文学类文本时,则以"联结自我"为主。由于学生的经历不够丰富,在做"联结世界"的练习时,需要老师给予帮助。因为每个孩子都有自己的个性,他们的生活充满了不同。所以每个人的联结也呈现出了丰富的多样性。教师要做一个观察者和激励者,不断地去肯定学生的每一次联结。当然,学生的联结流于形式时,教师要适时提醒学生,让联结回到文本。

(浙江师范大学附属衢州白云学校)

多级推进式阅读指导的实施策略

——以统编教材六年级上册"快乐读书吧"推荐书目《童年》教学为例

丰 珍

所谓多级推进式阅读,即在整本书阅读过程中,根据文本特点,结合学生阅读情况,有计划、分批次地进行多次推进,让学生始终处于积极的学习状态,通过自主探索和互相协作,在循序渐进的学习中逐渐养成自觉阅读的习惯,提高阅读能力。笔者以统编教材六年级上册"快乐读书吧"推荐书目《童年》为例,进行了实践探索。

《童年》是苏联作家高尔基以自身为原型创作的自传体小说三部曲中的第一部,主要讲述了阿廖沙(高尔基的乳名)三到十岁期间的生活经历,生动地再现了19世纪七八十年代俄国下层人民的生活状况,写出了高尔基对苦难的认识、对社会人生的独特见解,以及他在暗无天日的社会里寻找光明的奋斗历程。由于出场人物多、时代久远、中外文化差异等因素影响,学生常常因为阅读障碍而失去阅读兴趣。为了解决这一问题,笔者结合学生的阅读实际,安排了四次推进,实时了解学生的阅读进度,给予阅读能力弱的学生一些指导,帮助他们持续阅读下去。这四级推进级级相扣,螺旋上升,循序渐进地让学生进入深度阅读。具体安排如下表:

阅读过程	阅读安排	时间安排	阅读任务
推进课	一级推进:阅读策略运用	40分钟	运用图示策略,以小组合作形式分享前期运用推敲、提问、联结等阅读策略的阅读成果。
	二级推进:小说要素	每天课前10分钟、课间	分享阅读收获,解决阅读过程中的疑问;会用关联前后情节、关注时代背景等方法深入品读人物形象。

(续表)

阅读过程	阅读安排	时间安排	阅读任务
推进课	三级推进:传记要素	40分钟	将《童年》与《高尔基自传》《高尔基传》进行比较阅读。
	四级推进:成果分享方案	40分钟	继续解决阅读疑问,分享阅读收获;激发持续阅读的兴趣,并积极尝试多种形式展现阅读成果。

一、分享阅读成果,享受阅读新体验

第一次推进课是在学生产生了阅读兴趣,了解了一定的阅读策略,并经过一段时间的自主阅读,以小组合作形式制作完成了各类海报的基础上进行的。本次推进主要反馈学生在前期阅读中运用阅读策略的情况,由每个小组选派代表汇报交流,其他小组成员听并记录,一个小组分享结束后其他小组再分享交流。

第一组分享的是"阅读进度表"。各小组均采用了不同形式记录了阅读进度,兼顾章节、日期、参与人员,营造出赶超比拼的阅读氛围。其中"海燕"组的计划表还罗列出阅读中运用的阅读策略和完成的项目,内容更为完整。该组成员的阅读进度是最统一的,呈现齐头并进的状态。通过采访了解到,这得益于他们及时制订计划,结对打卡,电话督促,还有明确的奖惩机制。

各小组通过制作阅读进度表,小组成员互相监督提醒,共同进步。这对阅读能力偏弱的孩子的推动作用更为明显,能帮助他们克服惰性,按时完成阅读任务。

第二组分享的是"人物关系图"。这部小说人物众多,同一人物在不同的章节中的称呼也不一样。预读调查时就发现,厘清人物之间的关系是学生公认的难点,但从海报呈现的内容来看,学生已然很好地突破了难点。比如以亲情树的形式展示人物关系,不仅呈现出主人公阿廖沙与其他人物的关系,其他人物之间的关系也一目了然。

第三组分享的是"情节图"。像《童年》这类中长篇小说,故事情节比较复杂,为了防止学生看到后面忘记前面,笔者鼓励学生边读边概括故事情节。各小组都以形象直观的导图展示了小说中情节的变化,如阶梯图、列车图、鱼骨图,将整部传记的情节清晰直观地呈现出来。尤其是"情节山"的绘制,不仅以小标题概括了情节,还将故事的开端、发展、高潮、结局借助山形图很好地展现了出来。

第四组分享的是"人物形象图"。小说中人物形象众多,个性极其鲜明。每个小组都选取了印象最深刻的人物(外祖母、外祖父、小茨冈、阿廖沙等)进行个性化解读,还根据文中的刻画和自己的想象绘制出人物头像。

这样的交流分享为学生相互学习搭建了很好的平台,使其受益匪浅。各小组

都充分发挥了组内成员的特长,做到人人参与,分工明确,各尽其职。组内不同层次的学生相互学习、共同进步。分享结束后,所有海报都张贴在教室里,供学生课外交流欣赏。小组成员可以将自己的疑问或新发现写在便利贴上,供大家继续交流。这样无形之中拓展了学生的学习空间,激发了学生深入阅读的内驱力和积极性。

二、解决阅读困惑,引导持续阅读

通过前期阅读,学生产生了不少困惑,特别是阅读能力稍弱的学生,更需要教师及时给予指导。笔者进行了第二次推进,晨读、课间经常问问学生:"读到哪里了,都是在什么时间读的?"语文课上,笔者也经常抽出几分钟时间让学生交流阅读记录:"书中哪些情节让你印象深刻?你运用了哪种读书方法?有什么阅读感受?碰到哪些困惑或问题?你是怎么解决的?"这样的交流具有短平快的特点,能及时把有用的阅读方法推荐给大家,全班共享。

比如深度解读人物形象,需要将人物放在特定的历史背景中去思考。小茨冈的偷窃行为,放在我们这个时代是被人唾弃的,而当时人们为了生存,偷窃成了活下去的方式,不仅大人偷,小孩也跟着偷。这种行为是时代造成的,是特定时代背景下的产物。通过循序渐进地引导,学生真正走进了作品,走进了主人公的内心,从他身上汲取到成长的智慧和力量,也进一步激发了继续往下读的兴趣。

三、比较阅读,体会小说与传记的不同

在阅读推进过程中,笔者发现很多学生误将《童年》理解为高尔基的自传。为了帮学生弄清传记与传记体小说的区别,第三次推进课我专门安排了《童年》与《高尔基自传》《高尔基传》的比较阅读,实现整本书阅读与群文阅读的有机整合。我首先引导学生查阅《高尔基自传》及其他高尔基传记作品中关于这段童年生活的描写,然后分组从内容、写法上探究小说与传记作品中高尔基童年生活的不同,以学习单为支架,引导学生进行比较阅读。

通过阅读比较,学生发现《童年》中"幼年丧父""母亲改嫁""寄养外祖父家""跟外祖父学识字""听外祖母讲故事""上小学及放学捡破烂"等情节在自传和他人所写的传记中都能找到原型,是真实的材料。但《童年》除了展现真实生活的苦难,还展现了人物精神世界的苦难,加入了作者的观察和思考,与高尔基真实的童年生活不完全相同。《童年》是一部具有自传色彩的小说,加入了作者的文学加工处理,是高尔基童年生活的艺术升华。高尔基以自身经历的苦难为基础,再现了时代苦难、社会苦难和民族的苦难。正如他自己所说:"促使我提笔描写这些丑事的还有另一个较为正面的原因。虽然它们是令人痛恨的,压在我们的心头,残忍地踩躏着许多美好的心灵,然而俄罗斯人依旧表现出朝气蓬勃的青春活力,足以抗拒并战胜它们。"通过这样的比较,学生对传记与自传体小说的区别就有了较为深刻的理解。

四、预告分享方式,激发展示热情

当阅读进行到较为深入的阶段,我们开展最后一次推进课,各小组填写"阅读成果分享计划清单"(见下表),为即将到来的阅读交流作准备。清单内容包括选做和必做两部分,各小组可以根据清单提示选择感兴趣或擅长的项目安排成员准备展示。这样更容易激发学生展示分享的热情,丰富多彩的活动形式也能够让学生体会到阅读的快乐。

阅读成果分享计划清单		
不知不觉中,你已经完成整本书阅读,给自己的坚持点个赞吧!接下来,我们将以什么方式展现阅读成果呢?		
必做	绘图小天王(人物资料卡)	组员分工:
	文艺指路人(书签、书评等)	
	联结小天使(《我与高尔基比童年》)	
	研讨主席(讨论收获)	
	情节报告员(梳理整部小说情节线)	
	童年小剧场(课本剧表演)	
选做	像作家那样提问(字、词、句等语言形式)	组员分工:
	像哲学家那样提问(主题、价值、意义)	
	像考官那样提问	
阅读完成时间: 年 月 日		
阅读分享时间: 年 月 日		

综观整个推进过程,笔者不仅关注阅读的人和书籍的关系建构,还积极构建同读一本书的人之间的关系,重视阅读氛围的营造,加强阅读生活中的互动。这样能让学生更好、更快地走进小说,读懂小说,有效杜绝读完就忘或半途而废的现象。通过这样的多级推进式阅读,学生初步掌握了一些阅读策略,并有意识地运用到日常阅读中,有效提升了自主阅读能力。

多级推进式阅读更关注学生持续阅读过程中阅读理解的深度与广度,基于学情适时跟进指导,分层推进完成阅读任务,让学生不断收获,进而激发更强烈的阅读欲望,最终实现掌握阅读策略、形成个性阅读感悟和阅读经验的目标。

(浙江师范大学附属小学)

大单元教学设计

"读写教室"理念下的大单元教学设计

王国均

近年来,语文大单元教学已成为研究热点,我们"读写教室"也经常采用大单元教学方式,但由于教育教学目标不同,其教学设计的理念、方法和范式也有本质的区别。基于"读写教室"的核心理念,在分析借鉴美国、日本阅读单元设计经验的基础上,构建一种理想的大单元教学设计模式势在必行。

一、美国、日本小学阅读单元设计的特点

美国公立小学语文单元教学分为两种方式:一种是间接的"为课程标准而教",依赖现有教材,依托功能完备而强大的教参和教辅资料,开展普适性的单元教学;另一种是直接的"为课程标准而教",一部分经验丰富且愿意接受"读写教室"理念的教师,根据所在州教育部门规定的课程标准,独立寻找合适的选文或书籍,开发细致而严密的课程资源,设计实施多样化、系列化的读写单元教学内容。后者完全由教师自己开发设计,比较典型的成果见于纽约罗切斯特大学附属哈雷学校的乔伊·摩丝所著的《文学聚焦单元——小学教师手册》一书,其中介绍了一至六年级多样化文学单元的教学模式、理论依据及完整的教学过程。

例如该书介绍的五至六年级"日本文学单元",以4本日本著名民间故事集为基础,全班共读11本故事书(其中基础种子书4本,依次推进书7本),个人选择性阅读125本(传统文学作品集50本,现代幻想作品12本,诗集19本,现实主义小说24本,非虚构作品20本)。该单元以文体为阅读主线,从民间文学到传统文学、现代幻想作品、诗歌、现代主义小说和非虚构作品,逐层推进,中间穿插创意写作和表现项目,最后以有家长深度参与、令人惊叹的班级学习成果展览会结束。从学生的态度、言行上,可以清晰地看到他们越读越想读、越读越会读、越读越聪明、越读越成熟的成长轨迹。在教师的指导下,他们不但广泛而深刻地领悟到日本传统文学与文化中对坚韧、谦逊以及智慧等人性品质的追求,而且习得了从文学到文化这种"由内而外"的观照探究的阅读方法。在这样的大单元教学中,"读写教室"成了学

生学习独立读写的助推因素,读写成了学生加速成为独立而成熟的读写者的途径,而广泛阅读、深度思考、热情的交流分享,则成为必不可少的学习方式和有意义的学校生活。美国语文教师单元教学的时间跨度、主题设计和文体的广度,给我们有益的启示。

再看日本一线教师"国语"课单元教学设计。日本《国语》课本每册单元和选文数量很少,以使用量最大的光村版《国语》课本为例:每册仅 5 个单元,每单元一般 1 篇课文,需要学习 8 个课时;课文后附有多本可选阅读书目,教师可以灵活选用。就我们看到的资料来说,每个单元短的 9 课时,长的 13 课时。笔者曾以光村版四年级上册《一朵花》的三个教学设计为例,介绍过日本大单元设计的不同思路。印象最深的是,一连串的课时不但没影响教学扎实推进,而且每个课时都能提供思考、交流的机会。各课时教学内容、环节连贯、一致,特别重视讨论交流。这些都非常值得我们学习。

二、"读写教室"理念下的大单元教学的特征

基于"读写教室"理念的大单元教学,是以图书教室为平台,以培养独立而成熟的读写者为最终目的,以课程标准为主要依据,以主题或文体为线索,科学合理地组织指导大容量阅读活动的一种教学形态。

这样的大单元教学有如下特点:

1. 基于课程标准,体现"为课程标准而教";
2. 需要根据单元属性而特意设计的多功能图书教室;
3. "种子书(全班共读)+推进书(小组共读)+自选书(个人独立阅读)+创意表达项目(个人表现)+学习成果展示(交流分享)"的单元结构;
4. 课内外读写活动打通,课内教学时间至少 8 个课时;
5. 生均读物拥有量高,种类多样,配置可以随单元主题或问题的要求而变化,能够满足学生不同时段对不同类型读物的阅读需要;
6. 有阅读策略与读写工具支架的介入,阅读与指导的支持性资源充足;
7. 学生根据自己的阅读偏好逐渐形成自己的阅读路径,教师提供个性化指导;
8. 体现选择、差异和分享的学与教原则。

三、大单元教学的两种类型

我们目前尝试的大单元教学主要有两种类型:一是主题型,二是文体型。二者有明显的区别。

主题型、文体型大单元教学的区别

	主题型大单元	文体型大单元
单元核心	大观念、人物	各类文体或作家流派

（续表）

	主题型大单元	文体型大单元
教育价值	1. 了解与理解世界； 2. 了解与理解自我； 3. 成为合格公民。	1. 理解人性与感情； 2. 提高文学审美能力； 3. 培养终身文学爱好者。
教学价值	1. 提升阅读兴趣； 2. 学会探究性阅读； 3. 学会项目式阅读； 4. 学会跨学科阅读； 5. 学习创意写作和表达。	1. 学习各种文学要素与表达技巧； 2. 学习并自觉应用各种阅读策略； 3. 学习各种文体的写作，形成多样化表达能力。
适用年段	各年段都适用，低年段特别适用。	中高年段

1. 从单元核心来看，主题型大单元以大观念或人物为基础。这个大观念可以是一个开放的概念，如"亲情""爱国"等；或者是一个实体，如"恐龙""海洋"等；也可以是一种品质，如"勇敢""高尚"等；还可以是一种社会现象，如"阶层""身份"等；甚至是一种文化，如不同时代、不同地域的风俗文化。主题的范围可大可小，可具体也可抽象，设计相对灵活。我们在浙江省衢州市白云学校三个年级尝试设计与实施了"身体""月亮""爱国"三个主题的大单元教学，采用的就是从"自我"到"自然"再到"社会"的序列，符合儿童认知发展规律。而文体型大单元则相对明确和固定。我们在浙江师范大学附属小学三个年级尝试设计与实施了名人传记大单元教学，从低年级绘本传记到中年级航天人物传记，再到六年级自传式小说，遵循的是儿童阅读能力的发展规律。目前我们还在开发三个年级的古代名人传记系列教学，试图形成一至六年级系列传记大单元教学，充分发掘名人传记在学校立德树人中的独特教育价值。

2. 从教育价值来看，主题型大单元主要体现在了解与理解世界（自然、社会与人类）和自我，成为关心世界、参与社会实践的合格公民；文体型大单元体现在理解人类社会丰富多样的人性与丰富复杂的感情，提高文学审美能力，培养终身文学爱好者。

3. 从教学价值来看，主题型大单元能够提升学生的阅读兴趣，使其学会探究性阅读、项目式阅读、跨学科写作以及创意写作和表达；文体型大单元则侧重学习各种文学要素与表达技巧，学习并应用各种阅读策略，学习各种文体的写作，形成多样化表达能力。

4. 在适用年段方面，区别不太明显，文体型大单元多放在中高年段。

两种大单元设计各有各的优势和不足，二者不是对立关系，而是相互补充、相辅相成的，能让"读写教室"的活动既能载道，又能得言，促进学生语文核心素养全面、充分而公平地发展。

四、大单元教学设计的框架

在重新认识、梳理大单元概念与特点的基础上,我们初步构建了一个实验性的教学设计框架。

1. 总体思想

大单元教学是"读写教室"实现"培养独立而成熟的读写者"这一最终目标重要的教学手段和方式。与现行课本文选式单元不同,我们的大单元主要指用多个文本围绕主题或文体进行复杂的过程性设计,体现的是走出课本的"游泳池"到"大江大河"甚至"大海"里学会"游泳"的理念。对学生来说,大单元教学既是现有课本学习的延伸和补充,也是能否自觉主动地运用课本中习得的阅读、表达、合作技能的质检仪,更是培养日常读写毅力、释放有意义读写潜能、形成深刻阅读个性、成为更好的自我的赛车道。对教师来说,大单元教学是一块检验教师是否具备独立开发高质量课程能力的试金石,也是优秀教师追求卓越、勇于挑战的一座高峰。对学校来说,大单元教学又是一个打造优势学科、凸显办学特色的有说服力的成果标志。

2. 具体设计思路

读写课容量大,活动紧凑,环节复杂,要求细致而多样,这些特点决定了大单元设计的巨大挑战性,需要分阶段进行。

第一阶段,确定单元类型,准备相应资源。无论是主题型还是文体型,都要有一个系列或双线系列的顶层设计。一般说来,主题型的系列顺序是由小到大、由近及远、由浅入深的。衢州市白云学校三个大单元设计就是由近及远的序列。文体型大单元的序列又主要有两种思路:其一是有特别价值的单一文体序列,如浙江师范大学附属小学的传记大单元设计系列;其二是各种文体大单元根据年段依次递进。这两种序列也可以相互交叉、螺旋式上升。初次做大单元教学设计,可以从一个主题或一种文体做起,积累一定经验后,逐步走向系列化设计,甚至挑战双线系列、交叉螺旋系列。

单元类型确定后,就可以考虑教学资源的配置了。这是一个费时而且需要购书经费保障的工程。

首先是读物的选择和置备。读物分为四类:

（1）核心文本,又叫"锚定文本"或者"种子文本",它是大单元教学的基点和起点,应选具有教育教学价值的经典作品。每个单元需要确定 1~4 本书(一般一、二年级 1 本,后随年级升高而逐步增加),以便全班共读,明确单元学习的核心概念或知识,为后面的阅读、讨论划定界限并提供基础。这些核心书本,一般要求每两位学生拥有 1 本或 1 套。

（2）小组共读文本,具体书目可以有差异,让小组选择,主要用于培养小组讨论能力。小组成员数量可以随年级升高而增加。一般要求每个小组有1个共读文本，小组内至少每两位同学拥有1本相同的书。

（3）个人独立阅读文本，为满足学生个性化阅读需要，至少要求每人拥有2本不同的书。

（4）特殊需要的阅读文本另行专门配置。

其次是阅读工具资源的准备。主要是体现学生阅读策略的阅读单、微课、读写海报、读写活动检查表与量表以及各种帮助学习写作表达用的卡纸等。文体大单元，需要特别注意读写策略系统的应用。

第二阶段：任务分析。主要是整合并明确单元教学目标，为后面的进程设计提供方向和路标。

首先是了解学生通过统编教材的学习已经达到的能力水平，对照《义务教育语文课程标准》，找出那些尚未达标的规定和要求，作为大单元教学的目标，以弥补现有课本单元教学的不足，促进学生语文核心素养全面的发展。

其次，还需要学习借鉴国内外先进教育理念，研读并吸收相关主题、作家作品以及文体等方面的权威研究成果，为"读写教室"实践探索提供坚实的理论支撑和强大的创新指引，使大单元教学充满活力。

第三阶段，阅读进程设计。紧扣单元教学总目标，分时段逐一设计。

首先设计总课时数、阅读进程各环节课时数。阅读进程一般分为四个环节：

（1）起始课。可以介绍全班共读的书目，运用联结策略导入单元读写活动，以结构化的问题串逐步打开学生的思路。如果学生第一次接触某一阅读策略，教师可用微课进行示范。起始课还要借助教学海报向学生介绍大单元学习的基本要求、流程和项目主要内容。起始课的设计重点有三：一是确定读写基点，二是强化已有阅读策略或传授新的阅读策略，三是介绍读写要求。

（2）小组共读课。小组共读的目的是进一步强化阅读策略应用能力与多层面交流讨论技能训练，为个人独立阅读、自主讨论交流做好准备。重点要放在阅读策略与讨论技巧的自觉应用上。

（3）独立阅读课。学生自己寻找书本独立阅读，用阅读反应单记录自己的思考，寻找与自己有相同阅读爱好的同伴相互交流。学生读完一本书后，教师要根据学生的阅读兴趣和能力水平，及时指导读下一本书，让学生形成各自的阅读链条或轨迹。这个环节很难预设，需要动用教师的阅读经验。在高年段，教师需要设计不同阶段学生阅读书籍的先后序列，使学生进入探究式深度阅读的轨道。

（4）自主读写项目课。指导每一位同学根据自己的阅读链条，把探究式深度阅读中那些有价值的思考成果，整合成一个小组（多用于低年段）或个人（多用于高年段）的学习项目。此外，还要动员学生乃至家长做好展示课的准备工作。

（5）读写成果展示课。班级举办全景式读写成果交流展示活动。教师要设计交流任务单,引导学生积极回答别的小组或他人提出的问题,主动阅读别的小组或他人的读写成果,提出自己感兴趣的问题。教师还要设计单元学习反思单和评价量表,引导学生学会反思与总结。

第四阶段:读写活动评价方案与特殊指导方案的设计。为了达成大单元读写活动教学目标,提升学与教的效果与质量,需要重新检视各阶段、各环节设计的评价要点,使之与教学目标相一致,并将这些评价要求整合成一个总体评价方案。此外,还要考虑为那些需要帮助的学生设计有针对性的支持方案。

3. 大单元设计模板

主题/文体大单元设计

年级:　　　设计日期:　　月　　日　　设计者:

主题/文体	
核心文本	
小组共读文本(每组1本)	
个人独立阅读文本(至少每人2本)	
阅读方法/策略(在下面的选项上打钩) ① 推敲　② 积累　③ 预/推测　④ 提问　⑤ 图示　⑥ 概括　⑦ 联结　⑧ 监控　⑨ 批注　⑩ 笔记	
需要弥补和强化的《义务教育语文课程标准》的规定和要求: 1. 2. 3.	
国内外可参考的理论依据:	
总课时安排:____课时 其中起始课____课时;小组共读____课时,独立阅读____课时;交流分享____课时	
一、起始课 1. 读前活动 2. 读中活动 3. 读后活动	
二、小组共读课 1. 读前活动 2. 读中活动 3. 读后活动	

(续表)

三、独立阅读课(可设置多节,每课时都单独设计) 1. 读前活动 2. 读中活动 3. 读后活动
四、自主读写项目课(仅限高年段实施) 个别指导活动注意点
五、学习成果全景式展示课 活动方案
过程性评价(档案袋式)方案
对读写困难学生的支持方案
辅助材料(学习单、海报等) 1. 2. 3.

五、大单元教学设计需要注意的问题

其一是书籍购置。大单元教学设计图书需求量大,而且多为专用书籍,学校购置的图书种类和品质很难满足需求,需另行购置,而且很难短期内购齐,只能边实施课程边购买添置。尤其到了高年段,学生的阅读兴趣差异分化更加严重,很可能教师拼尽全力也无法满足学生对书籍的阅读需要。此外,大量新的杂志和书籍不断涌现,大单元设计的书目也会不断更新。但是,我们不需要为这一问题而特别担心,只要经费有保证,尽量购置即可。这样,专用书籍就会越来越多,一届接一届学生都可以使用下去。

其二是时间投入。每个大单元都会用到大量专用书籍,教师要投入大量时间逐一翻阅,确定哪些书适合全班共读,哪些适合小组阅读,哪些书之间可以形成阅读的链条,组织学生深度阅读。一个主题的阅读量不能以周来计算,而是要以月来计算,更何况书籍在不断增加。因此,大单元教学设计的时间投入永无止境。时间投入越多,教师对主题或文体的把握也就越深刻,对日常课文的教学也会产生良好影响,同类主题或文体的教学会更加游刃有余。

其三是要有多方面专家资源的支持。大单元教学设计主题和文体的深度学习,需要有相应主题、作家或文体研究专家的支持;其对教学材料的数量和质量要求很高,也需要有儿童文学研究专家的支持;其教学设计环节众多,专业性强,还需要教学理论研究专家的支持。三个方面专家的支持缺一不可,这样形成的大单元教学设计才经得起各方面专业品质的检验。

其四是教学经验的大量积累。大单元教学设计除了考虑全班教学之外,更多的是小组阅读和个性化阅读指导的设计以及系统性读写与评价工具的设计,且越到单元教学后期,个别精准指导的分量越重,越难进行预设。在实践中不断反思,结合理论引领和专家现场指导,反复尝试,不断总结,才会逐步积累起丰富经验。实践证明,一开始,有的老师只能设计4个课时;经过一段时间的教学实践和反思总结,就能设计6个课时;第二轮实践中,完全可以达到设计10个课时的基本要求。因此,大单元教学设计不可能一蹴而就,教师要有耐心和韧劲。

其五是注意与现有教材体系的衔接。大单元教学是对课本教学的有益补充,一定要注意与现有教材系统的衔接。可以衔接的地方,要关注学生知识能力的掌握程度,以此为依据确定大单元教学目标;衔接不上的地方,特别是个别化指导、新颖学习方式的指导,就要独立开发设计。

最后是注重团队建设。大单元教学投入成本高,单凭教师个人难以胜任。有一群老师一起探索,相互支持,分享热情、资源和智慧,做起来就会容易得多。

参考文献:

[1] 高雅,王国均.日本小学国语多课时课文的教学设计——以《一朵花》为例[J].教育研究与评论(小学教育教学),2017(09):22-27.

[2] 王国均,方美青."读写教室":小学读写教学的一种演进[J].教育研究与评论(小学教育教学).2019(06):7-11.

[3] 徐静静."读写教室"图书资源的开发与更新[J].教育研究与评论(小学教育教学).2019(11):5-10.

[4] 王国均,方美青,陈宣羽."读写教室"——语文教育的未来新常态[J].小学语文教师.2021(06):71-74.

[5] 陈红梅.把诗和远方交给"读写教室"[J].小学语文教师.2021(06):75-77.

(浙江师范大学教师教育学院)

"月亮"主题大单元读写课程的活动开展

陈红梅

我校"月亮"主题大单元读写课程开始于 2019 年 9 月 1 日。这天,四(2)班的孩子拿到新发的语文书后津津有味地读着。第二篇课文《走月亮》很快吸引了他们。梓洋说:"我也喜欢走月亮,我走到哪儿月亮就跟到哪儿。"丽琴说:"月圆时,奶奶会讲嫦娥奔月的故事。"欣欣说:"我好想到月亮上荡秋千。"听到这些对话,我和孩子们讨论:为什么月亮会跟我们走?月亮为什么时圆时缺?月亮上真有嫦娥吗?通过讨论我发现,孩子们知道月相的知识,背过咏月的古诗词,一位男孩子还看过科幻小说《月圆之夜》。此时我心里有一种兴奋的感觉,我预感到我会和孩子们从这里开启一段新的旅程。

我喜欢创造新的教学任务,在"读写教室"里一切皆有可能。"月亮"大单元主题读写的探索之旅就从那一天开始了,历时一个月,分为五部曲。

五部曲之一:主题策划

1. 课程取名

给主题取一个独特的名字,就像作家给自己取笔名一样,带着特殊的含义、期待。我们专门上了一节"取名课",采用合作学习模式:自主取名—小组讨论—上台分享—投票表决。通过以上步骤,最终确定课程主题为"弄月"。下面是红樱桃小队的解读:

"我们想了'望月''探月''揽月''弄月'几个名字。'望月'名字过于单一、直白;'探月'强调了实践性,但又缺了点含蓄性;'揽月'出自李白的诗句'欲上青天揽明月','弄月'出自李白的诗句'何处名僧到水西,乘舟弄月宿泾溪'。看起来,这两个名字都富含诗意,不过比较起来,我们更喜欢'弄月'。一个'弄'字包含探究月亮过程中的一切实践活动,读月、写月、唱月、画月等;一个'弄'字还可以凸显实践过程中诗意闲适的心情。"

孩子们对"弄月"的解读已经超出我的预设范畴。那么,就让我们趁热打铁,一起策划好接下来的"弄月"旅程吧!

2. 课程规划

青苹果小队提出"读月"和"写月"活动,读和写是主题读写课程的核心。活动中收集大量有关"月亮"的书籍,分成不同阅读小组,如诗歌小组、童话小组、民间故事小组;在阅读中写作,围绕"月亮"写诗歌、童话、故事等。红樱桃小队提出"观月相"活动,引起大家的兴趣。所谓"观月相"就是,从新一轮月亮周期开始,每天晚上观察月亮的形状,并用图文方式记录月相,为期一个月。黄菠萝小队提出"中秋赏月"活动……

遵循主题读写课程理念,按照以"实践"为主线、以"阅读和写作"为双翼、用三条线交融推进"主题活动"的思路,师生共同设计了"弄月"主题大单元读写课程方案图(图1)。

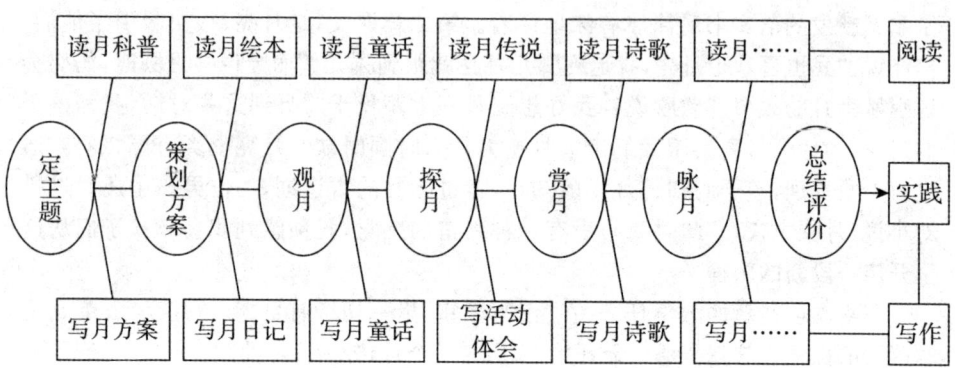

图1 "弄月"主题大单元读写课程方案图

在此基础上,教师进一步设计具体的大单元读写教学活动方案(表1)。

表1 "弄月"主题大单元读写教学活动设计方案

主题:月亮			年级:四年级		
活动阶段		第一阶段	第二阶段	第三阶段	第四阶段
系列活动		观月	探月	赏月	咏月
阅读	核心文本	《月亮日记》	《月球上的一天》	《中秋节》	李白《古朗月行》
	小组共读	1.科普绘本《有趣的月亮观察绘本》 2.童话绘本《松鼠先生和月亮》 3.童话绘本《月亮晚上做什么》 4.童话绘本《月亮上的孩子》	1.科普书籍《太空课堂》 2.科普书籍《月球秘密》 3.科普文章《月球的自述》 4.科普书籍《如果把银河系装进盘子里》	1.传统故事《中国传统节日故事》 2.习俗《我们的中秋节》 3.诗歌《千里共婵娟》 4.童谣《月亮走我也走》	1.李白《玉阶怨》 2.李白《月下独酌》 3.张九龄《望月怀远》 4.杜甫《月夜》 5.苏轼《水调歌头》

(续表)

活动阶段		第一阶段	第二阶段	第三阶段	第四阶段
阅读	小组共读	5.童话绘本《爬上月亮的兔子》	5.科普绘本《为什么月亮不会掉下来》	5.古诗《中秋月》(晏殊)	
	个人独立阅读推荐	童话绘本:《月亮不见了》《月亮忘记了》《100层楼窗口的月亮》《公主的月亮》《兔儿爷》《月亮先生》《月亮的绘本》《月亮蛋糕》《鼹鼠的月亮河》《月亮里的老太婆》《小月和月亮先生》 习俗绘本:《传统节日里的故事》《过中秋》 科普:《月亮的魔力》《嫦娥探月球》《月亮的秘密》《月亮的绘本》 小说:《月球狂想曲》《太阳系度假指南》《出卖月亮的人》 神话:《嫦娥奔月》《太阳和月亮为什么住在天上》 古诗:《古代咏月诗汇编》 童谣:《月亮耙耙》《月亮走我也走》 文章:《晒月亮》《荷塘月色》《月到天心》			
写作	文体	日记、诗歌、童话			
	技巧	多角度观察、运用修辞手法			
读写策略		①推敲__ ②积累√ ③预/推测__ ④提问√ ⑤图示√ ⑥概括√ ⑦联结√ ⑧监控√ ⑨批注√ ⑩笔记√ ⑪__			

五部曲之二:主题环境布置

接下来,师生要共同创建一个多功能读写环境,支持孩子在主题探索过程中主动学习、合作学习,开展读写、文学圈交流等活动。

1. 书籍分类布展

当孩子们知道可以在1600平方米的学校图书馆开辟一个"月亮"主题读写功能区时,他们兴奋极了。丽琴说这儿应该放和月亮有关的书籍。庭皓说可以到图书馆书架上把所有关于月亮的书找来。朱晨说她家里有《月亮的味道》和《月亮晚上做什么》两本绘本,她也要带来……在孩子们的提议下,我们采用多种方法收集图书,共筹集有关月亮的书352本。浙江师范大学儿童文学专家徐静静博士给了我们专业化指导,将图书分成童话、神话、传统民俗、科普等15类,按照低、中、高三个年段再分类,并贴上标签。这样,就有了相关书籍的分类布展。(图2、图3)

图2 月亮相关书籍分类布展　　　图3 由孩子们布置的图书展

2. 功能区域布置

接下去师生一起划分区域。"表演分享区"可供1~4人表演,学生在这里讲故事、演说、表演小型课本剧。"作品分享区"用来张贴学生的阅读单、原创诗歌、微书等作品。"文学圈交流区"设置在四个角落,摆着月亮和星星的软靠枕,在这儿学生们可以进行个性化交流。"写作分享区"提供多色笔,方便学生勾勒思维导图、画插图,桌上电脑可用来查阅资料。"学习工具区"提供各种读写单,供不同年段学生开展读写;提供各类策略、技能海报指导学生读写。

五部曲之三:主题读写开展

1. 观月

当新一轮月亮周期来临时,我们开启了"观月"活动。这之前,我们已经阅读了《有趣的月亮观察绘本》《松鼠先生和月亮》等书籍。课堂上,我们一起讨论共读绘本《月亮日记》。丽琴说:"小迪是个爱探索的孩子。他每天观测月相,查阅相关资料,了解月球。"梓洋说:"小迪的想象力特别丰富,他自制宇宙飞船飞上天,在月亮上荡秋千,吃星星饼干,泼洒流星雨,太好玩了。"我们决定也像小迪一样,准备一本笔记本,将每天的观测记录下来。我鼓励孩子们去观察天上的月亮以及更多的东西,如云朵、星星、树影等。我对孩子们说:"你的《月亮日记》可以是各种形式的哦!"

第二天,伊怡同学的月亮图吸引了大家(图4),图边还配着一首诗:星星和月亮闹别扭/星星不和月亮玩了/月亮很孤单/只好,自己钩帽子玩。

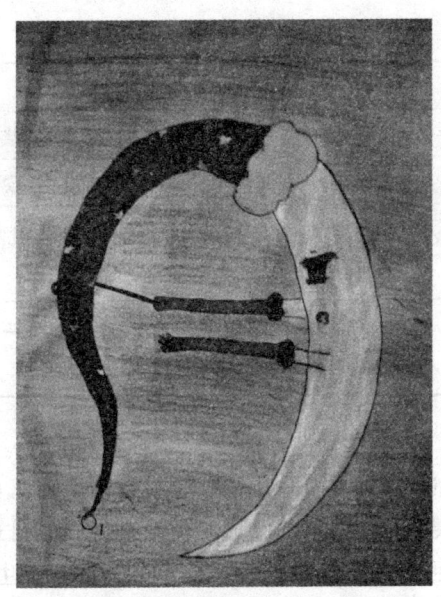

图 4　富有创意的月亮图

　　伊怡的作品激发了更多孩子的灵感,他们也要用艺术的手法描绘月亮,用富有诗意的视角观察月亮。

　　当我发现大部分孩子连续几天都用诗歌记录《月亮日记》时,我决定上一节"诗歌写作课"。我曾在公众号"陆生作的聪明作文法"上看到"倒着追问"作文法。我觉得这个技巧可以用到儿童诗创作上。我先出示"写诗小贴士"(表2):

表 2　"四问四答"写诗小贴士

写诗小贴士"四问四答一首诗"	
1. 提至少四个与月亮有关的问题。	月亮让我想到什么东西?月亮是什么样子的?我觉得月亮上有谁?我对月亮有多喜欢?
2. 给四个问题排好先后顺序,任感觉排。	A. 月亮是什么样子的?　B. 月亮让我想到什么东西?　C. 我觉得月亮上有谁?　D. 我对月亮有多喜欢?
3. 写一小节试试,用四五句短句即可。	A. 月亮弯弯挂天上,身穿一件白衣裳。每天太阳一下山,她就接着来上班。
4. 接着往下把诗写完。	略

　　根据示范,蒋凤启在学习单上写了这样一首有趣的小诗(表3):

表3 学生运用"四问四答"技巧创作的诗

月牙儿	
问题1:月亮是什么样子的?	黄昏时的月亮挂在柳梢上/弯弯的/就像一片白色的柳叶儿。
问题2:月亮是什么味道的?	一只小虫使劲爬/它想爬到柳叶上/尝尝白色的是啥好味道。
问题3:月亮到哪儿去?	没等虫子爬到一半/白色柳芽儿就/飘呀飘/你要飘到哪儿去?
问题4:月亮会回来吗?	有一天黄昏/小虫抬头望/柳梢挂着一个大月亮/这个月亮好眼熟。

2. 探月

在"探月"阶段,通过阅读《在月球上的一天》《月球秘密》《如果把银河系装进盘子里》等书籍,我们开展"月球之谜"文学圈交流活动,制作"月球探秘"思维导图,绘制"月球科普"海报。更有趣的是,我们尝试演示月亮形状发生变化的原因,用手电筒作为光源,用两个篮球分别代表月亮和地球,演示出一轮渐盈和渐亏的"月亮"。经历过这样的探索学习,孩子们慢慢揭开了月球的神秘面纱。

理性观察和阅读之后,我试图引导孩子们根据这一现象发挥想象,创编童话。《月亮的味道》这本童话绘本不但内容有趣,表达也很有特点。读完绘本,孩子们通过交流发现了其中的创作秘密。根据他们的发现,我制作了学习单。在此基础上孩子们很快就能构思出一个有趣的童话(表4):

表4 朱晨运用"五法宝"构思的童话要素

童话创编"五法宝"	范例	我来试试(朱晨)
想一个童话味的题目	《月亮的味道》	《月亮的心事》
想一件童话味的事情	动物们想尝尝月亮的味道,于是,搭成梯子,往上爬……	月亮有心事,越来越瘦,大伙儿想帮助月亮变胖。
加几个童话角色	龟、大象、长颈鹿……	小兔子、小山羊、小猫咪、小黄莺
创一种反复的情节	每叫一只动物叠上来,月亮就又轻轻地往上一跳。	每种动物都表演自己的绝活,逗月亮开心。
写一个耐人寻味的结尾	小鱼说:"月亮不就在我身边吗?"	听了唐诗的月亮终于变圆啦!

3. 赏月

三天之后就是中秋节,可是,天气预报说中秋节有雨。怎么办?我们等了半个月的中秋满月看不到了!没有月亮的中秋节算什么呢?孩子们像泄了气的皮球。

"或许没有月亮的中秋节能为我们带来更多的可能性呢!"教师的职责就是在孩子们缺乏信心时用自己的智慧点燃他们的希望。我说:"第一,即使明天下雨,月亮还在天上,只是肉眼看不到而已。第二,开展'弄月'课程以来,月亮早已在我们心中。第三,我们看不到月亮,难道不能'造'一个出来吗?"

听我这么一说,孩子们一下子兴奋起来,注意力迅速转移到第三点"造月亮"上。

如何"造"?有的说:"我画一个圆圆的月亮贴窗上。"有的说:"我家有一个黄色月亮抱枕,明天我把月亮抱怀里。"哈哈,中秋赏月第一项活动诞生了——"造"一个月亮。

"第二项活动由你们来定。"

梅锦说:"用月饼或麻饼吃出一幅月相图,家人们一起玩猜月相游戏。"太棒了!中秋赏月两项独特体验活动诞生了:"造"一个月亮、吃出一幅月相图。

感谢 2019 年中秋节,那是一个没有月亮的中秋夜。正因为没有月亮,我们的赏月活动才有了更多创新的机会。

4. 咏月

随着时光流逝,月亮越变越小,我们一边记录一边惋惜。有一日,庭晗紧皱眉头说:"我已经好几天没看到月亮了。"我们决定在吟诵课上吟一首诗,愿轻风把思念捎给我们的朋友——月亮。

平时沉默寡言的徐煜华第一个站起来,他吟诵的是李白的《静夜思》,查康平站起来吟诵《古朗月行》,杜伊怡吟诵《江楼有感》,徐可柔吟诵《十五夜望月》,周祉曦吟诵《月下独酌》……最后,全班同学一起吟诵苏轼的《水调歌头》。

孩子们一口气把积累的20首有关月亮的诗词都吟诵完了。我笑着点头、倾听、竖大拇指。孩子们已然忘记了"吟诗消愁",内心已被诗句中的诗情所充盈。此时此刻,我和孩子们都相信,这些诗词,月亮能听见,星星能听见,古人能听见,我们的心灵能听见。

"弄月"大单元读写活动已经接近尾声,如何用一种独特的方式画一个圆满的句号呢?我们策划表演了情景剧《李白咏月》。孩子们将李白的咏月诗进行分类,探究诗人的创作背景和诗中所蕴含的情感,在此基础上,师生共同创作了朗诵剧本《李白咏月》。"弄月"主题活动最后一周的一个早晨,在学校升旗仪式上,四(2)班全体师生一起表演了这个节目,在雷鸣般的掌声中,"弄月"课程落下帷幕。

五部曲之四：成果评价和收藏

"弄月"大单元主题读写活动的评价贯穿活动始终。月亮主题功能区有一个作品展示区，用来张贴孩子们的学习单、作品、阅读卡片等。随着活动的推进，展示区的作品也会及时更新（图5、图6）。每个学生都有一个成长记录袋，用来分类、整理和收藏学习过程中的作品。主题学习结束之后，老师会根据课程评价标准对孩子的阅读、写作、合作、探究四方面做出评价，并制作评价卡。一个主题结束之后，功能区的环境和材料——文字资料、实物、图片、书籍、儿童作品、集体作品等都将进行更换。师生会一起进行分类和整理，将所借图书归还图书馆、教师以及学生，并附上"感谢卡"，感谢图书管理员、教师和家长的支持。有些立体作品或大型海报会放入教师备课中心收藏。收藏好学生作品，是对学生的尊重，对学生成果的肯定，也是教师评价儿童发展的依据，并为孩子进行下一个主题学习做出有效指引和帮助。

 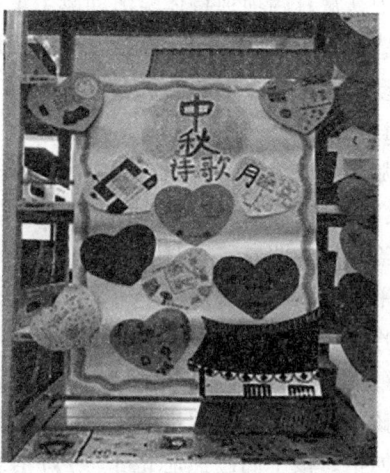

图5　学生制作的好书推荐卡　　图6　学生创作的月亮诗歌卡

五部曲之五：课程总结和反思

大单元教学是"读写教室"实现"培养独立而成熟的读写者"这一最终目标的重要教学手段和方式。在"月亮"主题大单元活动中，系列主题活动的开展既依赖计划的预设，又有随机应变的精彩，用主题串起的一节节阅读和写作课形成有体系的大单元。正因为有了大单元的概念和设计，在读写策略、合作策略、环境工具的支持下,学生逐渐成长为独立而成熟的读写者。但是,实践过程中还面临着许多问题,如大单元读写课程如何与统编教材更好地衔接与融合;如何促进教师的专业化成长;如何建立科学评价体系,做好动态化、情境化评价……这些都是我们今后要继续研究的。

参考文献:

[1] 王国均,方美青."读写教室":小学读写教学的一种演进[J].教育研究与评论(小学教育教学).2019(06):7-11.

[2] 徐静静."读写教室"图书资源的开发与更新[J].教育研究与评论(小学教育教学).2019(11):5-10.

[3] 高雅,王国均.日本小学国语多课时课文的教学设计——以《一朵花》为例[J].教育研究与评论(小学教育教学).2017(09):22-27.

[4] 施燕红.区域性推进"读写教室"建设的实践探索[J].小学语文教师.2020(09):65-66.

[5] 露西·麦考密克·卡尔金斯.如何创设适宜的阅读环境与课程?[M].祝玉娟,译.北京:教育科学出版社,2018.

(浙江师范大学附属衢州白云学校)

传记作品大单元阅读项目设计与实施

项雪寒

"读写教室"理念注重对学生语文学习能力的提升,在该理念指导下进行的传记作品大单元阅读项目,可对学校德育教育、学生个人成长、语文教学等产生重要影响。

一、传记作品意蕴的再思考

传记作品中的人物源自真实的世界,作家对传主功过是非的陈述和评判,是一种塑造,也是一种传承,引领读者的精神成长。

1. 丰富青少年精神世界

叶圣陶说:"榜样的作用对于青少年来说尤其重要,激发他们立志的最初引线往往不是抽象的大道理,而是有趣的故事和活生生的形象。"优秀传记作品能够丰富青少年的精神世界,有着独特的育人价值。青少年应该多读一些传记类书籍,从人物身上学习宝贵的生活道理、人生哲学。

2. 丰富统编教材拓展资源

开展传记大单元阅读教学,意在开发传记作品丰富的阅读拓展资源,对统编教材进行有益的补充:一是适当增补古今中外、各行各业的优秀人物传记;二是拓展阅读深度,补充丰富的纸质和视频材料,便于学生更立体地了解人物;三是教授阅读人物传记的方法,并引导学生在课外阅读中加以应用,从而实现课内学习与课外阅读的交融。

3. 落实"读写教室"理念

传记作品大单元阅读项目的设计、实施与"读写教室"的"选择、差异、分享"的教育理念一致,目的是让学生成为"独立而成熟的读写者"。

在传记作品大单元阅读中,学生可以根据自己的兴趣爱好,找到适合自己的传记类作品进行阅读,或从传主跌宕起伏的人生历程中汲取智慧和力量,或从传主细腻丰富的情感表达中获得心灵的慰藉或激励。学生在不同的阶段阅读不同的传记类作品,分享自己的阅读感悟与体验,可以逐渐明确自己的成长目标,形成自己的成长追求。

传记作品大单元阅读项目应尊重学生的差异，实现个性化阅读；实行分层阅读，实现阶梯式递进阅读；提倡分享互助，促进学生的心灵成长。

二、传记作品大单元阅读项目的设计思路

1. 目标设定

传记作品大单元阅读的设计以弘扬民族精神，寻找时代楷模为宗旨，寻找贴近学生阅读心理的传记类作品，力图让更多优秀的作品滋养学生的人生。学生可以通过传主的人生经历，了解不同职业，不断发现自我，找到人生理想，获得成长的力量；也可以从作家的描写中品味传记的表达特点，并化为己用，提高自身的阅读和写作水平。

基于以上考虑，我们初步设定了传记作品大单元阅读的学段目标：

学段	目标
低段	认识各种职业，积累专用词语，了解多样人生。
中段	产生阅读共鸣，不断发现自我，获得成长力量。
高段	纵深对比阅读，思考人生价值，找到人生理想。

2. 教师准备

传记大单元的设计与实施要求教师拥有学科教学知识，包括本体性知识（即关于传记作品、儿童文学方面的知识）和教学论知识（即大单元设计原理以及支架式教学理论，"读写教室"的理念等）。教师为传记大单元的开展应作如下准备：

（1）丰富知识储备

教师要综合运用专业学科知识与教育学知识，去思考如何组织、呈现传记大单元的教学以适应学生的不同兴趣和能力。因此，在开展传记大单元教学实践之前，教师要学习关于传记作品的知识。通过学习，教师可以了解传记名称的来历和文体特点，"自传"与"他传"的区别等文体知识，也可以了解传记的叙事特点以及评价一部传记作品的标准。

（2）作好教学准备

教学之前，教师先进行专题式阅读，交流感悟，打开视野，为教学实践作准备。阅读书目根据实际校情、学情而定，涉及面宽泛一些比较好。为配合传记阅读大单元教学，各学科联动，学科教师先阅读与学科相关的人物传记，如数学老师阅读《数学家的故事》《华罗庚》等，音乐老师阅读《贝多芬传》《梅兰芳传》等，美术老师阅读《徐悲鸿传》《达·芬奇传》等。

（3）转化专业知识

开展传记大单元教学前，教师学习大单元设计原理、支架式教学理论以及"读写教室"的理念，并进行"传记作品与儿童文学"研讨。在理论指导下，教师结合学

生实际,探索传记作品的教学方法。教师可以采用与课文教学相似的方法,如朗诵作品片段、展开小组讨论等;可以与语文综合性学习相结合,如访问名人名家等;还可以与写作教学相结合,如写一写自己或他人的小传等。

根据传记中专业术语、专有名词的特点,语文老师可以联合其他学科教师进行教学设计与实施。如《梅兰芳传》中有很多专有名词,如"单皮鼓、水镲、老生、谭派、操琴",语文教师可以与音乐老师一起备课,在导读课或推进课上,请音乐老师上一堂针对这些专业术语的课,帮助学生更好地理解这些词语,同时也为后面的深入阅读扫清障碍,作好铺垫。

3. 传记作品大单元阅读项目设计

(1) 根据多种需求设计主题

传记作品大单元阅读项目可以根据学校特色教育的需要确定主题。如艺术特色学校可设计"走进艺术家——音乐美术类传记作品阅读"主题,让学生读一读有关自己艺术门类的艺术家的故事,从而对自己所学的项目有更深入的了解,同时激励学生克服困难,坚持练习,争取学有所获。

传记作品大单元阅读项目可以根据学生的兴趣点、社会热门事件确定主题。如上完《千年梦圆在今朝》一课后不久,正逢神舟十二号载人飞船发射成功,适时设计相关的传记作品阅读,了解航天人的努力和付出,激发学生的自豪感和积极向上的动力。

传记作品大单元阅读项目还可以与学科学习、学生德育教育、习惯养成等相结合,以达到全面深入、一举多得的效果。

(2) 专家指导确定书目

教师对某一主题书目的了解程度在很多时候满足不了传记作品大单元阅读教学的需要。学校可以请传记研究专家、儿童文学专业导师进行指导,根据主题选择核心文本、小组共读文本、个人独立阅读文本,避免了教师盲目找书、选书,提高了效率,也让传记作品大单元的教学设计更专业,更适合学生。

(3) 环境布置营造氛围

教师在教室的读书区域设置展示架,把核心文本和选读书陈列在书架上,告诉学生这是这次主题阅读需要的书。学生可以随时翻看借阅,也可以根据自己的需要购买书籍。除了常规教室布置之外,在专用"读写教室"还可以举行新书见面会,举办主题阅读文本展示沙龙,让学生在浓浓的主题阅读氛围中,引发阅读期待,提高阅读兴趣。

(4) 专题导学优化教学

王国均教授指出,为了确保达成大单元读写活动的教学目标,提升学与教的效果与质量,要将各阶段和环节设计中涉及的目标和评价整合成一个总体评价方案。方案中的阅读文本分为"核心文本""小组共读文本""个人独立阅读文本""特殊需要的文本"。阅读进程有五个环节——指导起始课、小组共读课、独立阅读课、自主读写项目课、读写成果展示课,进程中要综合运用各种阅读策略,还要设计过程性评价(档案袋式)方案和对读写困难学生的支持方案。

这样的专题导学案呈现的教学设计更精细,对评价与目标的结合考虑得更周全,过程性评价方案也更有针对性,在教学实施过程中,对学与教的效果检测会更直观、更全面。

4. 传记作品大单元阅读项目实施方式

"读写教学研究中心"的大单元阅读项目是以图书教室为平台,以培养独立而成熟的读写者为最终目的,以课程标准为主要依据,以主题或文体为线索,科学而合理地组织和指导阅读活动的一种教学形态。

传记作品阅读根据大单元教学的特点选定主题,根据主题选择书目,设定教学目标,确定全班共读的核心文本。核心文本一般为学生感兴趣、具备本课教学目标特质、贴近学生生活、能达到"以一带多"的效果的书目。

确定好核心文本后,再选择小组共读的推进书和自选书,接着教师准备起始课教学设计。起始课以教读为主,传记对低段学生来说比较陌生,此时教师的引导会起关键作用。教师可以带领学生在阅读中积累相关词语,认识传记的一些特征并通过这些特征辅助识别传记。

起始课之后要安排适当的自主阅读时间,设计学习单,对前期的教学目标进行巩固,为下一次推进课作准备。推进课可以根据学生的实际情况安排,可以是整个课时的推进课,也可以是十几分钟的推进指导,还可以是针对推进书目阅读的推进课。在推进课上,学生可以用人物年谱图、人物成长阶梯图等厘清人物的生平事迹,绘制人物关系图以厘清传主与其他人物之间的关系,用推敲策略品味传记作品独特的语言风格等。每一次推进课都要针对前一课出现的新任务、新困难、新疑惑等展开。另外,教师还要设计相应的评价量表,对学生的阅读效果、阅读表现等进行评价。在多次推进课中,教师可以适当安排创意表达、读写结合项目,促进阅读成果的转化。

主题大单元阅读的最后一个环节是分享课。学生可以分享自己的阅读感受,描绘自己的梦想;也可以分享自己新掌握的阅读策略;还可以分享小组共读、亲子共读的做法与收获。总之,要让学生建立学习共同体意识,学会在小组、在家庭、在全班进行分享。

三、传记作品大单元阅读实施注意点

1. 主题选择宜小而深

传记作品大单元主题宜小而深,不可大而空。如在选择与航天相关的作品时,应根据主题选择与此相关的人物传记,而介绍航天史和航天知识的书则不应在范围之内,应作为学生在这一主题的拓展阅读书目。这样,主题阅读才会更聚焦、更深入。

2. 设计分层阅读内容

因学生的阅读水平、兴趣爱好等不同,教师在设计传记作品大单元阅读内容时应体现分层理念。如中段进行传记大单元阅读时,可以让阅读能力较弱的学生从阅读绘本类传记开始,这样有利于激发学生的阅读兴趣,而阅读能力较强的学生则可以直接从整本的文字书开始。这样分层设计阅读内容,尊重学生的个体差异,让其选择适合自己阅读的书籍,有利于学生的自我成长。

3. 注重探究性学习方式的运用

在传记大单元的设计与实施中,教师应注重探究性学习方式的运用,引导学生对自己感兴趣的内容和不了解的内容等运用查阅资料、访谈等形式进行探究性学习,以促进学习的不断深入。如在"改变世界的伟大女性"主题阅读中,除了阅读《摩尔小姐》《海伦的大世界》等共读书目之外,学生可以对自己感兴趣的内容,比如选择《改变世界的女孩》《鲨鱼女士》《玛德琳的光》《成为奥黛丽·赫本》《小弗里达》等书进行阅读,还可以寻找身边的女性进行采访,或者采用跟岗体验的方式深入了解这些女性工作的特点,激发其内心对不同职业女性的敬佩之情。

4. 研发相应的读写工具

在传记大单元实施过程中,应研发相应的读写工具,帮助学生阅读。如中高年段,教师可以制作阅读策略的教学海报与示例海报,并把海报贴在教室里,教会学生如何运用阅读策略开展阅读活动。

5. 综合运用阅读策略

在传记作品大单元阅读项目的设计中,根据传记叙事性和真实性的特点,教师可以让学生采用预测策略预测故事发展的高潮和结局,可以让学生采用联结策略联结同一传主在不同传记中的具体事例,以此更立体地了解这个人,可以让学生采用推敲策略品味传记作品语言的准确性和细节描写的精彩之处。总之,在传记大单元实施过程中,教师要引导学生综合运用阅读策略,学习传主之精神,吸收传记之精华。

6. 设计适切的评价体系

传记作品大单元主题阅读对学生阅读效果的检查是必不可少的,因此,设计适切的评价体系显得尤为重要。如在自传体小说的阅读中,教师可以在推进课中针对学生是否按阅读进度表进行阅读,是否运用了阅读策略进行阅读,在出现新的人物时有没有及时做记号等方面设计评价量表,对学生的阅读习惯、阅读策略的运用等方面进行评价,让学生根据评价量表进行阅读的自我监控,以期达到更好的阅读效果。

7. 建立丰富的主题书库

为保证传记作品大单元阅读教学的实施,学校应逐步建立起传记作品主题阅读书库,包括人物传记(文字书)、自传体儿童小说、新闻报道、人物专访等纸质材料,还包括传记类纪录片、人物访谈、回忆录、传记类电影等其他材料。传记作品主题阅读书库的建立,方便教师在主题阅读教学时随时取用,有助于"读写教室"主题阅读环境布置、学生自主借阅、教师备课借阅、学科教师联动借阅等。

(浙江师范大学附属小学)

"2.0版读写教室"的读写活动开展

——以"走读城市"项目活动为例

吾 康

"2.0版读写教室"开设了"读写选修课",以项目式课程推进,分年段和主题进行。三、四年级的"KidsPire项目课程",主要是为学生搭建展示的舞台,激发学生表达、分享的意愿。本文主要阐释其中的"走读城市"项目活动。

办学初,学校就自主开发了一至六年级的"甬古文化研学"的实践拓展课程。在此基础上,我们将"走读城市"项目活动的读写主题指向古建筑。围绕主题,我们让学生主要阅读有关宁波建筑的书籍,并依托教材阅读策略中的提问策略,启发学生思考,为之后的读写活动提供支架。为了让项目活动开展得更深入,我们还以"主题书籍布展""主题分享箱""影音播放""主题文化"等形式,营造浓厚的读写氛围。对于学生学习成果的评价输出,我们采用了"选择、差异和分享"的形式,鼓励学生自主选择学习同伴、自主选择研究主题、自主选择研究形式、自主选择输出形式,最终进行班级分享、校级分享。

一、依托策略梳理读写活动思路

"读写教室"的师生在课程馆进行共同阅读《宁波老建筑》的活动。"读写教练"有意识地引导学生在阅读过程中提出自己的疑问,并及时记录。之后,指导学生采用"提出问题→大胆猜想→小心求证"的阅读策略,对自己感兴趣的古建筑问题进行专项研究,梳理读写活动思路。

(一)借助学习单,教学生"会提问"

提出一个问题往往比解决一个问题更重要。课前,"读写教练"提供学习单,鼓励学生围绕一个话题进行提问。"走读城市"项目活动中,让学生就"建造保国寺为什么不用钉子"发问。学生初步探究后提出了各种各样的问题。在梳理学生的提问之后,我们发现普遍存在的两个问题:一是描述不够准确,比如,一个学生提出了"新的寺庙用钉子吗"的问题,描述比较简单,让人不知其意;二是问题内容比较肤浅,比如,有学生提出了"保国寺的历史是什么样的"这一问题,缺乏研究价值。针对学生的提问,"读写教练"指导他们学习科学地表述问题:尽量使用"为什么""怎么办""是不是""还有什么"等疑问词规范提问。学生对提问方式进行了规范:"我在阅读《宁波老建筑》时,发现保国寺建造时没有用钉子,那其他寺庙是不是也不用钉子呢?"

之后,"读写教练"提供了一段有关保国寺内部结构的资料,展示了相关图片,让学生在"建造保国寺为什么不用钉子"的基础上再次发问,提示学生可以就资料提到的自己不熟悉的知识点,比如色彩、形状、质地等发问。有了策略支持,学生的问题描述就越来越科学了,比如:"寺庙的墙壁为什么是红色的而不是白色的?""我在观察图片的时候发现寺庙的顶是凹进去的,为什么不像我们现在的天花板一样是平的呢?"

(二)聚焦核心问题,教学生"会猜想"

大胆猜想的过程其实就是一个充满智慧挑战和精神历险的过程,是一个运用已有知识解决新问题的过程,也是一个运用想象力和发挥创造力的过程。接下来,"读写教练"从学生提出的诸多问题中筛选了一个大家都比较感兴趣且较有探究价值的问题:"我在观察图片的时候发现寺庙的顶是凹进去的,为什么不像我们现在的天花板一样是平的呢?"学生猜想原因之前,"读写教练"先告诉他们视频中寺庙的顶叫作"藻井",并展示了一段关于"藻井"的资料,让学生猜一猜"藻井"是什么样的、有什么作用。学生的猜想如下:可能是寺庙特有的设计,可能是个烟囱,可能是为了通风,可能是为了防火。针对这些猜想,"读写教练"不是直接给出答案,而是会为学生提供抓手,引导他们自主求证。

(三)提供抓手,教学生"会求证"

我们为学生提供了三种求证的方法:文献研究、实验研究和观察研究。为了让学生了解这三种方法,我们进行了不同形式的引导。了解文献研究法时,我们将学生带到图书馆,认识图书馆,了解图书分类,熟悉书脊、目录等相关知识,教学生学着利用"图书检索信息台"迅速查找所需书目,根据目录指引寻找答案,摘抄在"文献卡片"上,回学校后再整理到自己的论文中,最后标注参考书目。了解实验研究法时,我们在"读写教室"中展示各种实验研究的方法,让学生明白实验研究的主要目的是了解变量之间的关系,通过实验操作来检验,通过一个或多个变量的变化来评估一个或多个变量产生的效应。了解观察研究法时,我们带学生实地考察身边的建筑,告诉学生可以通过走访、访谈等方式获取资料。

"走读城市"项目活动涉及的古建筑研究并不需要准确数据,因此,我们最终确定了文献研究法和观察研究法。据此,学生查阅相关文献,对资料进行了阅读、鉴别,最终明确:"藻井"通常位于室内的上方,呈伞盖形,由细密的斗拱承托,象征天宇的崇高,上面一般都绘有彩画;藻井与普通天花板一样都是一种室内装修,但藻井只能用于尊贵的建筑物,像寺庙或宫殿的顶上。

在研究藻井的基础上,我们设计了"走读城市——走街串巷探寻老宁波"的暑假读写作业,让学生实地走访宁波老建筑,通过观察求证自己的猜想。作业包括"读书""行走""分享"三个板块的任务(见下表)。

走读城市——走街串巷探寻老宁波

在阅读中,我们见证了赵州桥的历史,感受了苏州园林之美,还"游览"了北京的故宫。而几千多年的历史沉淀,让我们的家乡宁波也积累了丰富的文化财富。亲爱的小蜗牛们,就让我们来一场有趣的古建筑之旅吧!

	书目	作者/绘者	出版社	备注
读书	《宁波老建筑》	徐文浩	宁波出版社	选择1~2本作为你"古建筑之旅"的参考书目。
	《老宁波古韵》	金皓、王麟	学苑出版社	
	《宁波老城》	周时奋	宁波出版社	
	《鼓楼钟声》	周东旭	宁波出版社	
	《灵现千年》	水银	宁波出版社	
	《宁波老墙门》	周时奋、相栋	宁波出版社	
行走	地点: 类别:塔楼□ 寺庙□ 桥梁□ 其他( )			选择你想走访的古建筑以及类型。
分享	内容:外观□ 背景故事□ 建筑特色□ 游记□ 你可以用这些方式获取资料: 1. 阅读□ 参考书目: 2. 访谈□ 对象: 3. 实地考察□			选择1~2个你感兴趣的内容进行记录。

"读书"板块中,"读写教室"为学生提供了各种题材的与宁波老建筑相关的参考书,方便学生查阅。"行走"板块中,让学生走访自己感兴趣的古建筑,如塔楼、寺庙、桥梁等。"分享"板块中,让学生确定要研究的方向,之后对自己感兴趣的古建筑的外观、背景、特色等展开针对性探究,并整理探究成果。优秀的探究成果成为"走读城市"项目活动的亮点。

二、依据阅读主题创设读写氛围

钱伯斯在《打造儿童阅读环境》中提到:每一个希望把孩子培养成"自愿的、渴望的,而最为重要的是——有思想的阅读者"的成年人,包括老师、家长、图书管理员,需要了解如何为孩子们创造一个适宜的阅读环境。环境直接影响学生的阅读态度与意愿。"走读城市"项目活动中,我们通过主题书籍布展以及功能区域设置,为学生提供舒适、自由、自主阅读的环境。

（一）主题书籍布展

根据活动主题,我们专门设置了"城市建筑"主题的图书箱,用来放置主题图书。我们收集了约 100 本与建筑有关的绘本、图书以及旅行手册,按国别分类放置在布展区,还设置了亚洲、欧洲、美洲、非洲、大洋洲五个阅读区域;与宁波月湖景区管理委员会合作,为学生提供月湖景区的宣传手册以及手描画册。所有的书籍都完全开放,供学生在课间自主翻阅。

（二）功能区域设置

除了书籍布展,我们还设置了三个功能区:主题分享箱、影音播放区和文化展示区。

主题分享箱。围绕"走读城市"的主题,"读写教室"设计了主题分享卡,上面设置了四个问题:"你去过哪些城市?""哪个城市是你最想去的?""你有哪些美好的旅行见闻?""你最喜欢本次展览的哪个部分?"围绕这几个问题,学生可以自由分享。例如,有的学生阅读了《宁波老建筑》一书后,特别想看一看宁波老建筑的屋顶;有的学生不打算参加"走读城市"演讲,便用文字记录自己的旅行见闻,投入主题分享箱内。这样的形式,让不同学习兴趣的学生都能参与到分享活动中。

影音播放区。"读写教室"精心挑选了《玩转地球》《未发现的中国》《90 分钟环游世界》《搭车去柏林》等有关旅行的纪录片,在图书馆大屏以及四台电脑上滚动播放。学生可以趁午休或课间观看。他们兴致勃勃地跟随镜头"游览"世界各地不同的城市,了解世界的奇妙之处。

文化展示区。"读写教室"将学生到各地旅行带回来的纪念品汇集到一处,为它们配上相关城市的图书,署上旅行学生的姓名。对于分享的学生来说,这样的展示方式是一种激励。学生会主动站到教室前方,展示自己旅行时带回的纪念品,介绍自己的旅途故事,让其他学生感受不同地区的文化差异。文化展示区还会展示一部分学生根据旅途见闻自制的手抄报、海报等。

三、多元输出跟进读写评价

图书馆"读写教室"的读写活动,通过多元输出、分层评价的方式,提升教学活力,促使学生认识自我,实现自主学习和发展。

课程中,学生可以选择自己感兴趣的建筑进行研究。环境布置上,"读写教室"展示了约 100 本有关建筑、旅行的书籍,学生可以自行翻阅。进行课程研讨时,让选择同一建筑的学生按照自己的意愿自由搭配,组成 1～3 人的研究小组。不同学习水平的学生有些研究能力较强,有些制图能力较强,有些表达能力较强。在小组研究活动中,他们发挥各自的特长,展示了丰富、多元的读写成果。对于学生的读写成果,"读写教室"团队鼓励他们以文字稿、海报、演讲等多种形式加以呈现。文字稿主要以投稿的形式投到"我的城市脚印"邮箱,"读写教室"团队择优在微信公众号上展示,让所有学生、教师和家长都能阅读、点赞和评论。海报统一张贴在文化展示区。海报上会展示相应的读写标准,供学生随时对照,判定自己是否符合标准。演讲通过两个阶段进行分享。第一阶段是班级分享。三年级各班"读写教练"利用周五项目课程的时间,组织学生先在班级分享旅行见闻。分享后,由"读写教练"推荐两名学生作为班级代表参加校级演讲。第二阶段是校内演讲。演讲要求全程脱稿,而且配合幻灯片。"读写教室"团队约请专业人员为优秀演讲者录制视频,在微信公众号、学校大屏幕上展示,得到了学生和家长的一致好评。

四、全方位审视进行读写反思

项目活动是"读写教室"迈出的重要一步。全方位审视此活动,我们进行了深度反思。

首先,自主选择,激发参与兴趣。"走读城市"项目活动强调自主选择合作方式,尊重学生的自主性,鼓励学生自己选择伙伴,组成研究小组。在小组中,学生的交流意愿更强,挑战的信心更强,小组活动的衔接也更紧密。这项活动也强调研究对象的自主选择,从学生提出的问题中选出有交流价值的问题作为范例进行教学。此外,在成果展示上,"走读城市"项目活动也提供了文字、海报、演讲三种形式,供不同学习能力的学生选择,丰富了活动的内涵。未来,我们也要开发更丰富的读写内容和更多元的读写形式,让学生有更广的选择领域和更大的选择权。

其次,多元分享,让评价更丰富。借助文字、海报、演讲等多种形式,不仅能展示成果,也是课程的评价方式之一,能够有效促使师生主动参与课程研究。其间,学生的资源整合、归纳、表达等能力得到了不同程度的提升。学生受到同伴文稿的启发后会主动选择阅读相关书籍,并研究课程以外的内容。海报在图书馆展出,能吸引学生驻足欣赏,取长补短。登上演讲舞台的学生会在下一次项目活动的参与中更加自信、更加积极。下一步,我们会探索更合理的过程性评价与终结性评价融合的方式,让学生全身心地参与读写活动。

再次,环境与课程融合,让活动更深入。环境是课程的一部分,课程也是阅读环境的一部分。在"走读城市"项目活动中,我们提供了各类关于建筑、旅行的书籍供学生翻阅。在这样的环境中,学生的阅读兴趣愈加浓厚。我们还利用多媒体播放有关建筑的各种纪录片,在墙上张贴学生自制的各类海报,努力使阅读环境更自然、更美好。在这方面,我们也有必要再动脑筋。

在"读写教室"的探索中,我们将作更深入的思考,让读写活动为学生素养提升助力。

参考文献：

[1] 艾登·钱伯斯.打造儿童阅读环境[M].许慧贞,译.北京:北京联合出版公司,2016.

[2] 露西·麦考密克·卡尔金斯.如何创设适宜的阅读环境与课程?[M].祝玉娟,译.北京:教育科学出版社,2018.

[3] 王国均,方美青."读写教室":小学读写教学的一种演进[J].教育研究与评论(小学教育教学).2019(06):7-11.

[4] 徐静静."读写教室"图书资源的开发与更新[J].教育研究与评论(小学教育教学).2019(11):5-10.

（浙江省宁波市鄞州蓝青小学）

整本书阅读教学设计

兴趣为先,方法跟进

——统编教材五年级下册"快乐读书吧"《西游记》导读课教学设计与评析

余 燕 蒋丽华

教学目标

1. 通过听歌曲、看视频片段等方式,激发学生阅读古典名著《西游记》的兴趣。

2. 引导学生了解古典名著的常见体裁,认识回目,并尝试运用阅读古典名著的基本方法,初步了解《西游记》故事内容。

3. 利用范例指导学生制订《西游记》的整本书阅读计划。

教学过程

一、歌曲导入聊西游

1. 导入:上课前,我们先来听首歌曲,会唱的可以一起唱。(学生跟唱)看来大家都很熟悉,这是电视剧《西游记》的主题曲,名叫《敢问路在何方》。这部电视剧是根据古典名著《西游记》改编拍摄的。说说你对《西游记》的了解吧!

2. 推荐:《西游记》是我国四大古典名著之一。林庚先生说,《西游记》是一部"童心之作";美国的《大百科全书》提到,《西游记》是一部具有丰富内容和光辉思想的小说;老师想说,《西游记》是带给我们童年无限欢乐的一部作品。今天,我们就一起学习《西游记》,开启"西游之旅"。

(评析:借助电视剧的主题曲唤起学生对《西游记》的印象,顺势交流对《西游记》的认识,引出对这部小说的评价,很好地激发了学生的阅读兴趣。)

二、对比发现学回目

1. 认识"回目"。

(1)比一比:《西游记》的目录和我们一般的书的目录相比,有什么特别之处?(课件出示回目)

(2)学生交流发现。

预设：
① 一般的书的目录是"序号＋题目＋页码"，而《西游记》目录是一回一回的；
② 回目比较长、字数相对一致，读起来像对联；
③ 读了回目就知道这部分大概讲了什么故事。
教师相机补充：《西游记》全书分成 100 回，每一回都有一个题目，我们称之为"回目"。（板书：回目）

（3）师小结：把全书分成若干回，每一回有回目，回目能概括故事内容，是长篇小说的一种组织方式，我们称之为"章回体"。中国古代长篇小说多为章回体小说，比如《三国演义》《红楼梦》《水浒传》……（出示相关书籍的目录）

2. 读回目猜故事。
（1）出示阅读小贴士，齐读。

> 我很喜欢读每一回的回目，只要看一下这些题目，就可以猜出这一回主要讲了什么故事。

（2）根据回目尝试猜故事情节。
① 课件出示：
第五回　乱蟠桃大圣偷丹　反天宫诸神捉怪
这是第五回的回目，你能猜出讲了一个什么故事吗？
② 课件出示：
第十七回　孙行者大闹黑风山　观世音收伏熊黑怪
第二十二回　八戒大战流沙河　木叉奉法收悟净
这两回呢？读一读，猜一猜，说给同桌听听。
③ 再来看这几回：
第五十九回　唐三藏路阻火焰山　孙行者一调芭蕉扇
第六十回　牛魔王罢战赴华筵　孙行者二调芭蕉扇
第六十一回　猪八戒助力败魔王　孙行者三调芭蕉扇
请你读一读，猜猜这几回讲了什么故事？
（3）小结：出示阅读小贴士，学生齐读。

> 古代长篇小说多是章回体小说。这些作品里，一回或若干回组成一个相对完整的小故事，连起来就串成了一个长篇故事。

3. 根据回目总览全书。
（1）提问：这 100 回是怎样串成一个长篇故事的呢？（第 1~7 回讲孙悟空大闹天宫，第 8~12 回讲取经的缘由，第 13~100 回讲取经的经过）

(2)你最想读哪一部分呢？说说你的理由。

（评析：这一环节的教学紧紧围绕教材中的两个小贴士展开，在学生了解这是长篇章回体小说后，引导学生在对比中认识"回目"。在"读回目猜故事"活动中引导学生了解长篇小说"一回或若干回组成一个相对完整的小故事"的特点，从而激发学生阅读时多关注"回目"，借助回目了解故事的兴趣。）

三、细品语段习方法

1. 课件出示精选片段。

这大圣收了金箍棒，捻诀念咒，摇身一变，变作一个海东青，嗖的一翅，钻在云眼里，倒飞下来，落在天鹅身上，抱住颈项嗛眼。那牛王也知是孙行者变化，急忙抖抖翅，变作一只黄鹰，反来嗛海东青。行者又变作一个乌凤，专一赶黄鹰。牛王识得，又变作一只白鹤，长唳一声，向南飞去。行者立定，抖抖翎毛，又变作一只丹凤，高鸣一声。那白鹤见凤是鸟王，诸禽不敢妄动，刷的一翅，淬下山崖，将身一变，变作一只香獐，乜乜些些，在崖前吃草。行者认得，也就落下翅来，变作一只饿虎，剪尾跑蹄，要来赶獐作食。魔王慌了手脚，又变作一只金钱花斑的大豹，要伤饿虎。行者见了，迎着风，把头一幌，又变作一只金眼狻猊，声如霹雳，铁额铜头，复转身要食大豹。牛王着了急，又变作一个人熊，放开脚，就来擒那狻猊。行者打个滚，就变作一只赖象，鼻似长蛇，牙如竹笋，撒开鼻子，要去卷那人熊。

2. 自由读片段，完成下面的阅读任务。

(1) 请你利用我们这个单元所学的阅读古典名著的方法试着读一读，在不懂的地方做上记号。

(2) 根据故事的发展顺序，完成下图。

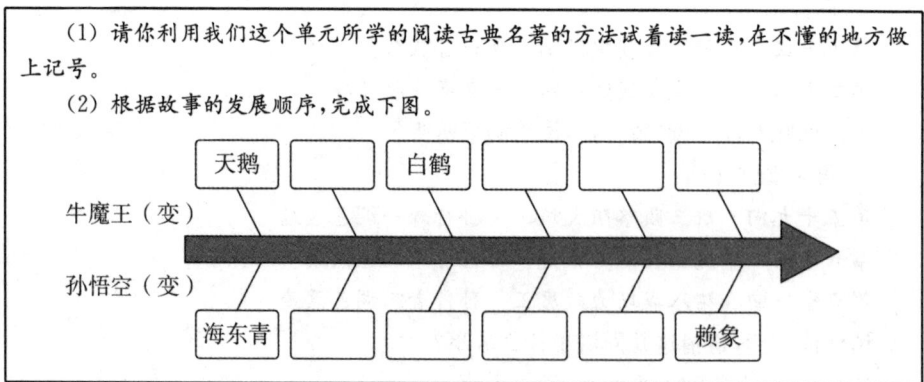

3. 学生交流。

借助图中的提示说说这个片段主要讲了一件什么事？这段话中有哪些不懂的地方，你是怎么解决的？

4. 借助视频对比阅读。

(1) 牛魔王和孙悟空分别给你留下了怎样的印象？

(2) 对于悟空与牛魔王大战的激烈场面，电视剧是怎样呈现的呢？请看片段

(播放电视剧片段)。

(3) 导演拍的和你想象的画面一样吗?

小结:看来书中的文字能给我们带来更多的想象空间。

(评析:这个环节中,教师利用经典片段的教学,指导学生学习古典名著的阅读方法。先利用鱼骨图帮助孩子读懂故事情节,在交流中巧妙地总结出猜读、跳读、联系上下文、联系生活等阅读方法。再利用电视剧片段和原著进行对比阅读,不仅渗透了"结合影视作品"读古典名著的阅读方法,还进一步激发了学生阅读原著的兴趣。)

四、借助范例定计划

1. 说一说:阅读计划可以怎么定?

刚刚我们看的是《西游记》经典故事"孙悟空三借芭蕉扇"中的选段,那么前两次他是怎么借的呢?原著中是怎么写的呢?像这样有趣的故事,《西游记》这本书中还有很多。让我们一起开启奇妙的西游阅读之旅吧。阅读这样的大部头小说,需要有坚持的毅力,阅读之前需要制订一个读书计划。你认为阅读计划可以怎么制订?

2. 学一学:跟着范例学制订计划。

(1) 了解基本做法。

《西游记》阅读计划

阅读人:_____

阅读时间	阅读内容	阅读评价

阅读的时间、阅读内容和阅读评价是阅读计划最基本的三个方面。阅读时间可以按天也可以按周来安排。关于阅读内容的安排,可以先试着读几页,或者读一回,记录下大致的时间,再根据总页数或回数估计读完整本书所需的时间,然后合理安排每次的阅读量。阅读评价也指阅读完成情况,即简单记录在单位时间内是否完成了阅读任务、完成得如何、没有完成怎么办等,可以自己填写,还可以邀请家长或者同伴来填写。

(2) 指导作阅读记录。

在阅读的过程中,还可以引导学生作一些记录,比如:在感兴趣、有想法的地方作批注,摘记有趣的对联或诗句;或以各种形式的图表梳理故事情节;也可以给故事中的人物制作名片。

(3) 鼓励制订多种形式的计划,如个人、小组和亲子阅读计划等。

为了让学生能更好地按计划坚持读完《西游记》,可以鼓励他们和同学组成阅读小组,制订伙伴阅读计划,也可以和家长一起读,制订一个亲子阅读计划。

(4) 交流计划,布置阅读任务:在两个月内共读《西游记》,课后请学生根据自己的喜好完善自己的阅读计划,并按计划读起来。

(评析:五年级的学生要坚持读完《西游记》这样的大部头小说,需要制订一个合理的计划。教师带领学生基于原有的经验,借鉴、参考他人计划,制订适合自己的阅读计划,符合学生的实际,尊重了学生的个性。)

总评

统编教材五年级下册"快乐读书吧"的主题是"读古典名著,品百味人生",推荐的必读书目是《西游记》,本单元的语文要素是"初步学习阅读古典名著的方法"。余燕老师在这节《西游记》读前导读课中,围绕"激兴趣、读回目、学方法、订计划"四大任务,层层推进,有效地达到了导读的目的。

一、兴趣为先。阅读名著最重要的还是兴趣,没有兴趣,学生就没有读的欲望。余老师深知学生如果不想读,阅读的方法策略就无从谈起,所以通过播放歌曲、引导学生交流对《西游记》的了解等方式,激发其阅读的欲望。课中通过填写学习单、观看视频、呈现学生的作品等多种形式,不断地激发学生阅读的兴趣,感受阅读的成果。

二、方法跟进。长篇章回体小说不仅篇幅长,而且语言文白夹杂,生僻字较多,真正读起来并不容易。要想更好地引导学生阅读古典名著,必须要教给学生一些方法。余老师利用片段阅读的实践,总结出猜读、跳读、联系生活经验读、结合影视作品读等方法,帮助学生减轻负担,轻装上阵。为了读懂精彩片段,余老师还设计了鱼骨图来帮助学生梳理情节,感受孙悟空和牛魔王变化之快速、斗战之激烈。最后引导学生观看电视剧中对应片段的视频,感受小说与电视剧情节上的不同,从而体会文字阅读带来的无限遐想。这些方法的渗透,都是为了学生在后续阅读中的实践运用。

三、计划落实。阅读这样大部头的书如果没有合理的阅读计划来指导,很容易半途而废。余老师最后一个环节就重在指导学生制订阅读计划,既有阅读时间、内容、评价方面的安排,又有阅读过程中如何记录等方法的初步指导,还呈现了其他同学制订的计划示例。五年级的学生之前已经有了一定的阅读经验,通过借鉴参考,完全可以按照自己的喜好制订符合自己实际情况的计划,并能按照计划开启《西游记》的快乐阅读之旅。

(余　燕　浙江省衢州市实验学校教育集团菱湖校区;
蒋丽华　浙江省衢州市柯城区大成小学)

关联前后，习得方法

——统编教材五年级下册"快乐读书吧"《西游记》推进课教学设计与评析

祝　锋　施燕红

教学目标

1. 通过交流阅读进度、分享阅读感受，有针对性地解决学生阅读中遇到的问题和困难。

2. 重点聚焦人物与情节，借助学习单、微课、卡牌、海报等工具学习阅读名著的基本方法与策略。

3. 延伸补充，拓宽《西游记》阅读的主题角度，激发阅读名著的兴趣，推进后续的阅读。

教学重难点

通过汇报交流，有针对性地解决阅读过程中所遇到的问题和困难，学习名著阅读的基本方法与策略，拓宽阅读的主题角度，推进后续的阅读。

教学准备

了解学生前一阶段阅读的情况，梳理存在的问题，了解阅读的收获，根据阅读兴趣点制作微课。

教学过程

一、汇报阅读进度，交流阅读感受

1. 导入：最近几周，你们都在读《西游记》原著，读到哪一回了？有没有按原定计划阅读？

预设1：完成（或超额完成）原定计划。你是怎么做到的？有什么好的阅读方法？

预设2：未完成原定计划。是不是遇到了什么困难？大家有好的解决办法吗？

（汇报与交流，随机抽查学生的计划表，形成板书：猜读、跳读、结合影视剧对比读……）

2. 小结：《西游记》原著不好读，像这样用上一些好的阅读方法、制订一份适合自己的阅读计划就显得尤为重要。

（**评析**：本节课承接导读课中制订的计划，从了解学生的阅读进度开始。根据计划表，让学生聊阅读经验和困难。这一环节的交流，既是对教材、导读课中所学的"古典名著阅读方法"的回顾，也是为了更好地了解学生在阅读实践中遇到的问题，保证后续阅读的有效推进。）

二、分享阅读成果，梳理阅读方法

过渡：《西游记》是一部古典长篇小说，深受大家的喜欢。你对书中的哪些内容最感兴趣？

预设：人物、故事情节、战斗场面等。

1. 西游人物大串烧。

(1)《西游记》中有很多人物家喻户晓，你最了解哪些？

A. 学生交流。

预设1：孙悟空等师徒四人。

（出示学生绘制的师徒人物画像）他们在《西游记》中的重要性不言而喻。

预设2：白骨精等妖精。

你一口气能说出几个妖精？整部《西游记》中有名有姓的妖精有近百个（出示部分妖精的画像）。有位同学对书中的妖精作了归类：神仙下派的，天界下逃的，自我修行成精的。

预设3：太白金星等神仙。

这些神仙在《西游记》中有什么作用？

B. 小结：《西游记》中的这三类人物紧密关联。师徒四人西天取经，一路与妖精斗智斗勇，在关键时刻得到各路神仙鼎力相助，让我们欣赏到了一个又一个精彩的故事。

(2) 人物特点会随着故事的发展不断变化。

一起来听听这位同学是怎样品读孙悟空这个人物的。

A. 学生边展示自制折叠卡，边交流。

B. 小结：这位同学通过边阅读边记录边整理的方法品读出了一个形象丰满的孙悟空。

(3) 你们还运用了哪些方法来品读人物？（学生交流）

(4) 小结：这些同学借用了一些有意思的学习工具来品读人物，真有趣。接下来的阅读中，你们也可以尝试用上这些学习工具。（板书：折叠卡、人物档案、人物名片、人物风云榜……）

（**评析**：学习工具的使用，既丰富了教学活动，让学生在分享中体验到了成就感，又充分调动了学生参与阅读的积极性，巩固了品析人物的策略、方法，一举两得。)

2.故事结构大探秘。

(1)过渡:你们最喜欢的《西游记》故事是哪一个?通过问卷调查,我们发现最受我们班同学欢迎的是"三打白骨精"的故事。这个故事藏着什么秘密,一起来探究吧!

　　A."三打白骨精"的故事对应原著中的哪几个回目?"尸魔"指的是谁?

　　B.简单说说这个故事的起因、经过、结果。

　　C.聚焦经过,发现"反复叙事"的结构特点。

①(出示图表)借助图表理一理故事的经过,说说你有什么发现。

故事	三打白骨精			
起因	经过			结果
白骨精想吃唐僧肉	白骨精	孙悟空	唐僧	白骨精被孙悟空打死

预设:"三变、三打、三赶",三段故事的内容不同,但结构相同。

② 这样的故事结构称为"反复叙事"(板书)。运用"反复叙事"结构来写的《西游记》故事还有很多,你想到了哪些?(三进盘丝洞,三调芭蕉扇,三探无底洞等)

③ 小结:"反复叙事"的结构让故事情节跌宕起伏,引人入胜。

(2)合作学习,初识整本书故事结构。

　　A.《西游记》藏着"反复叙事"的结构密码。快速阅读第四十三回中"黑水河降妖"的故事,小组合作完成学习单。(出示学习单)

小组成员					
故事	章回	起因	经过		结果
三打白骨精	第二十七回	白骨精想吃唐僧肉	白骨精三变 孙悟空三打 唐僧三赶		白骨精被孙悟空打死
黑水河降妖	第四十三回				

B. 从故事的"起因、经过、结果"中,你发现了什么?(学生交流,教师在黑板上画情节"山形图":妖怪出场,对抗妖怪,妖怪被击败)

C. 小结:接下来的阅读中,你可以多关注"反复叙事"的故事结构,当读完整本《西游记》时,你一定也能创作一个西游故事。

(评析:通过梳理、比较、分析,发现《西游记》"反复叙事"的结构特点。当学生习得了《西游记》故事的创作特点后,也就能尝试着创编西游故事,实现读写并进。)

四、拓展阅读主题,推动后期阅读

1. 过渡:品读人物,探秘故事的写作结构,让《西游记》阅读更深入。接下来的阅读中,你还想关注哪些主题?

2. 这些同学都关注什么?(播放微课)

(微课板块:聚焦诗词品析语言,绘制兵器、路线图讲故事,改写剧本演故事,从孙悟空的不同名号思考人物变化)

3. 总结:国学大师南怀瑾曾说——(出示齐读)

> 《西游记》我看过四五遍,前几年我还重新一字不漏再看一遍,我很想拿起笔来,每一句话、每一回都把它批了,那真是写得好。

这样一部经典名著怎么能错过。接下来的阅读中,可以选择自己喜欢的阅读主题或角度,坚持读下去,当你读完整本书,还会有新的思考与收获。

(评析:微课融入课堂学习,轻松活泼、内容丰富、角度多维,拓宽了学生的思维,开阔了学生的眼界,有效激发了学生在后续的阅读中继续探究发现的兴趣。)

总评

这是一节读中推进课,主要承载着三项教学任务:一是承接前一节的导读课,了解从导读课到推进课的这段时间里学生阅读计划的完成情况及所遇到的各类阅读困惑;二是根据学生的阅读情况进行推进指导,落实阅读方法与策略;三是启发学生思维,拓展阅读的新主题、新角度,为后一阶段的阅读作铺垫。本课教学紧扣方法指导、策略探究,很好地凸显了读中推进课的特点。

一、基于学情,顺学而教。本课教学始终从学情出发,尊重学生真实的阅读体验。了解学生的阅读进度,交流学生阅读计划的完成情况,从学生关注度最高的一个故事入手进行深入研究,这一切教学活动的开展都以学生为主,从学生中来,凸显了读中推进课的针对性和有效性。

二、方法引路,以一带多。读中推进课的教学,重点在于引导学生进行深层的探究与方法策略的学习。以折叠卡、档案卡来立体品析人物性格特点,通过聊起因、经过、结果来发现故事写作的结构特点,关注阅读的新主题、新角度,这些都是阅读古典名著实用又有效的方法,读其他古典名著也可以运用,真正实现方法引路,以一带多。

三、多样活动,再激兴趣。丰富的教学活动可以充分调动学生参与阅读的积极性。折叠卡牌、海报等学习工具的使用,包含着对品读故事人物的策略的细致指导,也激发了学生品读故事中人物的兴趣;以小组合作来探究故事结构,调动了每一位学生参与的兴趣;微课的呈现形式多样,操作方便,打开了学生阅读的大视野。

(祝　锋　浙江省衢州市实验学校教育集团;
施燕红　浙江省衢州市教育局教研室)

大话"西游"

——统编教材五年级下册"快乐读书吧" 《西游记》交流课教学设计与评析

郑雪燕　施燕红

教学目标

1. 通过创设任务型情境,开展主题式交流,带领学生从多角度分享读书成果,加深对《西游记》作品的理解,进一步感受名著的魅力。

2. 通过分享阅读过程,帮助学生概括出阅读古典名著的基本策略,提高学生阅读古典名著的能力。

3. 通过交流汇报,引导学生进一步感受古典名著的独特魅力,激发学生进一步阅读古典名著的兴趣。

教学重难点

通过创设任务型情境,开展主题式交流,带领学生从多角度分享读书成果,加深对《西游记》作品的理解,掌握阅读古典名著的基本策略,提高阅读古典名著的能力。

教学准备

学生分小组根据研究主题开展阅读,并合作完成阅读任务。

教学过程

一、激趣导入忆读书

1. 师:同学们,这段时间我们一直跟随唐僧师徒四人行走在西天取经的路上。如今,他们已抵达西天,取得真经,我们也已读完全书。在这段快乐的阅读时光里,一定发生了不少让你感到难忘或有趣的故事,你愿意和大家分享一下吗?

2. 交流阅读故事。

3. 小结:感谢《西游记》,让我们一路快乐,一路收获,一路成长。

(评析:通过回忆阅读《西游记》时发生的趣事,让学生在分享中感受阅读的快乐,进而激发交流的兴趣,为后面的大话"西游"作了良好的铺垫。)

二、创设情境话收获

1. 创设情境明任务。

师：近期我们学校正在打造"书香校园"，准备建设一条以"读古典名著，品百味人生"为主题的文化长廊。校长听说我们班正在读《西游记》，决定把"西游"板块交给我们来布置。今天在此分享的优秀阅读成果将有可能入选文化长廊哦！

2. 花样腰封话感受。

（1）师：文化长廊的第一个栏目叫《名著有约》，即推介名著。今天，我们将用一种特殊的形式——腰封，来推介《西游记》。

（2）课件出示腰封范例。

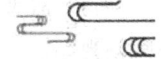

（3）赏析腰封。

通过交流，让学生知道可以从主题、内容、作家、写作特色等方面来设计腰封内容。设计好后，还可配上图画等，让它变得更吸引人。

（4）尝试设计腰封内容。

（5）交流分享，评选优秀腰封入选文化长廊《名著有约》栏目。

3. 专题分享话收获。

（1）分享一：《西游记》主题研究之探秘篇。

① 师：阅读《西游记》时，大家都加入了不同的阅读小组，每个小组还根据组员的特点确立了一个阅读专题开展主题研究。接下来进入阅读成果分享环节，优秀的阅读成果将入选文化长廊的《名著探秘》栏目。

② 分享阅读成果。

预设如下：

"西游"路线探秘:小组成员上台展示唐僧师徒四人西天取经的路线图。(板书:抓主线)

"西游"人物探秘:学生上台介绍制作的人物名片、人物档案或人物风云榜,内容可以包含人物姓名、性别、性格、武器、口头禅、成长史、主要故事,以及人物关系等。(板书:识人物)

"西游"兵器探秘:学生介绍根据参考书中的信息整理出来的兵器谱,内容可以包含兵器名称、形状构造、相关故事、战斗力等。

"西游"妙语探秘:学生以 PPT 形式分享《西游记》中的精彩语言、对联、谚语、歇后语等。(板书:赏妙语)

"西游"故事探秘:小组表演《西游记》中精彩的故事情节片段,或播放录制好的小短剧视频。

"西游"叙事探秘:学生展示自己绘制的故事情节图(三格或四格故事图)。教师引导学生总结《西游记》故事的叙事结构:妖精出场—师徒遇险—设法营救—对抗妖精—击败妖精—继续上路。(板书:品情节)

(2)分享二:《西游记》主题研究之番外篇。

① 师:刚才大家分享了《西游记》的阅读成果,这些内容都可以放到文化长廊的《名著探秘》栏目中。除此之外,部分同学还根据自己的阅读,对名著进行了再创作,也很有意思,让我们一起走进文化长廊的《名著番外》栏目。

② 学生分享自己的作品。

创编"西游"又一难:分享根据《西游记》的故事叙事结构创编的取经路上遇到的新故事。

玩转"西游"朋友圈:分享根据《西游记》中的故事创编的朋友圈作品。

创意"西游"景点秀:分享根据《西游记》中的地名开发的创意旅游景点及特色介绍。

(3)总结:一部《西游记》,百种风情,无限启迪。最重要的是它告诉我们:在学习、生活中,我们也要"苦练七十二变,笑对八十一难",这样我们的人生才会更精彩。

(**评析**:本环节教学以任务情境为线串联起了阅读成果分享。学生们的阅读成果形式多样:既立足名著,又链接生活,还有学生自己的创意表达。这不但加深了学生对名著的理解,也训练了他们概括、分析、统整、创造等高阶思维能力,提升了综合素养。)

三、策略总结促迁移

1. 交流阅读策略。

(1)师:同学们,之前我们学习了许多阅读古典名著的策略。你能分享一下你读《西游记》主要用了什么方法吗?
　　(2)学生分享自己的阅读经验。
　2.总结《西游记》的阅读策略。

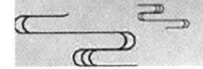

古典名著阅读"真经"

章回题目藏故事,读题猜文心自度。
跳读略过用时省,精读细思常琢磨。
理清情节识人物,勾画摘抄有收获。
带着主题入名著,且读且思好效果。

　3.拓展阅读:《三国演义》《水浒传》《红楼梦》。
　(**评析**:本单元语文要素是初步学习阅读古典名著的方法。本环节引导学生回顾之前习得的方法,既体现了课程的整体性,又引出了古典名著阅读策略,为阅读同类名著奠定了基础。)

总评

　　读后交流课重在鼓励学生分享收获、提升认识、促进思维发展,在交流中感受阅读的快乐。这节课中,教师创设任务型情境,以学生活动为主线,内容丰富,形式多样,很好地体现了读后交流课的"四个指向"。
　　第一,指向加深理解。本册"快乐读书吧"的主题是"读古典名著,品百味人生",旨在引导学生在名著阅读中理解人物,品读故事。教师通过开展人物探秘、语言探秘、故事探秘等活动,引导学生感受人物特点,品读精彩语言和故事。学生通过整理人物信息,制作人物名片,编制排行榜和关系图,并在交流中进一步补充,对人物的理解更加全面和深刻。通过欣赏对联和妙语、探秘故事结构,进一步品味名著的精彩之处,加深对名著的理解。
　　第二,指向感受魅力。《西游记》的魅力是多方面的。教师着力让学生感受名著的种种魅力:名片档案、兵器比拼,原来人物可以这样有趣;剧本表演、图绘结构、故事新编,原来故事可以这样精彩;妙语赏析、玩转朋友圈、网红景点打卡,原来"西游"可以这样呈现。丰富而有创意的成果、有趣而多样的交流,帮助学生充分感受《西游记》的魅力。

第三,指向发展语言。发展语言是语文学科的核心任务之一。教师注重在交流中发展学生理解与运用语言的能力。赏析腰封和探秘妙语旨在提高学生品鉴语言的能力。撰写腰封、创编故事、写朋友圈,旨在让学生运用语言,发展语言能力。当然,教师组织学生开展交流分享,同样帮助学生发展了语言能力,锻炼了表达能力。

第四,指向习得策略。本单元语言要素是初步学习阅读古典名著的方法。教师在"专题分享话收获"环节中及时总结出抓主线、识人物、赏语言、品情节的名著阅读策略。在回顾导读课和推进课的阅读指导基础上,总结出"古典名著阅读'真经'",有效落实了单元的语文要素,为阅读其他古典名著打下了坚实的基础。

(郑雪燕　浙江省衢州市实验学校教育集团;
施燕红　浙江省衢州市教育局教研室)

附 录

全国"读写教室"研究共同体在行动
——首届全国"读写教室"研讨会综述

施民贵

2021年4月22日至4月23日,首届全国"读写教室"研讨会在杭州市天长小学礼堂隆重举行。本次活动由浙江天长差异教育研究院主办,杭州市天长小学承办,全国"读写教室"研究共同体、浙江师范大学教师教育学院、上海教育出版社《小学语文教师》编辑部和浙江师范大学教育集团小学语文教育研究中心协办。全国"读写教室"研究者、小学语文教师约300人出席了会议。

一、读写教室:探索语文教学新常态

研讨会在全国"读写教室"研究共同体理事长王国均的主报告中拉开序幕。他作了题为"读写教室:未来语文教育的新常态"的主题演讲。该演讲介绍了国内外"读写教室"的最新发展趋势,申明"读写教室"研究共同体的使命,划定"读写教室"的主要研究领域,阐明"读写教室"的十大功能,并提出"读写教室"的初步研究设想。他指出,"读写教室"的研究既消化和吸收了国际上最新读写教学的研究成果,又完美地继承了我国语文教育的传统经验,还能很好地适应当前统编教材的教学体系。更重要的,这是对我国中小学语文教学课堂转型的一次重大推进。

二、南北互动:展示读写教室新课堂

本次研讨分为"读写教室"研究的"天长经验""南方经验""北方经验"三大部分。走在"读写教室"研究前沿的联盟学校分别为我们带来了精彩纷呈的课例和"读写教室"的阶段性成果汇报。

1. 杭州市天长小学的奚立群老师展示了如何运用提问策略学习《纳米技术就在我们身边》,她为学生学习运用提问策略设置了多样化的学习支架,通过一个个

环环相扣的问题,引导学生学会提出有价值的问题,并学习掌握解决问题的方法。

2. 浙江师范大学附属小学的商丽娟老师在运用推敲策略教学《海底世界》时,也为学生提供了学习支架。在教学过程中,教师由"搭支架"到"拆支架",实现了"我做—你们看""你们做—我帮""你们做—我看"的过渡与转变,学生也在拆除支架的过程中学会了如何独立自主地运用推敲策略深入理解语言文字,进而培养自己的高阶思维。

3. 浙江省衢州市柯城区白云学校的邵晨老师在执教《肥皂泡》时,巧妙地搭建了支架,示范联结策略的运用,通过联结插图、联结生活,让学生表达感受并写批注,形成可视化的学习海报。

4. 北京十一学校丰台小学的索慧琪老师在执教《三只小猪的故事》时,通过比较以"猪小弟"视角写成的《三只小猪》和以"大野狼"视角写成的《三只小猪的真实故事》,引导学生在书中寻找证据证明自己的观点,培养学生提取有效信息、学会用证据支持自己的看法以及站在不同的角度看待问题的能力。

5. 青海省西宁市城中区阳光小学的乔丹老师执教的《夏洛的网》导读课为学生提供了多个阅读方法策略和写作小妙招。乔老师引导学生通过观察图片、关注故事发生的细节,运用预测策略进行阅读。

三、理事单位发声:构建读写教室新区块

针对如何结合实际学情推进校本化甚至区域化"读写教室"研究这一问题,本次研讨会上首批理事单位通过成果演讲以及"读写教室"论坛的形式对此进行了经验分享,展现了不同区域、不同学校的"读写教室"的构建与发展,让"读写教室"的实践真正有迹可循。

1. 杭州市天长小学的钟意意老师作了题为"基于提问实证分析的课堂教学研究"的演讲,展示了"读写教室"的"天长模式"。钟老师探讨了统编教材"提问策略"教学起点的规律性,并用建模的方法揭示了学生提问能力的发展线索,这项研究很好地解决了阅读策略与核心素养的对接问题。

2. 浙江师范大学附属小学副校长项雪寒作了题为"'读写教室'理念下传记文学大单元的设计与实施"的演讲,从传记文学大单元设计的现实意义、传记阅读大单元的实施、大单元的设计三大方面进行阐述,展现了浙江师范大学附属小学"读写教室"团队对传记文学大单元教学的思考与实践。

3. 浙江师范大学附属衢州白云学校副校长陈红梅为我们作了题为"'读写教室'理念下读写工具的设计和运用"的演讲,从读写工具的作用、设计、运用和成效四方面展示了衢州白云学校在读写工具方面的研究成果。

4. 青海省西宁市城中区教研室的林云竹老师作了题为"让高原一间间教室充满温暖——西宁市城中区'读写教室'理论与实践"的演讲,介绍了城中区"读写教室"青海站的成立背景、"读写教室"的研究内容与目标的变化、教学研究成果以及

教师的专业发展等。

5. 北京十一学校丰台小学校长曹君作了"整合思维下的儿童新读写生活的创建"的演讲。曹校长强调要关注孩子的整体发展,关注他们的差异化和核心素养的培养。她从"读写能力""社会交往技能""自我效能感"三个维度设定了实验目标,希望所有"读写教室"通过构建自由阅读生态圈、读写整合核心圈、项目学习探究圈、跨学科支持扩展圈达到这一目标。

6. "读写教室"论坛上,6家全国"读写教室"研究共同体的理事单位分享了经验。浙江省衢州市实验学校教育集团新湖校区的颜巧珍老师作了题为"衢州市域推进'读写教室'的实践"的演讲,具体介绍了本地区"读写教室"项目的缘起、概念及内涵,研究内容以及教研支撑。浙江省义乌市实验小学教育集团的方敏校长在题为"童真读写,快乐成长——义乌市实验小学教育集团经验汇报"的演讲中,提出了树立"读写教室"的理念和遵循"五'悦'创建'读写教室'"的构想。青海省西宁市城中区总寨镇逸夫小学的吴瑞芳老师作了题为"和孩子们共同阅读,陪伴成长的日子——'读写教室'建设实践经验分享"的演讲,从"建设初期'读写教室'""'读写教室'的环境建设""读写课程模式的梳理与提炼""'读写教室'自主阅读生态圈的建设与思考"四个方面进行了分享。江苏省苏州市文星小学的陆彩萍老师作了题为"主题阅读:在聚焦和拓展中提升学生阅读能力"的精彩演讲,主张教师应构建"主题阅读网状图谱",让学生把语文书读广、读透、读深,并在多种形式的聚焦和拓展中,实现主题阅读的模块化、结构化、可视化,在阅读中提升小学生的语文素养。浙江师范大学附属衢州白云学校的饶雪霞副校长的演讲主题是"把诗和远方交给'读写教室'——白云学校'读写教室'的课程化实施",从"价值理念""实施过程""取得成绩""后续研究"等方面系统而深入地介绍了白云学校"读写教室"研究的历程和实践成果。浙江省宁波市鄞州区蓝青小学的曹丽君老师作了题为"书在手边:为儿童构建未来阅读场域的创新实践"的分享。她的主要观点是要进行阅读场域的打造,并重点打造好物理、文化、情境三个场域,使教学模式实现从"经验型"向"理想型"的转变。

最后,全国"读写教室"研究共同体学术委员会主任、《小学语文教师》执行主编杨文华作总结报告《迎接未来的挑战——全国"读写教室"研究共同体在行动》。杨文华主编在报告中表示,社会发展与孩子读写素养之间存在巨大鸿沟,培养孩子的读写素养是教师的重要任务,研究如何操作落实更是教师面对的艰巨挑战。杨文华主编还宣读了《全国"读写教室"研究共同体的章程》,提出了具体的"六个一"行动计划:一个多方参与的学术研究平台,一批优质示范学校和实验区,一群优秀"读写教室"种子教师,一套成熟有效的课程操作体系,一套健全的研讨、评比、展示机制,一个有效的成果发表、出版途径。

(浙江天长差异教育研究院执行院长、全国"读写教室"研究共同体秘书长)

图书在版编目（CIP）数据

读写教室：语文教学新样态/王国均主编.—上海：
上海教育出版社，2022.11
ISBN 978-7-5720-1684-4

Ⅰ.①读… Ⅱ.①王… Ⅲ.①语文教学-教学研究
-文集 Ⅳ.①H19-53

中国版本图书馆CIP数据核字(2022)第217201号

策　　划　杨文华
责任编辑　杨文华　马佳希　殷有为
封面设计　毛结平

读写教室：语文教学新样态
王国均　主编

出版发行	上海教育出版社有限公司
官　　网	www.seph.com.cn
地　　址	上海市闵行区号景路159弄C座
邮　　编	201101
印　　刷	上海商务联西印刷有限公司
开　　本	700×1000　1/16　印张 20.25
字　　数	432 千字
版　　次	2022年11月第1版
印　　次	2022年11月第1次印刷
书　　号	ISBN 978-7-5720-1684-4/G·1549
定　　价	60.00 元

如发现质量问题，读者可向本社调换　电话：021-64373213